Cosima Bellersen Quirini

100 besondere Orte im Hegau

Fotos von Roberta Fele

Schadinsky Verlag

Schadinsky-Werbung GmbH & Cie KG
Bahnhofstraße 30, 29221 Celle
www.schadinskyverlag.de

Originalausgabe
Umschlaggestaltung und Layout: Schadinsky Verlag
Fotografin: Roberta Fele
Druck und Bindung: Kessler Druck + Medien GmbH & Co. KG
ISBN: 978-3-9818360-0-4
Printed in Germany 2017

Band 177 der Reihe „Hegau-Bibliothek“ des Hegau-Geschichtsvereins

Grusswort von Johannes Freiherr von und zu Bodman

In der Cosmographia Universalis nennt Sebastian Münster 1546 „Das Hegöw, ein kleines, aber über die Maßen wol erbauen fruchtbar Ländlein“.
Der Hegau ist die 787 erstmals in einer St. Galler Urkunde erwähnte karolingische Grafschaft zwischen den Hügeln des Randen im Westen, dem Bodensee im Osten, der Hegaualb im Norden und den Schweizer Stadtgebieten Schaffhausen und Stein am Rhein im Süden. Eine Landschaft, in der um die 450 Schlösser, Burgen, Burgställe und Schanzen festgestellt wurden. Auch die eiszeitlichen Endmoränen, die steil aufragenden Vulkankegel, das Bodenseeufer und die geheimnisvollen Waldtäler auf dem Bodanrück machen den Hegau zu einer unverwechselbar liebenswerten Region.
So verwundert es nicht, dass sich hier auch im Laufe der Jahrhunderte viele interessante Orte gebildet haben. Es ist ein Verdienst der Autorin, einige davon gesammelt zu haben und damit EinwohnerInnen und BesucherInnen einen Begleiter für das Erkunden dieses irdischen Paradieses an die Hand zu geben.

Ich wünsche allen LeserInnen viel Freude an diesem Werk.

Johannes von Bodman

Vorwort von Stephan Glunk

Im Jahre 612 kam der irische Mönch Gallus auf der Suche nach einem schönen Ort, an dem er ein Kloster gründen wollte, in den Süden des Landes, das wir heute Deutschland nennen. Er erreichte bei Geisingen die Donau, überquerte sie und wanderte dann bergan bis an die Stelle, die man hier „Hegaublick“ nennt, wo die Baar endet und der Hegau beginnt. Es war ein Tag mit Föhnwetter und der Anblick, der sich Gallus bot, verschlug ihm die Sprache: In der Ferne sah er die Alpen, darunter blitzte und funkelte der Bodensee. Eine schönere Landschaft hatte der weit gereiste Gallus noch nie gesehen und so beschloss er, unweit des Bodensees sein Kloster zu gründen, das man später nach ihm benannt hat: Sankt Gallen. Im Jahre 726 war ein anderer irischer Mönch auf demselben Weg mit derselben Absicht unterwegs und auch Pirmin stand am „Hegaublick“. Es war wieder ein Tag mit Föhnwetter und auch er war völlig begeistert von dem, was er sah – besonders von jener Insel im Bodensee, die ihm auf Grund ihrer Lage für seine Klostergründung als ideal erschien: Die Insel Reichenau! Dort gründete er sein Kloster, nach dem Kloster Sankt Gallen das zweite überhaupt im deutschen Sprachraum nördlich der Alpen.

Auch der Schriftsteller Viktor von Scheffel war im 19. Jahrhundert von der Landschaft am Bodensee so fasziniert, dass er eine Zeit lang in Radolfzell lebte. Sein Roman „Ekkehard“ spielt hier: Die Herzogin Hadwig, die als Witwe auf dem Hohentwiel lebt, besucht das Kloster Sankt Gallen und bestellt dann den jungen Mönch Ekkehard als Lateinlehrer zu sich auf den Berg. Scheffels Beschreibung der Landschaft liest sich auch heute noch fast wie ein moderner Tourismusführer – allein die Schilderung des Blicks, den Ekkehard nach seiner Ankunft auf dem Hohentwiel über den Bodensee bis hin zu den Alpen – es ist wieder Föhnwetter! – schweifen lässt, ist das Lesen des Romans wert. Die Menschen zu jener Zeit, in der Scheffels Roman spielt und welche wir heute das frühe Mittelalter nennen, sprachen in der Gegend, wo Gallus und Pirmin ihre Klöster gründeten, alemannische Dialekte. Nach und nach begannen die Mönche in der Sprache derer zu schreiben, die in der Umgebung ihrer Klöster wohnten und leisteten so einen großen Beitrag zur Entwicklung der deutschen Sprache. In der Klosterbibliothek befinden sich heute Zeugnisse dieser beeindruckenden ersten Schreibversuche in deutscher Sprache aus dem Ende des achten Jahrhunderts. Und so lebe ich – nicht nur bei Föhnwetter – in einer wunderbaren Gegend, geprägt von alter Geschichte und Kultur, gesegnet mit einer vielseitigen Landschaft, die sich dem Betrachter am besten erschließt, wenn er sich auf den Hohentwiel begibt, diesen einen von vielen Hegaubergen, der eine fantastische Rundumsicht bietet.

Und wenn Sie, liebe Leserin, lieber Leser, nun Lust bekommen haben, diese Gegend kennenzulernen, dann finden Sie in dem vorliegenden Buch jede Menge Anregungen dazu. Ich wünsche Ihnen dabei viel Spaß! Stephan Glunk

Vorwort der Autorin

Für den Hegau bleibt in der gängigen Reiseliteratur meist nur eine kleine Randnotiz übrig. Dabei ist der zauberhafte Landstrich mit seinem herrlichen Alpenblick, seiner Geschichte, der den BewohnerInnen eigenen, bodenseealemannischen Mundart und seiner fantastisch guten Küche mit betörender Schönheit und berauschender Fülle gesegnet!

Wer die Gegend mit seinen aufragenden Vulkankegeln noch nicht kennt, dem fehlt etwas, wer einmal dort war, schließt den malerischen Landstrich weit im Süden Deutschlands fortan ins Herz und gerät geradezu ins Dauerschwärmen! Selbst Arno Schmidt, der eigenwillige Nachkriegsliterat, der in Bargfeld, etwa 65 Kilometer nordöstlich von Hannover gelegen, ein stilles Zuhause fand, hat dem Hegau mit der Singener Maggiflasche nicht nur mit dem hierzu gehörigen Bonmot „Heil dem Erfinder des MAGGI. Wo er begrab'm liege: HEIL IHM!" ein Denkmal gesetzt, sondern auch mit der moraltheologischen Frage, die sich auf den Inhalt selbiger, nämlich den berühmten Fleischextrakt, bezieht: „Ist Maggi am Freitag zulässig?"
Die Antwort darauf blieb der Autor übrigens, der die Würze aus dem Hegau angeblich „blank trinken" konnte, indes bis heute schuldig...

„... ein klein, aber über die Maß ein wol erbuwen und fruchtbar ländlin von win, wiß und rot, korn und obs. Man findet auch darin gut fisch, vögel und wildprät. Es hat viel schöner stättlin, darunter Stockach, das fürnehm ist, viel schöner lustiger flecken und in die 46 weerhafter schlösser, deren etliche nit nur von mendschlicher fürsichtigkeit, sondern von Natur aus wol bewaret, dermassen, das etliche als vil starke bolwerk und vorwerinnen des ganzen Schwabenlands werind", so soll der Hegau im Jahr 1606 vom Chronisten der Stadt und Landschaft Schaffhausen, Johann Jakob Rueger, beschrieben worden sein – und liegt zwischen Baaralb und Donau im Norden, dem Bodensee im Südosten, dem Randen im Westen und dem Hochrhein im Süden gelegen, mit über 400 Städten, Dörfern, Flecken, Weilern, Zinken und Höfen.
Zu Beginn meiner Recherchen habe ich viel nachgefragt. Was zählt tatsächlich zum Hegau, der, wie Rueger schrieb, „im Schwabenland zwüschend dem Celler und Undersee, dem Rhin und der Donow" zu finden ist und „sechs mil wegs wit und breit sin" soll?
Die Antworten dazu waren so vielfältig wie unterschiedlich.
Fakt ist: Das Zentrum bildet die Landschaft um die markanten Vulkankegel – seit 1952 Schutzgebiet mit einer Größe von über 8000 Hektar und quasi rund um die Stadt Singen gelegen. Der Hegau wurde zudem 2006 als Ergebnis eines Wettbewerbs der Akademie für Geowissenschaften und Geotechnologien in Hannover mit 76 weiteren Vorschlägen mit dem Prädikat „Nationales Geotop" ausgezeichnet. Vom Bundesministerium für Bildung und Forschung erhielten die prämierten Geotopen zudem das Logo „planeterde".

Der Hegau befindet sich damit in bester Gesellschaft wie etwa der Insel Helgoland, dem Kaiserstuhl, Elbsandsteingebirge, Wattenmeeer oder Altmühltal.

Ich habe meine literarischen Grenzen nun so festgelegt, wie sie der Hegau-Geschichtsverein vor einigen Jahren bestimmt hat. Demnach ist der Hegau in etwa deckungsgleich mit dem ehemaligen Herrschaftsgebiet der Grafen von Nellenburg. Zu dieser Landgrafschaft gehörten einst nicht nur die Städte Engen, Tengen, Radolfzell und Stockach, sondern viele weitere Dörfer, Burgen, Schlösser und Klöster, die Höri (zwischen den Bodenseearmen Zeller See und Rheinausfluss) sowie auch am Rhein gelegene Städte in der Schweiz wie etwa Schaffhausen. Auch der Bodanrück (zwischen dem Überlinger See und Untersee) ist, jedenfalls teilsweise, „hegauisches" Gebiet. Die Bereiche am Nordufer zwischen Dingelsdorf und Konstanz sowie die Insel Mainau indes zählten einst zum Gebiet des Deutschordens und sind damit korrekterweise dem Linzgau zuzuordnen. Das betrifft auch einige Teile von Konstanz – die Grenze verläuft mittig quer über die Stadtbrücke (alte Rheinbrücke) und der Hegau begann nördlich dahinter – sozusagen „bis zur Dachtraufe des Rheintorturmes". Doch entlang der Grenzen waren auch sogenannte Kompromissbezirke zu finden, in denen die Hoheitsrechte verschiedener Herrschaften aufeinandertrafen oder sich gar überschnitten – weswegen in diesem Band auch durchaus Orte beschrieben werden, die nach der Geschichtsschreibung vielleicht eher „grenzwertig" sind oder bereits wenige Meter jenseits der Grenzen liegen.
Manche sagen, der Hegau umfasse heute in etwa den Landkreis Konstanz und einige wenige Orte darüber hinaus. Andere wiederum finden, damit sei doch nur das geologische Gebiet um Singen herum gemeint.
Wie auch immer – es nimmt sich alles nicht sehr viel – letztlich umfasst der historische Hegau, ganz grob gerechnet, gute 2000 Quadratkilometer.

Den zeitlichen Anfang bildet der sogenannte karolingische Hegau, der um 788 als „pagus Egauenssis" oder auch „Höhgow" erwähnt wurde. Mit der Zeit bildeten sich weltliche und kirchliche Herrschaften aus – politische Konkurrenten, die den Hegau im Laufe der Jahrhunderte von Ost nach West und von Süd nach Nord ausdehnten. Die Ruinen mittelalterlicher Burgen von verschiedensten Adelsherrschaften erbaut, sind heute Anziehungspunkt für Groß und Klein – es sollen, rechnet man selbst die kleinsten Bürglein, Ruinen oder Schanzen zusammen – intakt, zerstört, gescheift, über 300 sein.
Viele Kirchenmänner, Grafen und Freiherren streckten die Hand nur allzu gern aus nach des „Herrgotts Kegelspiel" (wie der Hermann-Hesse-Freund, Arzt, engagierte Naturschützer und Heimatdichter Ludwig Finckh die Gegend mal bezeichnete) – sei es der Bischof von Konstanz, der sein Interesse bekundete, die Abtei Reichenau, die Herren von Engen, der Deutschritterorden, die Herzöge von Württemberg (zugleich Herren auf der Festung

Hohentwiel), die eidgenössischen Städte Schaffhausen und Zürich oder gar die Schweden. Sie alle wollten den Hegau ihr Eigen nennen, was die Dokumentation unzähliger kriegerischer Auseinandersetzungen hinlänglich belegt und so manches Verslein aus anonymem Kindermund wie etwa dieses heute noch bezeugt:

D'Schwede sin kumme,
mit Pfeife und Trumme.
Hond Fenster neischlage,
und's Blei devon g'numme.
Hond Kiegele drauß gosse
und Baure verschosse.

Es waren jedoch nicht nur die Schweden, die durchs Land zogen. Soldaten vieler Regenten hinterließen oftmals hier Verwüstung und die Einheimischen erlebten wechselvolle und aufregende Zeiten, meist einhergehend mit Elend, Not und Tod. Die Schweizer etwa erhielten 1723 im sogenannten Reiater Jurisdiktionskauf den Zuschlag auf einige grenznahe Gebiete und verleibten sich diese gerne ein, woran teils heute noch ungewöhnliche Grenzverläufe, wie etwa um die noch immer bestehende Exklave Büsingen, erinnern. Danach kamen die Österreicher, 1805 regierten die Württemberger und schließlich Napoleon. Zu Beginn des 19. Jahrhunderts schließlich, mit einigen Ausnahmen wie beispielsweise eidgenössische Gebiete, der Hohentwiel oder der Hof Bruderhof (diese kamen erst später hinzu), wurde der Hegau schließlich Teil des Großherzogtums Baden.
Auch im Hegau wurde 1848 übrigens heftig um die Freiheit Badens gekämpft – allen voran stand Friedrich Hecker mit seinen Gefolgschaften, der mit dem „Heckeraufstand" 1848 in die Regionalgeschichte einging. Die Monarchie zu stürzen und eine Republik einzurichten indes misslang ihm und er emigrierte schließlich in die USA.
Als das junge Großherzogtum Baden 1836 dem Deutschen Zollverein beitrat, verloren die angrenzenden Städte auf schweizerischem Gebiet einen Teil ihrer Absatzmärkte. Es kam, um die neuen hohen Zölle zu umgehen, zur Gründung von schweizerischen Industriebetrieben auf deutschem Boden, wie etwa 1887 die von dem Schweizer Julius Maggi in Singen gegründeten und weltbekannten Werke für besagte und von Arno Schmidt so hoch geschätzte Flüssigwürze, für Instantsuppen und Fertigsaucen. 1895 siedelte sich dort auch das Schaffhauser Unternehmen Georg-Fischer an, Gießerei und Stahlwerk, 1912 die Aluminium-Walzwerke, von den Einheimischen gern kurz und knackig als „Alu" betitelt und einer der ersten Produzenten von Aluminiumfolie in Deutschland. In Gottmadingen fertigte Fahr ab 1870 Landmaschinen.

Diese Zeit gilt sozusagen als Geburtsstunde der Stadt Singen, die bislang als kleiner verschlafener Flecken vor sich hingeschlummert hatte. Mag Radolfzell in der Geschichtsschreibung als „Stadt der Adligen" gelten, da hier einst der Verwaltungssitz der Reichsritterschaft ansässig war, ist doch Singen zur quirligen Metropole des Hegaus herangewachsen. Das Attribut „Hauptstadt" indes gebührt der Narrenstadt Stockach, nordwestlich des Überlinger Sees gelegen und seit dem 13. Jahrhundert mit den Stadtrechten ausgestattet.

Ein Hauch von Weltgeschichte wehte zu Beginn des 20. Jahrhunderts durch den Hegau. Am Nachmittag des 9. Aprils 1917 fuhr ein verplombter Zugwaggon durch Singen. Der Fahrgast, der zuvor noch seine Fahrkarte in Gottmadingen am Bahnhof gelöst hatte, war kein geringerer als der bis dahin in der Schweiz im Exil lebende Russe Wladimir Iljitsch Uljanow, genannt Lenin.

Und nachdem eine neue und nur provisorisch zusammengesetzte Regierung am 14. November 1918 die Freie Volksrepublik Baden ausrief und auch gleich einen Wahltermin für eine verfassunggebende Landesversammlung anberaumte, war es das fürs Großherzogtum. Nur acht Tage später unterschrieb Großherzog Friedrich II von Baden auf Schloss Langenstein im Hegau die Verzichtsurkunde auf den badischen Thron und nahm den Titel eines Markgrafen von Baden an.

Die Zeit des Nationalsozialismus ging am Hegau ebenso so wenig vorbei wie am restlichen Teil des Landes. Die Gleichschaltung erfolgte so ausnahmslos wie umfassend, allerorts schlugen Bomben ein, wurden Kasernen gebaut, Synagogen zerstört, Konzentrationslager eingerichtet und Unschuldige gequält, getötet und ermordet – bis am 25. April 1945 französische Truppen einmarschierten und den Hegau von den schrecklichen Machthabern befreiten.
Am 3. Mai 1977 rückte die Hegaumetropole mit der „Schießerei von Singen" bundesweit in den Fokus der Presse, als gerade die Fahndung nach den Mördern des Generalbundesanwaltes Siegfried Buback auf Hochtouren lief und zwei gesuchte RAF-Terroristen nach einer wilden Verfolgungsjagd durch den Ort gestellt werden konnten. Eine Dame hatte sie in einem Café erkannt und ging eilig ins nahe liegende Polizeirevier, um entsprechend Meldung zu machen.

Der Hegau ist aber vor allem auch ein Landstrich, der schon immer gern Ausflügler und Künstler aller Art, Literaten wie etwa Hermann Hesse oder Maler wie Otto Dix (ob immer freiwillig oder nicht sei dahingestellt) anzog und noch immer viele Menschen anzieht.
Mit seinen Bergen ist er eine der schönsten Gegenden auf unserem Planeten, politisch längst stabil, kulturhistorisch, naturkundlich wie touristisch gesehen ein sehr wertvolles Juwel. Im Hegau – die Berge werden mancherorts auch als „Leibgarde des Bodensees" bezeichnet – gibt es von restlos allem in unglaublichem Überfluss! Egal, ob es sich dabei um besonders pittoreske Landschaften handelt. Oder um malerisch gelegene Seen, hohe Berge,

tiefe Täler, wilde Schluchten, seltene Tiere und Blumen, knorrige Bäume, tolle Ausblicke, abenteuerliche Wege, trutzige Burgen, edle Schlösser, ehrwürdige Klöster, alte Kirchen und Kapellen, verwunschene Friedhöfe, Denkmäler, Kunstwerke und Museen jedweder Art. Oder um verschiedene Gasthäuser wie Landgasthof oder Bauerncafé bis hin zum leckeren Bodenseefisch-Imbiss und edlen Gourmettempel – oder auch einer Mischung aus allem.
In diesem Landstrich gibt es tausende besondere Orte, die zudem auch noch oftmals in vielzähliger und vielfältiger Weise fest verbunden sind mit altem Brauchtum, urigen Traditionen und kirchlichen Festen!

Was ein Ort ist und ob dieser streng historisch betrachtet auch tatsächlich noch zum Hegau zählt oder vielleicht doch schon einige Meter hinter der „magischen Grenze" liegen mag (LokalpatriotInnen mögen mir an dieser Stelle also bitte vergeben), darf literarisch durchaus auch mal weiter gefasst werden. Und Orte, welche in größeren Gemeinden und nahe an Gewässern wie Bodensee (hydrologisch betrachtet übrigens zwei Seen und einen verbindenden Fluss) und Rhein zu finden sind, wurden natürlich bereits schon x-fach beschrieben. Trotzdem möchte ich Ihnen in diesem Buch eine kleine Auswahl präsentieren – mit inhaltlich vielleicht mal anderen Schwerpunkten, die auch auf Aspekte, Geschichten, Menschen und Ideen hinweisen, die vielleicht manchen nur wenig bekannt oder kaum in Reiseführern beschrieben sind.
Machen Sie sich mit mir zusammen auf den Weg und entdecken Sie den Hegau, die Landschaft, in der ich groß geworden bin.

Viel Spaß wünscht Ihnen dabei

Cosima Bellersen Quirini

Ortsübersicht

1 Der geologische Hegau

Von Machern namens Feuer, Eis und Wasser

Faszinierend geformte Vulkankegel und malerische Moränenlandschaften bilden das Herz des Hegaus. Vor 16 Millionen Jahren begann hier der Vulkanismus. In diesem Zeitraum entstand ein Feld mit Maaren und kleineren Vulkanbauten – die Hegau-Kegelberge sind Vulkanschlote, welche die Kalksteine des Weißjuras und Molasse durchschlagen haben und durch Erosion freipräpariert wurden. Neben den basaltartigen Vulkanschloten zeugen noch Tufflagen und Lavenreste davon. Die Formung erfolgte durch den Rheingletscher, der aus den Zentralalpen nach Norden vorstieß. So war der Hegau vor etwa 150.000 Jahren durch dicke Eisschichten bedeckt. Die Gletschervorstöße brachten Moränen und Schmelzwasserablagerungen, räumten die weicheren Gesteinsschichten der Molasse und Tuffe ab und präparierten die Vulkanschlote heraus. Das Landschaftsbild entstand im Wesentlichen durch Abtragung in den letzten 10.000 Jahren. So nimmt der Bodensee das Zungenbecken des ehemaligen Rheingletschers ein und einige Seen, wie etwa der Steißlinger See entstanden aus sogenannten „Toteisblöcken", die der abschmelzende Rheingletscher zurückgelassen hatte.

Gewaltige Kräfte wirken im Hegau bis heute. Ende 2016 rückte die Gegend durch eine Serie kleinerer Erdbeben mit Epizentrum nördlich Hilzingen in den Fokus der Öffentlichkeit, mit Bewegungen, die in einem Umkreis von etwa zehn Kilometern deutlich zu spüren und zu hören waren und teils noch immer sind. Der Hegau ist seit jeher eine „unruhige Gegend" und wenn es mal wieder „grumpelt" wie es hier heißt, fragen sich die BewohnerInnen oft, ob die Beben nicht doch mit dem Vulkanismus zusammenhängen könnten. Und das nicht erst seit 2016. In alten Zeitungsberichten etwa ist nachzulesen, dass ein Beben im Jahr 1855 so deutlich spürbar war, dass stehendes Wasser in Bewegung geriet und den Menschen übel wurde. Auch das Beben 1911 ging in die südbadische Geschichte ein. Doch Fachleute geben Entwarnung. Eine Vulkan-Theorie gilt als ziemlich unwahrscheinlich. Die Menschen vor Ort indes fürchten weitere – und schwerere Erdstöße. Ein Netz von Messstationen jedoch, beispielsweise in Hilzingen, in den Schweizer Orten Schleitheim und Stein am Rhein oder in Wallhausen auf dem Bodanrück, sammelt und ermittelt seit Jahren bebenrelevante Daten.

Übrigens: Wer sich die Entstehung dieser einzigartigen Landschaft nicht so richtig vorstellen kann, der sollte sich mal auf die Suche nach den sogenannten „Hexenküchen" machen, den verborgenen Orten auf manchen Hegaubergen, an denen warmer Wasserdampf, der durch natürliche Erdwärme entsteht, an den erkalteten Vulkanschloten hochsteigt und dann den Felsen entweicht. Dort gedeihen Pflanzen, die eigentlich nur frostfreies Klima mögen. Diese magischen Orte stehen für die Kräfte in der Natur, die hier seit Jahr und Tag schalten und walten. Sie geben bis heute unauffällig Zeugnis von den Machern des „Bauprojektes" Hegau-Landschaft, nämlich den unglaublich kreativen und weltumfassend bekannten Stararchitekten und Superdesignern namens Feuer, Eis und Wasser...

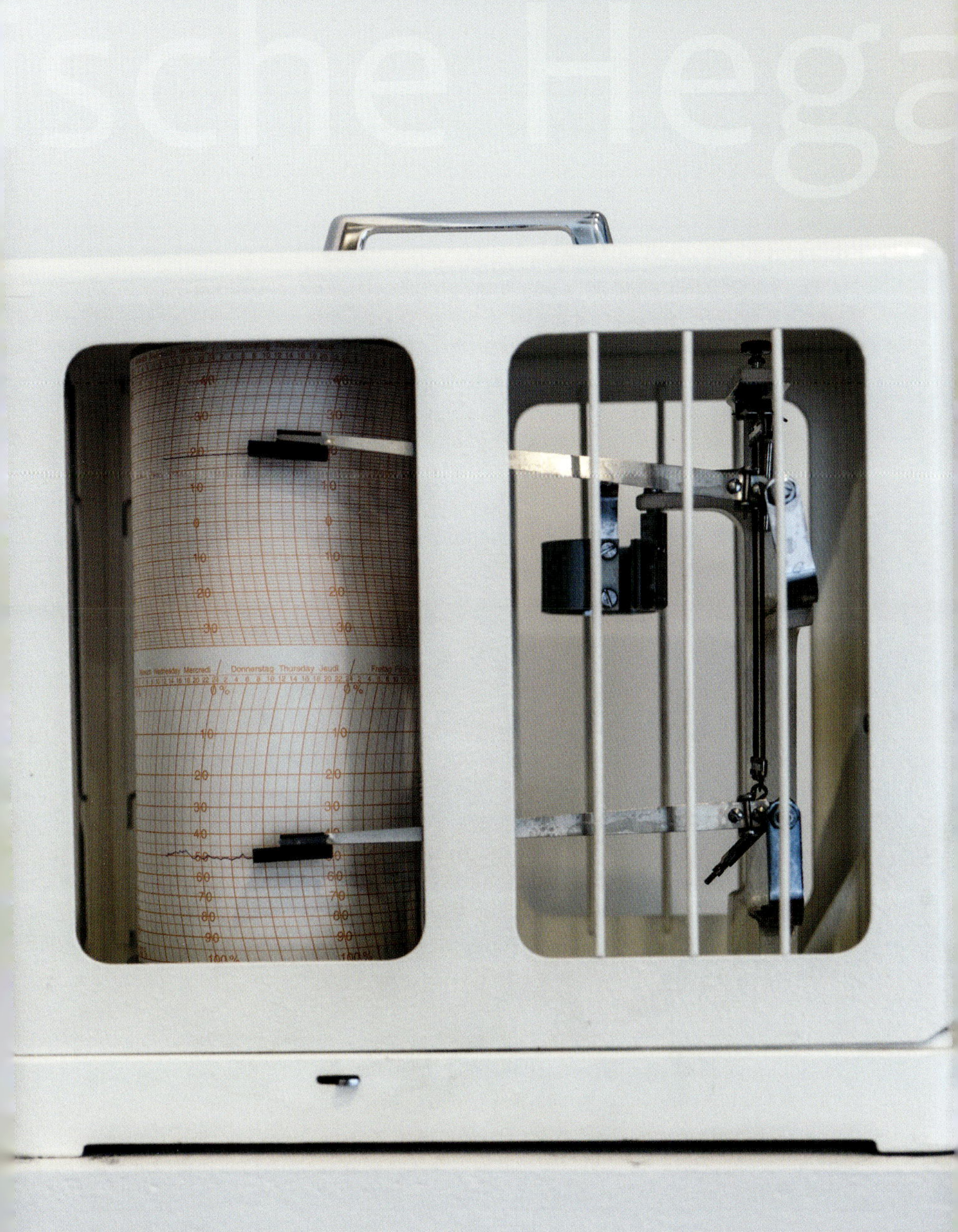

Weitere Infos: lgrb-bw.de/led_pool/led_2_1.htm

2 Das archälogisches Museum

16.000 Jahre Menschheitsgeschichte in der Region

Es war einst das Schloss des Bozeners Franz Joseph Reichsgraf von Enzenberg zum Freyen- und Jöchelsthurm, seines Zeichens Jurist und Oberhofmeister Ihrer Kaiserlichen Hoheit, Erzherzogin Maria Anna von Habsburg-Lothringen. Doch der Wahlsingener hatte nicht viel davon: Ihm blieb bis zu seinem Tod 1821 nur noch ein gutes Jahrzehnt in dem 1809/10 erbauten „Oberen Schloss“ in Singen, in dessen Räumen sich heute das Hegau-Museum befindet. Seit 1951 wird hier die Lebenswelt der Menschen bis ins frühe Mittelalter gezeigt. Übrigens bitte nicht verwechseln mit dem „Unteren Schloss“, auch als Walburgishof oder Walpurgenhof bekannt und einst ein Fabrikgebäude.

Aus der Altsteinzeit von 14000 bis 9600 v. Chr. sind Funde aus der Nähe der Petersfelshöhle im Brudertal bei Engen (siehe auch Kapitel 24) zu sehen, beispielsweise Kunstgegenstände oder Jagdwaffen. Die Rekonstruktion eines Rentierzeltes zeigt einen Teil der Lebensweise unserer Vorfahren. In Hilzingen wurden Spuren aus der Jungsteinzeit 5500 bis 2000 v. Chr., sechzehn Langhäuser, entdeckt. Das Modell eines Hauses mit Lehmwand und Strohdach sowie zahlreiche Funde aus der Zeit zeigen die Lebensweise jener Bevölkerung im Hegau. Exponate wie die „atlantischen Dolche“ aus der Singener Nordstadt der Bronzezeit, die von 2000 bis 750 v. Chr. dauerte, demonstrieren den neuen Umgang mit Metall und die Nutzung von Kupfer, Zinn und Bronze. Ebenso beginnt in dieser Zeit eine Wandlung des Totenkults: Den sozialen Rang von Verstorbenen zeigten die Beigaben wie Waffen und Schmuck an. Die Eisenzeit von 750 bis 15 v. Chr. war die Zeit der Kelten. Sie wird mit den Unterabschnitten Hallstattzeit und Latènezeit BesucherInnen mittels vieler Funde vermittelt, etwa dem „Singener Schwert", einer der ersten Eisenfunde in Süddeutschland. Auch Grabbeigaben wie Armreifen, Trachtbestandteile oder bemalte Keramik (Alb-Hegau-Keramik) sind aus jener geschichtlichen Epoche zu sehen. Die römische Kaiserzeit reichte auch bis in den Hegau und darüber weit hinaus bis zum Limes – was nachgewiesene Gutshöfe aus jener Zeit (siehe auch Kapitel 8) oder ausgegrabene Bauteile, Geschirr oder Schmuck hinlänglich aus jener Zeit von 15 v. Chr. bis 260 n. Chr. bezeugen können. Das Frühmittelalter schließlich ist die Zeit vom 3. bis 8. Jahrhundert n. Chr. und die Zeit, als im Hegau die Ala(e)mannen erste Städte gründeten.

Viele Mitmachideen und Spiele laden dazu ein, das Leben von früher zu erforschen: Quiz, Keramik-Puzzle, Mehlmahlen, Leder schneiden mit dem Feuersteinmesser, alte Kleidung anprobieren, Tierfelle erraten oder einen alemannischen Goldblechanhänger selbst fertigen.

Auch sehenswert: Die archäologischen Sammlungen des Städtischen Museums in Engen (siehe auch Kapitel 77) sowie im Konstanzer Archäologischen Landesmuseum Baden-Württemberg (ALM; siehe auch Kapitel 12), 1992 vom Landeskabinett des damaligen Ministerpräsidenten „Cleverle“ Lothar Späth initiiert und im Konventsgebäude des um 980 gegründeten, ehemaligen Benediktinerklosters Petershausen zu finden.

Standorte und Navigationen:
Singen, Am Schloßgarten 2
Engen, Klostergasse 19
Konstanz, Benediktinerplatz 5

3 Die Geschichte vom „süßen Josef"...

... und seiner berühmten Erfindung

Wo heute in Radolfzell ganz andere Leckereien angeboten werden, betrieb einst der Konditormeister Josef Keller sein berühmtes Café. Berühmt? Und ob! Denn der Mann gilt als Erfinder der Schwarzwälder Kirschtorte. Und das kam so: Keller wurde im Januar 1887 am Südrand der Schwäbischen Alb als eines von zehn Kindern in eine Strumpfstrickerfamilie hinein geboren. Nach Abschluss der Schule begann er seine Ausbildung, legte 1904 die Gesellenprüfung ab und ging dann jahrelang auf Wanderschaft. Die Wege führten ihn durchs „Ländle" – unter anderem nach Biberach an der Rißbund Überlingen und schließlich vom Bodensee ins Elsass. 1915 rief die Armee und er diente als Württemberger mit badischem Wohnort bei einem preußischen Infanterie-Bataillon. Noch vor dem Militärdienst hatte er eine Zeitlang auch im „Promi-Café" Anger in Bad Godesberg gearbeitet, in welchem gern Bonner Studenten verkehrten. „Le dernier crie" damals auf der Speisekarte und allseits beliebtes Dessert: eingekochte Kirschen mit frisch geschlagener Sahne. Bald bot Keller diese noch mit etwas Kirschwasser veredelt an und schließlich servierte er das Ganze auf Mürbeteigboden und mit einigen Schokoladenraspeln bestreut. Und schon war eine neue und bisher einmalige Kreation geboren, die damals in der Form noch nicht an den deutschen Tortentheken zu finden war.

1919, nach Kriegsende, legte der „süße Josef" seine Meisterprüfung ab und übernahm in Radolfzell sein erstes Café, das er bis 1947 führte. Dem Attribut „süß" kam dann auch leider noch ein „braun" hinzu – Keller wurde nach 1933 aktives Parteimitglied der NSDAP und Obmann der Ortsgruppe der NS-Organisation „Kraft durch Freude". Damit einem nun künftig nach dieser Information dennoch nicht jeder Bissen der herrlichen Köstlichkeit im Halse steckenbleiben muss, halten wir dem Erfinder zugute, dass er die Schwarzwälder Kirschtorte, deren wesentliche Komponente mit Kirschwasser aromatisierter Schokoladebiskuitboden, Kirschen und Kirschfüllung sowie Schokoladenraspeln bis heute allgemein Gültigkeit haben, ja schließlich vor jener dunklen Zeit kreierte.

Die Tübinger Stadtarchivare benennen übigens für die süße Erfindung einen der ihren, der einst im Schwarzwald tätig war. Selbst die Perser wollen für sich den Anspruch erheben, Erfinder der klassischsten aller deutschen Torte zu sein. Doch wer oder was stand dafür tatsächlich Pate? Waren dafür die tiefbraunen Schokoladenraspeln verantwortlich, die vage an den dunklen Wald im Schwarzwald erinnern? Das Kirschwasser, welches im Schwarzwald hergestellt wird? Die Schweizer, welche sich seit langer Zeit an einer ähnlichen Torte namens „Schwarzwaldtorte" laben? Gar eine Frauentracht aus dem Schwarzwald, die mit schwarzem Kleid, weißer Bluse und rotem Bollenhut irgendwie an die Farben der Torte, die auf der ganzen Welt bekannt ist, erinnert? Oder eben doch der Josef!

Übrigens: Seit 2006 findet in Todtnauberg im Schwarzwald alle zwei Jahre das Kirschtortenfestival statt – ist zwar nicht im Hegau, aber hinfahren lohnt sich trotzdem!

Standort und Navigationen:
Ehemaliges Café: Radolfzell, Teggingerstraße 6
Festival: Todtnauberg

4 Der Botanische Garten und die Biologische Lehrsammlung der Universität Konstanz

Forschung, Lehre und einfach nur gucken

Die Konstanzer Universität wurde 1966 gegründet. Einige Jahre Jahre später kam ein provisorisch eingerichteter Forschungsgarten hinzu, 1981 ein Botanischer Garten, der 1997 mit der Bepflanzung eines Freilandabschnittes abgeschlossen wurde. Der Garten beherbergt etwa 1400 Pflanzenarten. Aus nahezu allen Regionen der Erde werden Samen teils sehr seltener Gewächse angefordert. Forschungsschwerpunkte des Gartens sind: Pflanzenphysiologie und Pflanzenökologie mit der Erforschung von Wild- und Beikräutern, die Untersuchung von Lichteinwirkung und „Lichtstress" auf Pflanzen oder welche Merkmale einer Pflanze über Konkurrenz- oder Ausbreitungserfolg entscheidet. In den Gewächshäusern werden die Pflanzen für Forschung und Lehre angezogen. Sie dienen für Experimente, als anatomisches Anschauuungsmaterial und für botanische Bestimmungsübungen. Auch die Kultivierung seltener Pflanzen aus dem Bodenseeraum gehört zu den Aufgaben der Mitarbeiter – zum Artenerhalt und als Schauobjekte zugleich. So sind etwa der Bodensee-Strandrasen und die Streuwiesen mit Kopfried und Pfeifengras nachgebildet.
Der „Ökologische Waldlehrpfad" der Uni Konstanz besteht seit 2002 und führt durch seit nunmehr 45 Jahren vom Menschen undurchforstetes Waldgebiet. Hier werden ökologische Zusammenhänge erforscht wie etwa die Wechselwirkungen zwischen Waldpflanzen, Pilzen und Tieren. Bemerkenswert ist die Schauanlage zur Zersetzung von Buchen und Fichtenholz in drei verschiedenen Zersetzungsphasen von Totholz.
Der invasionsbiologische Lehrpfad wiederum beschäftigt sich mit Ursachen, Mechanismen und Auswirkungen gebietsfremder Pflanzenarten, darunter auch den gefürchteten „Neophyten" wie etwa Ambrosie oder Riesenbärenklau. Sie erfahren etwas über die Einteilung fremder Pflanzenarten, über ihre Herkunft und wie sie sich hier ausgebreitet haben, welche Arten problematisch sind und welche Auswirkungen sie haben. Biologische Invasionen zählen zu den wichtigsten Ursachen weltweiten Artenschwunds.
Zuletzt sei auch auf die Biologische Lehrsammlung der Universität hingewiesen, die vor allem den Studierenden der Anschauung dienen soll. Sie finden dort lebende Tiere in Terrarien und Aquarien, die zusammen mit vielen Präparaten und Modellen eine interessante didaktische Mischung bilden. Entdecken Sie beispielsweise heimische und tropische Süßwasserfische, Amphibien, Reptilien, Kleinsäuger, Insekten und Spinnentiere, Schwimmwühlen (eine Lurchart), Zitterwels, Aeskulapnatter. Für die lebenden Tiere ist übrigens eigens ein Pfleger zuständig. In den Vitrinen finden sich neben Stopfpräparaten (Vögel und Säugetiere), Modellen und Insektenkästen auch eine umfangreiche Sammlung von Tierspuren und Schäden an Hölzern. Beeindruckend sind die Präparate größerer Reptilien wie etwa Python, Bindenwaran und Meerechse.

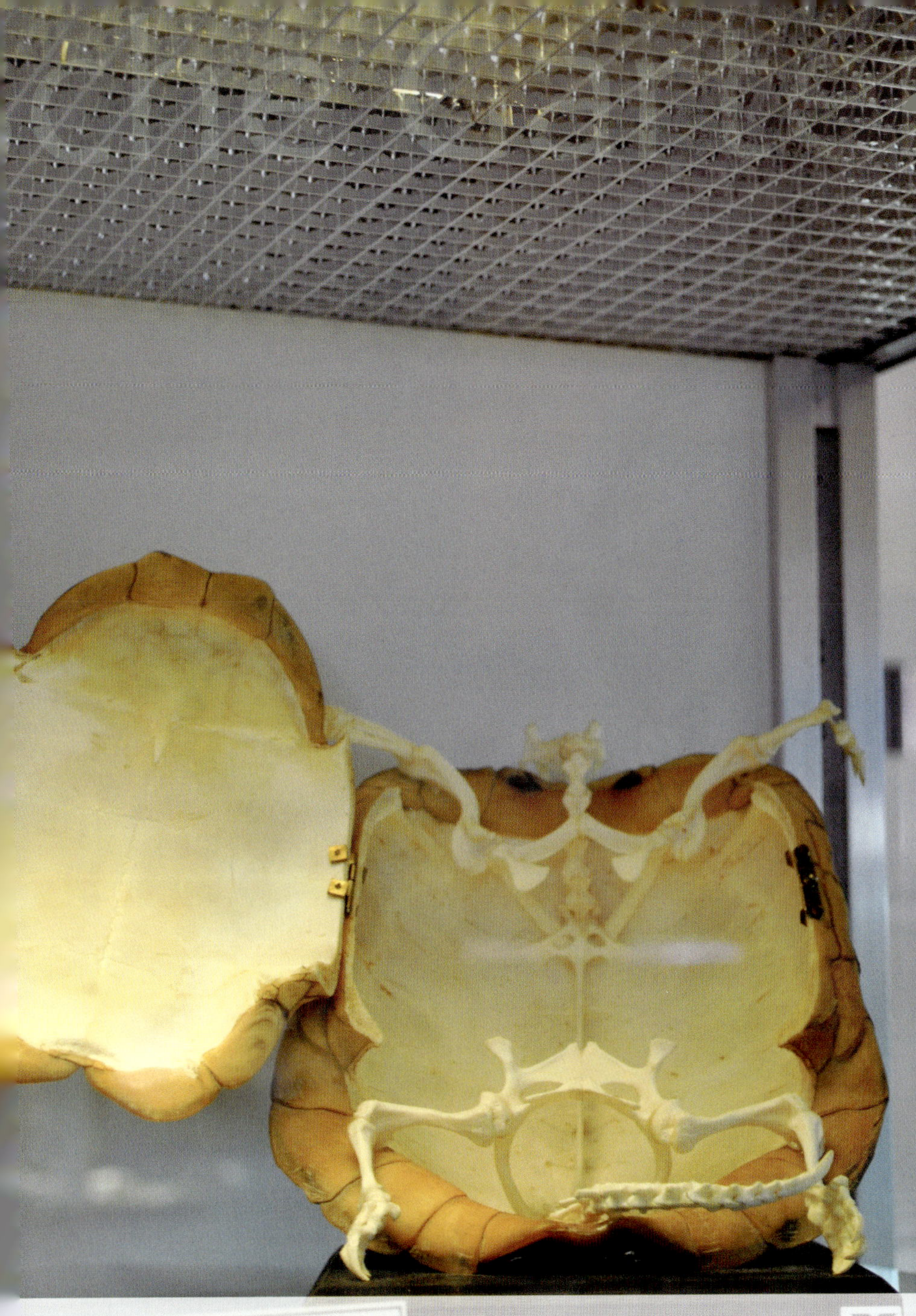

Standort und Navigationen:
Konstanz, Langhardtstraße und Eggerhaldestraße; Anfahrtsskizze siehe: uni-konstanz.de/botanischergarten/homepageseite2anfahrtsplan.htm

5 Die Klosterinsel Reichenau

UNESCO-Welterbe mitten im Bodensee

Für die einen ist die Insel Reichenau kirchengeschichtlich interessant, für andere ist sie ein wunderschönes Ausflugsziel oder einfach nur die „Salat- und Gemüseinsel“ im Bodensee. Mit ihrer Größe von gut vier Quadratkilometern ist sie ein echtes Schätzchen im Hegau – und wurde bereits von den Römern besiedelt. Doch ihre große Zeit kam 724 mit der Gründung eines Benediktinerklosters auf der „reichen Au“ – durch einen Wanderbischof namens Pirmin. Dieser war angeblich von dem alemannischen Fürsten Sintlaz dazu gebeten worden, sein Volk zu christianisieren. Demnach soll sich dort, wo Pirmin als erstes seinen Fuß auf der Insel aufgesetzt hatte, eine Quelle gebildet und sich das „vorhandene Ungetier“ auf der Stelle verflüchtigt haben. Und genau hier soll der Sage nach das Urkloster errichtet worden sein.

Abt Egino gilt als Bauherr der romanischen Kirche Sankt Peter und Paul in Niederzell (799), deren Innenausstattung später im Stil des Rokoko umgestaltet wurde. In die Amtszeit von Abt Heito I fällt 816 der Bau einer karolingischen Kloster-Basilika, heute als Sankt Maria und Markus bekannt (siehe auch Kapitel 98). Auf Heito folgte später unter anderem auch Abt Walahfrid, einst Schüler der Klosterschule und zeitweise Erzieher am Kaiserhof zu Aachen. Der Kirchenmann verfasste Lehrgedichte, sein Werk „De cultura hortorum“ gilt heute als erstes Fachbuch in Sachen Gartenbau in Deutschland, ihm ist ein Kräutergarten gewidmet. Abt Hatto III ließ vermutlich Mitte des 9. Jahrhunderts in Oberzell die Kirche Sankt Georg errichten, bekannt für ihre Bildfelder im ottonischen Stil. Unter Abt Waldo gelangte das Kloster zu großer Bekanntheit - er gilt als Begründer der einstigen Bibliothek. Abt Hermann der Lahme tat sich unter anderem als Astronom, Mathematiker, Geschichtsschreiber und Musiker hervor. Unter seiner Ägide entwickelte sich das Kloster zu einem geistigen und kulturellen Zentrum. Mit ihm endete die glanzvollste Zeit des Klosters. Es wurde schließlich im 16. Jahrhundert dem Hochstift Konstanz eingegliedert. Der Bischof war danach Herr der Reichenau. Das Kloster bestand bis 1757 noch als Priorat und wurde 1803 ganz aufgehoben. Erst seit 2001 lebt darin wieder die kleine Gemeinschaft Cella Sankt Benedikt in Niederzell.

2001 wurde die Insel Reichenau, auch bekannt für ihre einstige Glockengießkunst, zum Unsecso-Welterbe erklärt. Die drei Kirchen mit ihren wertvollen Ausstattungen sowie die Schätze in der Münsterschatzkammer, welche 2003 in das Weltdokumentenerbe der Unesco aufgenommen wurden, zeugen heute noch von den glanzvollen Epochen. Ein Museum thematisiert an mehreren Standorten das einstige klösterliche wie bürgerliche Inselleben.

Auf der Insel ist übrigens auch die Grabstätte Karls III. aus dem Geschlecht der Karolinger zu finden, der von 876 bis 887 ostfränkischer König war. Der Bau des Reichenau-Damms mit seiner langen Pappelallee – Startpunkt der rund 2900 Kilometer langen Deutschen Alleenstraße – wurde 1838 von Napoléon III (Neffe von Napoleon Bonaparte), der einige Kinder-und Jugendjahre auf der gegenüberliegenden schweizerischen Seeseite verbracht hatte, initiiert.

Standorte und Navigationen:

Münster Sankt Maria und Markus mit Kräutergarten und Schatzkammer: Münsterplatz

Sankt Georg: Seestraße

Sankt Peter und Paul: Eginostraße / Fischergasse

Infos zu den Museen: museumreichenau.de

6 Die Hegauberge I

Der Hohentwiel und seine Geschichte

Berge gibt es viel im Hegau, doch was ein echter Hegauberg ist und was nicht, da streiten und scheiden sich die Geister und die Auslegung ist manchmal eher persönlicher Natur. Manche bekamen etwa ab dem 15. Jahrhundert die Bezeichnung „Hohen" vorangestellt, was historisch wohl aber nicht immer ganz richtig ist. Doch ob mit oder ohne „Hohen" voran, die „offiziellen" vier Phonolith- und fünf Basaltkegel vulkanischen Ursprungs sollen hier vorgestellt werden: Der Hohentwiel gilt als „Singemer" (man beachte das bodensee-alemannische m) Hausberg und Wahrzeichen der Hegaumetropole, ist ein Phonolith, 690 Meter hoch und wird von den Einheimischen liebevoll einfach nur „Hontes" genannt. Vermutlich gab es bereits am und auf dem Berg eine steinzeitliche Besiedlung. Doch eine erste Erwähnung als „Castellum tuiel" findet sich erst in der Klosterchronik von Sankt Gallen. Die Geschichte der BergbewohnerInnen jener Zeit hat der Schriftsteller Scheffel in seinem Roman „Ekkehard" (siehe auch Kapitel 31) dargestellt.

Die große Zeit des Berges begann, als Herzog Ulrich von Württemberg, der in seinen Landen einst die Reformation einführte, 1538 die Burg zur Staatsfestung ausbauen ließ. Die Feste war mit ihren gut neun Hektar die größte von allen Hegauburgen. Im Dreißigjährigen Krieg von 1618 bis 1648 (Konflikt um die Vorherrschaft im Heiligen Römischen Reich Deutscher Nation und zugleich Religionskrieg zwischen katholischen und protestantischen Landesherren) gab es fünf erfolglose Belagerungen. Die Burg wurde dabei eisern verteidigt – was dem damaligen Festungskommandanten Konrad Widerholt, der die benachbarten Burgen teils niederbrennen ließ, ein Rittergut, den Rang eines Kriegsrates und den sicheren Platz in den Geschichtsbüchern eintrug. Als ab 1799 Napoleon auf dem Berg das Sagen hatte, ließ er die Feste schleifen. Bis zum 31. Dezember 1968 als ehemalige Exklave zu Tuttlingen gehörig, zählt der Berg längst zur badischen Stadt Singen – zum Reinigen der Kamine indes mussten bis dahin die Schornsteinfeger aus Tuttlingen anrücken, um ihren Dienst auf dem Berg zu versehen.

Der Hohentwiel, 2015 von „Staatliche Schlösser und Gärten Baden-Württemberg" als Berg des Jahres gewählt, ist der Ort mit den meisten Sonnenstunden und höchsten Windstärken in Baden-Württemberg – und großartige Kulisse für Veranstaltungen. Besonders erwähnenswert: das mehrtägige Hohentwielfestival seit 1969 – Burgfest mit hochkarätigen Konzerten von namenhaften Interpreten und mit viel Kleinkunst, zum Beispiel Zauberern, Seifensiederei oder Kinderbasteln. Seltene Tier- und Pflanzenarten wie etwa Silberdistel, Weinrose oder blaublühender Ysop, eine alte Würz- und Heilpflanze, die aus den ehemaligen Festungsanlagen „ausgerissen" ist und sich selbst damit ausgewildert hat, sind dort auch zu entdecken. Ebenso die Schafzucht auf der Domäne, das Hotel und Restaurant, die Weinberge (siehe auch Kapitel 56), der alte Friedhof oder der Blick gen Bodensee und zur schneebedeckten Gipfelkette der Schweizer Alpen.

erge I

Standort und Navigation:
Festung und Modell (Infozentrum): westlich von Singen

7 Die Bodensee-Bonbon-Manufaktur

Natürlich handgemacht

Früher gab man etwas Zucker in einen Topf, ließ ihn mit oder ohne feine Zugaben wie Sahne, Butter oder Saft schmelzen, wieder fest werden und formte daraus leckere Bonbons. Das Wissen um die Herstellung derselben ist heute weitestgehend aus den Familien verschwunden, Naschereien kauft man heute im Supermarkt. Aber wer wissen möchte, wie Bonbons, Zuckerstangen oder Lutscher hergestellt werden, sollte mal in Eigeltingen vorbeischauen. Dort ist seit 2010 die Bodensee-Bonbon-Manufaktur ansässig und produziert nicht nur für den Werksverkauf, sondern lässt Interessierte auch am Entstehungsprozess teilhaben.

„Wir verwenden nur beste Aromen und natürlichen Farben", so Inhaberin Simone Roth, die sich als „Zuckerartistin" bezeichnet. Nur allzu gern zeigt sie ihr Können bei Schauproduktionen und bietet Workshops inklusive Bonbonverköstigung an. Besonders gern öffnet sie für Kindergeburtstage ihre Pforten und zeigt BesucherInnen, wie man „zu Großmutters Zeiten" Bonbons machte. Bis zu vierzig verschiedene Bonbonsorten sind im Shopangebot zu finden, und je nach Saison duftet es in der Manufaktur nach Himbeere, Apfel, Kirsche, Sanddorn, Bergamotte, Pfefferminze oder Karamell. Es finden sich fruchtige Sorten mit fröhlichen Namen wie „Freche Früchtchen", „Pfui-Teufelchen" oder „Ich habe dich lieb" im Angebot. Manche Bonbons sind ungewöhnliche Kombinationen. „Scharfe Kerle" beispielsweise gibt es in den Geschmacksmischungen Mango-Chili, Birne-Pfeffer, Zitronen-Ingwer und Curry-Banane. Andere Kreationen wie „Atempause" oder „Halsfreunde" sorgen mit Kräuteraromen für guten Atem und einen freien Rachen.

Die sensationelle Entdeckung der Perser, dass man aus Zuckerrohrsaft Zucker gewinnen kann, kurbelte bereits um 700 n. Chr. die professionelle Herstellung von Süßwaren kräftig an. Und als später Apotheker damit begannen, bittere Kräuter in Zuckermasse zu mogeln, waren die Heilbonbons erfunden. Lange Zeit sehr teuer, waren Bonbons vornehmlich den Reichen und Mächtigen vorbehalten. Erst die Zuckergewinnung aus Zuckerrüben sowie dann auch die Industrialisierung der Zuckerproduktion machte Zuckerware preiswerter, die Erfindung von Zuckerersatzstoffen die Sache schließlich auch kalorien- wie zahnfreundlicher. Doch ohne die glaubensflüchtigen Hugenotten, die im 16., 17. und 18. Jahrhundert von Frankreich hierher kamen, gäbe es in Deutschland bis heute vielleicht keine Bonbons, sondern eben nur, was man regional noch heute hier dazu sagt: Mocke oder Gutzele. Doch das Bonbon ist heute aus dem deutschen Sprachgebrauch nicht mehr wegzudenken. Kinder prägten wohl einst den Begriff. Der französische König Henri IV soll zu seiner Hochzeit 1572 den Gästen Zuckerwaren offeriert haben. Die anwesenden Kinder riefen daraufhin „bon", also „gut", und als Steigerung riefen sie „Bon, bon!" Der oder das Bonbon, beides ist sprachlich korrekt, war damit geboren.

Und wie lagern Sie Bonbons am klügsten? Nicht offen liegen lassen, am besten vor Sonne geschützt, kühl und trocken aufbewahren.

Standort und Navigation: Eigeltingen, Hermann-Laur Straße 10
Weitere Infos: www.bodensee-bonbon.de

8 Die Villae rusticae

Römisches Leben diesseits der Alpen

Einst verliefen zwei römische Straßen mitten durch den Hegau – die eine von Süd nach Nord, die andere von Ost nach West. Zeugnisse römischer Besiedlungen sind heute immer noch zu sehen – jedenfalls, wenn man sich dabei seiner Fantasie bedient. Die ist für Interessierte wichtig, um Anlagen wie etwa die villa rustica im fürstlich fürstenbergischen Wald bei Bargen zu erkennen. Die Entdeckung derselben ist dem Heimatforscher Paul Revellio (1886–1966) zu verdanken, der 1924 erste Grabungen vor Ort durchführte. Für seine Beiträge zur Erforschung vor- und frühgeschichtlicher Fundstellen wurde er 1952 mit einem Verdienstkreuz geehrt. Die topografische Aufnahme und weitere kleinere Grabungen wurden 2001/2004 durchgeführt. Diese Anlage zählt zu den besterhaltenen römischen Bodendenkmälern in Baden-Württemberg und erstreckt sich am Rande eines Geländevorsprungs. Sie umfasste eine Hofanlage, welche durch eine Steinmauer geschützt wurde.

Die villae rusticae verfügen über einen architektonischen Entwurf, der den topografischen und klimatischen Verhältnissen optimal angepasst war. Sie wurden etwa 75/80 n.Chr. in Holzbauweise errichtet und bis mindestens 260 n.Chr. bewirtschaftet. Die Areale bestanden aus mehreren Wohnräumen, die an einem offenen Innenhof lagen. Gebäudeteile der villa rustica bei Bargen konnte mit einer Hypokaustanlage beheizt werden. Dieses Fußboden- und Wandheizsystem bestand aus einem Brennofen, einem unter dem Fußboden liegenden Heizraum und Abzügen für heiße Luft und Abgase. Der Heizraum war aus hohen Platten-Ziegeltürmchen sowie einer Deckenplatte ausgestattet. Ganz obendrauf lag die Tragplatte mit dem Estrich. Diese Fußbodenkonstruktion war etwa zehn bis zwölf Zentimeter dick und benötigte gut und gerne mehrere Stunden bis Tage zur kompletten Durchwärmung, aber einmal angefeuert, musste nur noch wenig nachgelegt werden. Die erwärmte Luft strömte dabei vom Heizraum in Wandkanäle (tubuli).

Zu den römischen Gutshöfen im Hegau gehörten zudem neben dem Haupthaus mit Eckrisaliten auch Tempel, Ställe, Speicher, Gesundhäuser und Badegebäude mit Kaltbad, Laubad und Heißbad. Auch in der Anlage in Büßlingen wurde über einen vorgelagerten Heizraum geheizt. Die Besitzerfamilien der villae rusticae bewirtschafteten das Acker- und Weideland und belieferten mit ihren Erzeugnissen andere römische Siedlungen.

In der Nähe von Eigeltingen wurde das Fundament einer viereckigen römischen Gutsanlage gefunden, welche 2001/2002 durch eine archäologische Ausgrabung erfasst wurde. Zudem fand man in der Nähe – beim Anlegen von Feldwegen – in sechzig Zentimeter Tiefe einen „Silvanus“, ein dem Gott des Waldes und der Waldbewohner gewidmeter Weihestein. Dieser wird meist mit halb ziegenförmigem Körper, Lilienschmuck auf dem Kopf und neben einer Zypresse dargestellt, manchmal auch als Bauer mit Winzermesser oder Sichel an einem brennenden Altar stehend und von einem Hund begleitet.

Standorte und Navigation:

Villa rustica Engen-Bargen: in Bargen Richtung Schopflocherhof bis hinter die A81 und den kleinen gelben Schildern folgen: links, links, rechts bis nach der Abzweigung zum Schopflocher Hof, von da aus links dem Waldweg cirka 600 Meter abwärts folgen

Villa rustica Büßlingen: Schlatter Straße und K 6141 von Büßlingen Richtung Riedheim, nach gut 2 km links

Villa rustica Eigeltingen & Weihestein: Beschilderung folgen Richtung Oberhof, danach links; vom Homberg kommend cirka 500 Meter nach dem Ortsschild abzweigen

9 Der Goldbacher Stollen

Unternehmen Magnesit

Als im April 1944 die Stadt Friedrichshafen wegen ihrer Rüstungsbetriebe unter Beschuss aus der Luft geriet, wurde die Verlagerung der Produktionen veranlasst und dafür der Bau eines Stollens in Goldbach in den relativ weichsteinigen Molassefelsen, der Schwingungen sehr gut absorbiert und daher Schutz gegen Luftangriffe bietet, veranlasst. Damalige Rüstungsbetriebe mit heute noch so berühmten Namen wie Zeppelin, Maybach oder Dornier sollten in getrennten Hallen und mit eigenem Straßen- und Bahnanschluss Schutz finden. Für das Unternehmen „Magnesit" wurden etwa 800 Häftlinge vom KZ Dachau an den Bodensee verlegt, die in Aufkirch ein KZ-Außenkommando zu errichten hatten, woran die kleine Gedenkstätte Härlen in der Nähe des Salem International College in Überlingen noch erinnert. Unter ihnen waren italienische, polnische, russische, tschechische, slowenische und deutsche Sinti, Roma, Zeugen Jehovas, Homosexuelle oder politische Gefangene. Der Einsatz bedeutete Schwerstarbeit mit bloßen Händen in Zwölf-Stunden-Schichten unter dem Kommando eines brutalen Lagerleiters. In weniger als sieben Monaten sprengten die Häftlinge einen fast vier Kilometer langen Stollen in den Felsen, mit acht Eingängen, Gleisanschlüssen, Notausstieg und Fensteröffnungen, drei Längs- und siebzehn Querstollen. Die Kreuzungpunkte waren hallenförmig ausgebaut. Die abgetragenen Steine wurden auf Loren verladen und in den Bodensee gekippt – der Campingplatz in Überlingen entstand später auf diesem Gelände und eine Gedenktafel in der Nähe direkt am Fuße des Molassefelsens erinnert daran. Viele der Inhaftierten erlitten dabei Verletzungen und fanden den Tod – wenn nicht durch Steinschläge, dann wegen Entkräftung. Über 200 Gefangene, die meisten von ihnen „verhasste" Italiener, also ehemalige Bündnispartner, die den Faschismus abgeschafft hatten, wurden dem Stollenbau im Namen der Rüstung geopfert. Gut die Hälfte von ihnen fand später auf dem KZ-Friedhof in Birnau (Bodenseekreis) die letzte Ruhestätte.

Noch vor Fertigstellung der Stollenanlage marschierten Ende April 1945 französische Truppen in der Gegend ein. Die unterirdische Anlage wurde für die Rüstungsproduktion nie genutzt. Fachleute bezweifeln heute, dass auf Dauer in der feuchten Anlage komplizierte technische Produkte überhaupt hätten produziert werden können.

Der größte Teil des Stollens – heute unter bebautem Wohngebiet im Westen von Überlingen – ist noch immer zu Fuß, mit Auto oder LKW über einen in den 1960er Jahren neu errichteten Eingang zugänglich – die Franzosen ließen seinerzeit alle vorhandenen Eingänge sprengen. Heute dient die Anlage, die an manchen Stellen unter Wasser steht, teilweise auch als Bootsleger.

Seit 1996 ist der Goldbacher Stollen offiziell Gedenkstätte, betreut von der „Dokumentationsstätte Goldbacher Stollen und KZ Aufkirch in Überlingen e.V.".

Seit 2013 ist er zudem in der offiziellen Liste der Kulturdenkmale in Baden-Württemberg zu finden.

Standorte und Navigation:
Stollen: Überlingen-Goldbach, Obere Bahnhofstraße 30
Tafel: Überlingen, Nähe des Bahnübergangs am Campingplatz
Friedhof Birnau: Bundesstraße 31 zwischen Uhldingen-Mühlhofen und der Wallfahrtskirche
Gedenkstätte: Überlingen, Kurt Hahn Straße/Härlenweg bis zum Ende des Parkplatzes und einen kleinen Fußweg entlang weitergehen

10 Hermann Hesse im Hegau

Wahlheimat des berühmten Literaten auf Zeit

Als Hermann Hesse sein berühmtes Gedicht „Stufen“ schrieb, ahnte er noch nicht, dass er bereits wenige Jahre später für sein Werk „Das Glasperlenspiel“, in dem er sich mit den politischen Umwälzungen jener Zeit befasste, den Nobelpreis für Literatur verliehen bekommen würde.

1877 als Sohn eines deutsch-baltischen Missionars geboren, bekam der gebürtige Calwer erst später die württembergischen und dann die Schweizer Bürgerrechte. Nach Schule und Ausbildungen arbeitete er eine Zeitlang in Tübingen als Buchhändler. Zudem las er sehr viel. Doch bereits als Zehnjähriger hatte er zur Feder gegriffen und kleinere Texte verfasst, nun packte ihn erneut die Lust am Schreiben. 1896 konnte er erstmals etwas veröffentlichen: sein Gedicht „Madonna“. 1898 folgte ein kleiner Gedichtband, 1899 eine Prosasammlung – beide Bände wurden ein Flop. Sein Verleger indes war von seinen literarischen Qualitäten überzeugt, es kam daher bald zu weiteren Veröffentlichungen – und bald auch zu ersten, überschaubaren Geldeingängen. 1903 lernte Hesse die Basler Fotografin Maria „Mia“ Bernoulli kennen, Spross einer Gelehrtenfamilie, die vom 17. Jahrhundert an bis heute viele Wissenschaftler und Künstler hervorgebracht hat. Sie heirateten, zogen auf Mias Wunsch und angetan von der naturverbundenen Lebensreformbewegung ins einsame und abgelegene Gaienhofen – fernab von jeglichem Kulturgetümmel. Von hier war es zudem nicht weit zu ihrem Fotoatelier in Basel. Das Paar mietete ein einfaches, altes Bauernhaus ohne fließend Wasser oder gar Strom, in dem die Familie – aus der Ehe gingen drei Söhne hervor – drei Jahre verbrachte, bis sie in ein von dem Architekten Hans Hindermann gebautes „Reformhaus“ umzog. Den Garten legte Hesse nach eigenen Plänen an.

Längst war dem Schriftsteller mit weiteren Veröffentlichungen der literarische Durchbruch gelungen – mit Romanen wie „Peter Camenzind“ (1904) etwa oder „Unterm Rad“ (1906). Der Ehe war weniger Erfolg beschieden – aufgrund verschiedener Dissonanzen wie Trennungen durch lange Reisen, psychischer Probleme (Forscher vermuten heute, Hesse litt an ADHS) oder häufiger Schaffenskrisen. Bis 1912 lebte die Familie noch in Gaienhofen. Mia und Hermann Hesse, der wegen seines schlechten Sehvermögens für die Front untauglich war, wurden 1923 geschieden. Hesse war später kein offener Nazigegner, doch er ging sozusagen in die geistige Emigration. Seine Werke wurden nie offiziell verboten oder verbrannt, sie waren ab 1936 „unerwünscht“. Die weiteren Lebenswege, Aufenthaltsorte und Schicksalsschläge des Literaten bis zu seinem Tod im August 1962 sind meist bekannt – oder im Hesse-Museum nachzuspüren, welches in den 1990er Jahren eingerichtet wurde. Wer zudem auf den Spuren der Familie wandeln mag, dem sei der Besuch (nur nach Voranmeldung) des zweiten Wohnhauses und Gartens empfohlen, beides war viele Jahrzehnte lang für die Öffentlichkeit mehr oder weniger verschlossen und wurde von der jetzigen Bewohnerfamilie vor einiger Zeit in „freiwilliger Kulturarbeit“ denkmalgerecht saniert und wiederhergestellt.

Standort und Navigationen:
Museum: Gaienhofen, Kapellenstraße 8
Haus: Gaienhofen, Hermann Hesse Weg 2

11 Von christlichen Kirchen, Kreuzen und Pilgerstätten 1

Dem Menschen zum Segen, dem Herrgott zur Ehr'!

Was dem/r einen im Hegau die Berge oder Burgen, sind dem/r nächsten die zahlreichen christlichen Stätten wie Kirchen, Klöster, Altäre, Kreuze, Grotten, Bildstöcke, Schreine, Pilgerorte sowie die dazugehörigen „Events" wie Wallfahrten, Prozessionen oder Wanderungen auf den Jakobswegen. Alles zu beschreiben gliche einer Jahrhundertaufgabe, so dass hier nur einige vorgestellt werden können.
„Wenn ich nicht der Großherzog von Baden wäre, wollte ich Pfarrer von Horn sein!", so ist es auf einer gen Osten zeigenden Gedenkplatte an der kleinen Pfarrkirche Sankt Johann und Sankt Veit nachzulesen, genau an jener Stelle, wo Friedrich I diesen Gedanken ausgesprochen haben soll. Doch ihm war nun mal ein anderes Schicksal beschieden – unter anderem förderte er während seiner Regentschaft (1852–1856) die Errichtung der Großherzoglich-Badischen Kunstschule (heute Staatliche Akademie der Bildenden Künste in Karlsruhe). Ob nur der grandiose Ausblick über den Bodensee oder die Saalkirche selbst mit ihren romanischen Mauerresten ihn einst zu dieser Aussage hinreißen ließ, ist heute nicht mehr nachzuweisen. Fakt ist: Die beiden um 1500 geschaffenen Altarflügel des Konstanzer Malers Matthäus Gutrecht d. Ä. sind in jedem Fall sehenswert, ebenso lohnt sich ein Gang über den alten Horner Friedhof. Hier hat der 1983 verstorbene Hamburger Literat Hans Leip seine letzte Ruhe gefunden, der vor allem mit einem einzigen Gedicht Furore machte: Lili Marleen. Vertont als Lied, erlangte es durch die Sängerin Lale Andersen weltweite Popularität – und noch heute erklingt das Lied täglich um 22:00 Uhr im Soldatensender Radio Andernach.
Die Wallfahrtskapelle „Maria Opferung" ist ein Schmuckstück Richtung Wasserburgertal und neben dem nahe gelegenen Hof und einer Burgruine das letzte Relikt des Ortes Schenkenberg, der im 15. Jahrhundert zerstört wurde. Die Kirche wurde 1275 erstmals erwähnt, verfiel im Laufe der Zeit, wurde im barocken Stil restauriert und immer wieder aufwändig saniert. Besonders sehenswert: um die 150 Votivtafeln zu Ehren des Gnadenbildes „Unserer Lieben Frau zu Schenkenberg" aus mehreren Jahrhunderten. In der Nähe wurde 2001 ein Kreuzweg errichtet. Die (Pilger)gaststätte nebenan, der Schenkenberger Hof, ist seit 2013 in Besitz des ehemaligen Daimler-Chrysler-Vorstandes Klaus Mangold.
Wenige Kilometer von der Schenkenberger Kapelle entfernt liegt die Zeilenkapelle, dem Heiligen Sebastian gewidmet – unter anderem Schutzpatron bei Pest und Viehseuchen. Kunsthistorisch von besonderer Bedeutung sind in dem schlichten Bau mit kleinen Dachreitern romanischen Ursprungs der barocke Altar sowie die Wandmalereien, die zum Teil aus dem 15. und 16. Jahrhundert stammen und erst 1903 bei Renovierungsarbeiten entdeckt wurden. Sie zeigen den Passionszyklus in verschiedenen Darstellungen, die Auferstehung Christi, Heilige, Engel und mehrere Apostel. In der Nähe ist ein Geocache-Versteck (GPS-Schnitzeljagd, elektronische Schatzsuche), das die Gegend wie die Kapelle in letzter Zeit bekannter gemacht hat.

Standorte und Navigationen:
Horn: Gaienhofen-Horn, Kirchgasse
Schenkenberg: Emmingen-Liptingen, Schenkenbergerhof
Zeilenkapelle: Emmingen-Liptingen, Zeilenhof

12 Die Pfahlbauten am Bodensee

Aus prähistorischer Zeit

Mal vorweg einige Fakten zum Bodensee, der in Teilen ebenfalls zum Hegau zählt: Er ist etwa 63 Kilometer lang und vierzehn Kilometer breit und liegt im Mittel 395 Meter über dem Meeresspiegel. Seine durchschnittliche Tiefe beträgt 85 Meter, die tiefste Stelle wurde in 254 Metern Tiefe zwischen Friedrichshafen und Romanshorn gemessen. Das Wasservolumen beträgt 50 Milliarden m^3, der Durchfluss liegt bei 11,5 Milliarden m^3 pro Jahr. Die Wasserhärte liegt bei 2, der Nitratgehalt bei 4,5 mg/l. Etwa 35 verschiedene Fischarten sind im Bodensee beheimatet, etwa Felchen, der „Brotfisch" der Fischer, Kretzer oder Zander.

Ziwschen 5000 bis 800 v. Chr. enstanden die Pfahlbautensiedlungen, die teils noch erhalten oder gut rekonstruiert zu finden sind. Seit 2011 zählen 111 davon rund um die Alpen zum Unesco-Weltkulturerbe.

Arbeiter, die im Winter 1853/54 am Grund des Zürichsees tätig waren, stießen auf eine dunkle Schicht mit regelmäßigen Pfahlreihen. Der Schweizer Altertumsforscher Ferdinand Keller sah darin Siedlungsreste und prägte den Begriff Pfahlbauten, bald setzte aufgrund des Sensationsfundes ein regelrechter Suchboom ein und im Laufe der Jahrzehnte wurden etwa 1000 Pfahlbau-Fundstätten in sechs Alpenanrainerstaaten dokumentiert. Man fand heraus, dass Siedlungen mit prähistorischen Pfahlbauten auf feuchtem Grund am Ufer von Seen, an moorigen Gebieten oder Flussauen errichtet wurden. Andere Konstruktionen standen im Wasser und fielen nur bei Niederwasserständen trocken. Beide Standorte machten jedoch erst die Erhaltung beispielsweise von Bauholz oder Kleidung möglich. Eine Datierung der Pfähle lässt Rückschlüsse zur Baugeschichte der Häuser zu, in denen nach heutigem Stand der Forschung bis zu zehn Personen lebten. Im Hegau liegen mehrere Pfahlbaustätten wie etwa in Bodman, Gaienhofen, Konstanz-Hinterhausen, Langenrain, Litzelstetten, Öhningen, Sipplingen oder Wangen. Sehenswert ist unter anderem das Museum Fischerhaus in Wangen, ein translosziertes Fachwerkhaus wie es früher allerorts auf der Höri häufig zu finden war.

Und auch wenn Unteruhldingen nicht mehr zum Hegau zählt, das Pfahlbau-Museum lohnt einen Besuch. Hier gibt es von Kleinsiedlungen bis zu den Stationen eines Zeitweges vieles zu entdecken. Es zeigt zudem die einstige Lebensweise von Bauern, Fischern und Händlern am Bodensee. Im Filmdorf werden auch Häuser gezeigt, anlässlich eines Projektes gebaut und von mehreren Testfamilien in einer ungewöhnlichen Zeitreise genutzt, die acht Wochen lang „Ötzialltag" leben und bewältigen wollten – vom Feuermachen und Fischen bis zum Schlachten. Sicherlich auch einmalig in Deutschland: die Pfahlbauspielplätze in Bodman und Ludwigshafen.

Und das ist nicht nur für Kinder spannend: Die Playmobil-Sonderausstellung „Pfahlbauten" im ärchäologischen Museum in Konstanz!

Standorte und Navigation:
Fischerhaus: Wangen, Hauptstraße
Museum: Uhldingen-Mühlhofen, Strandpromenade 6,
Weitere Infos: swr.de/steinzeit/html/DAS_EXPERIMENT.html
Spielplatz: Bodman und Ludwigshafen direkt am Seeufer
Sonderausstellung: Konstanz, Benediktinerplatz 5

13 Der Bibelgarten in Weil

Und die Erde ließ aufgehen Gras und Kraut

In der Heiligen Schrift finden über 110 Pflanzen aus dem Nahen Osten Erwähnung. Natürlich waren es weit mehr, man sagt, es gab um die 2600 verschiedene Pflanzenarten, welche dort einst beheimatet waren – oder noch immer sind. Sie dienten den Menschen als Heil- und Lebensmittel ebenso wie als Baumaterial und Zubehör für kultische Rituale. Nicht alle darin benannten Pflanzennamen können heute eindeutig den modernen Bezeichnungen zugeordnet werden – die Rekonstruktion ist von Faktoren wie korrekter Übersetzung, Bedeutungsänderungen, diversen Sammelnamen für Pflanzengesellschaften, sowie häufiger Doppel- oder gar Mehrfachbezeichnung für unterschiedliche Pflanzenarten abhängig. Einige Namen sind zudem nach der Region und Herkunft benannt und somit schwer zuzuordnen, andere nach Personen – vieles ist in Sachen Bibelflora noch umstritten oder ganz und gar unerforscht. Die bislang erforschten Pflanzen indes sind eingeteilt in die Kategorien Bäume und Büsche, Dornen und Disteln, Feldblumen, Feldfrüchte, Kräuter und krautige Pflanzen, Obstbäume und Sträucher, Pflanzen in Feuchtgebieten sowie Wüstenpflanzen. Etwa dreißig Pflanzen „biblischen Ursprungs“ sind im Bibelgarten in Weil bei Tengen zu finden. Sie sind mit Tafeln gekennzeichnet, auf denen jeweils zur passenden Pflanze der deutsche Name sowie besagte Bibelstelle notiert ist. Da finden sich etwa Granatapfel (Hohelied 4,3) Minze (Matthäus 23,23) und Schwarzkümmel (Jesaja 28,2) oder Senf (Markus 4,30-32) und Zistrose (1. Buch Mose 37,25).
Wer nicht bibelfest ist, sollte sich eine kleine Taschenbuchausgabe vom Alten wie Neuen Testament unter den Arm klemmen und vor Ort so schöne Beschreibungen wie „Weh euch, ihr Schriftgelehrten und Pharisäer, ihr Heuchler! Ihr gebt den Zehnten von Minze, Dill und Kümmel und lasst das Wichtigste im Gesetz außer Acht: Gerechtigkeit, Barmherzigkeit und Treue. Man muss das eine tun, ohne das andere zu lassen“ nachlesen…
Auch der „Garten der Schöpfung“ in Singen ist einen Besuch wert. Er ist sozusagen ein Überbleibsel der Landesgartenausstellung 2000. Von April bis Oktober finden dort regelmäßig am zweiten Mittwoch im Monat ökumenische Andachten und Meditationen statt.
Viele weitere Gärten im Hegau wären, ob ihrer Schönheit, Geschichte oder anderer Besonderheiten, ebenfalls erwähnenswert. Wer sich mit ihnen auseinandersetzen möchte, kann im Rahmen der Aktionen von Hegau Tourismus und Schaffhauserland Tourismus „Grenzenloses Gartenerlebnis“ auf Entdeckertour gehen. Über vierzig grenzüberschreitende Gärten – über den gesamten Hegau verteilt – öffnen dafür alljährlich ihre Tore, zeigen floristische Vielfalt und bieten dazu beispielsweise auch Veranstaltungen wie Lesungen, Besichtigungen oder, wie im Weiler Bibelgarten, sogar eine Kräuterweihe an.
„Garten Rendezvous“ heißt ein ähnliches Angebot und bietet als Teil des Netzwerks „Bodensee Gärten“ spannende Einblicke in unzählige weitere Gärten, Parks und botanische Anlagen jedweder Facon.

Standorte und Navigationen:

Bibelgarten: Weil, Kapellenstraße neben der Kapelle Sankt Nikolaus, April bis Oktober frei zugänglich

Garten der Schöpfung: Singen, Schaffhauser Straße 35, hinter den Tennisplätzen

Weitere Infos: hegau.de/Gaerten_und_Parkanlagen.208.html
bodenseegaerten.eu

14 Von Burgen, Schlössern und Ruinen 1

Kleine Infos über herrschaftliche Sitze

Die großen Anlagen auf manchen Bergen sind eine Sache, die über 300 weiteren Burgen, Festungen, Ruinen, Wälle, Schlösser auf dem Gebiet des Hegaus – dieser gilt übrigens heute als die Region schlechthin in Deutschland mit der größten Dichte derselben – eine andere. Es sind einfach zu viele! Diese komplett zu erfassen, ist kaum möglich, eine kleine, begrenzte Auswahl ist indes hier in einigen Kapiteln beschrieben.

Schloss Langenstein, von dessen mittelalterlichem Bau der Wohnturm erhalten blieb, ist im Besitz der gräflichen Familie Douglas (siehe auch Kapitel 20) – und vor allem durch seinen Golfclub über die Landesgrenzen hinaus weit bekannt. Darin ist seit 1969 zudem das sehr sehenswerte Fasnachtsmuseum, welches sich auf die Geschichte der schwäbisch-alemannischen Fasnacht konzentriert und beispielsweise lebensgroße Narrenfiguren zeigt, untergebracht. Doch was nur historisch Interessierte wirklich wissen, sollte an dieser Stelle doch einmal zum Thema gemacht werden: Hier im Schloss, dessen Hauptgebäude und weitere Schlossanlagen von 1570 bis 1605 erbaut wurden, unterschrieb am 22. November 1918 Großherzog Friedrich II von Baden die Verzichtsurkunde auf den badischen Thron und nahm damit zugleich den Titel eines Markgrafen von Baden an. Zusammen mit Frau sowie zeitweise Schwester und Mutter lebte er hier im Schloss, bis er 1920 nach Freiburg übersiedelte.

Schloss Langenrain indes liegt auf dem Bodanrück, es kam nach dem Dreißigjährigen Krieg durch Erbschaft in die Familie von Ulm-Langenrain. Letztes Mitglied dieser Familie war eine Stiftsdame, welche die Gemarkung 1814 den Freiherren von Bodman (siehe auch Kapitel 22) vermachte. Später wurde das Schloss unter anderem auch als Kriegsgefangenenlager, Hotel und Weiterbildungsstätte genutzt. Heute wohnt eine gräfliche Familie darin, die spätbarocke Anlage mit Schlossscheune, Parkanlage samt Schlossterrasse und altem Baumbestand kann für Feste aller Art angemietet werden.

Die Burg Friedingen bei Singen wird von den Einheimischen liebevoll als „Friedinger Schlößle“ betitelt. Von der zwischen 1170 und 1180 von den Herren von Friedingen erbauten Burg blickt man zum Untersee und zu den Hegaubergen, bei guter Fernsicht auf das Alpenpanorama und mit viel Glück bis zum Mont Blanc-Massiv. 1499 wurde die Anlage zerstört, aufgebaut, im Dreißigjährigen Krieg erneut zerstört und Jahre später wieder aufgebaut. Ende des Zweiten Weltkrieges diente die Anlage der SS als Unterkunft, was französische Truppen 1945 veranlasste, die Innenausstattung zunichte zu machen. Nachdem die Anlage notdürftig wieder hergerichtet worden war, diente diese von September 1946 bis Dezember 1950 Barbara von Haeften, Witwe des im August 1944 hingerichteten Widerstandskämpfers Hans Bernd von Haeften, und ihren fünf Kindern einige Zeit als vorübergehendes Zuhause. Die einstige Vorburg ist heute ein Garten. In der Hauptburg ist ein beliebtes Ausflugslokal zu finden. Im Festsaal werden unter anderem heute Rittermahle veranstaltet.

, Schlösse

Standorte und Navigationen:
Langenstein: Orsingen-Nenzingen, Langensteiner Straße
Langenrain: Allensbach, Zum Mindelsee 1
Hohenfriedingen: Singen, Schlossbergstraße 44

15 Die Volapük-Tafel

Eine Menschheit, eine Sprache

„O Fat obas, kel binol in süls, paisaludomöz nem ola! Kömomöd monargän ola ...". Dies ist der Beginn des Vaterunsers auf Volapük, einer konstruierten Plansprache, die Ende des 19. Jahrhunderts von dem Geistlichen Johann Martin Schleyer geschaffen wurde und welche den Namen aus den Worten „vol" vom englischen world = Welt und „pük" von englischen to speak = sprechen erhielt. Volapük basiert auf sechs europäischen Sprachen: Deutsch, Englisch, Französisch, Italienisch, Spanisch und Russisch. Schleyer verfasste dazu eine Grammatik inklusive Wörterbuch, die unter dem Titel „Volapük, die Weltsprache, Entwurf einer Universalsprache für alle Gebildeten der ganzen Erde" erschien. Der erste veröffentlichte Probesatz lautete „Ko God beginobsöd dinis valik" (mit Gott sollen wir alle Dinge beginnen) und machte die Sprache bald so bekannt wie erfolgreich. In halb Europa gründeten sich Gesellschaften, die sich später rund um den Globus über die vornehmen Salons vor allem der Adligen und Reichen ausbreiteten. Zeitungen druckten Artikel mit dem feurigen Credo „möge die gesamte civilisirte Menschenwelt es als eine ihrer wichtigsten, vernünftigsten und großartigsten Aufgaben, ja als eine ihrer schönsten Ehrensachen betrachten, Schleyers Weltsprache ungesäumt sich anzueignen, sie allgemein zu verbreiten und einzuführen!" Hier einige Beispiele:

- das Alphabet umfasst 27 Buchstaben, mit wenigen Ausnahmen ist die Aussprache mit dem Deutschen identisch, die Vokale lauten a, e, i, o, u, ä, ö, ü
- es gibt die üblichen vier Fälle & Vokativ, Singular und Plural werden in den Endungen definiert, Artikel und Geschlecht fehlen
- -ön ist die Infinitiv-Endung, -ik ist die Adjektivendung, ne ist die verneinende Vorsilbe
- passive Verben werden durch Voransetzen von einem p gebildet
- Wörter bekommen durch das Anhängen von Vorsilben und Nachsilben unterschiedliche Bedeutungen
- bei zusammengesetzten Wörtern steht das Grundwort am Ende
- die Grundzahlen beginnen und enden auf einem Konsonanten mit einem Vokal, Endkonsonant ist stets ein l, Zehner wurden zunächst mit dem Plural-s gebildet, später mit dem Wort deg für 10.

Am Pfarrhaus in Litzelstetten erinnert heute eine Gedenktafel mit den Worten „Menade bal – püki bal" (eine Menschheit – eine Sprache) an den Erfinder der Weltsprache, übrigens ein Großonkel des deutschen Arbeitgeberpräsidenten Hanns Martin Schleyer, der 1977 von der RAF entführt und getötet wurde. Nur noch wenige Menschen beherrschen das in den 1930er Jahren überarbeitete Volapük. Im Dänischen wird das Wort „volapyk" auch synonym für Unverständliches benutzt. Mit „Volapuk" bezeichnet man heute zudem die Computer-Übersetzung von kyrillischen Buchstaben ins lateinische Alphabet und bei Facebook gibt es tatsächlich eine Volapük-Gemeinschaft!

Standort und Navigation:
Litzelstetten, Martin Schleyer Straße 18

16 Die Sauschwänzlebahn

Mit einem historischen Dampfzug unterwegs

Entlang des Flüsschens Aitrach, ein rechter Zufluss der Donau, liegt die Strecke der Sauschwänzlebahn. Sie verläuft am Nordwestrand des sogenannten Randens und damit teils durch den Schwarzwald-Baar-Kreis sowie den Landkreis Tuttlingen. Die Bahnstrecke berührt, wenn auch nur in einem kürzeren Abschnitt, ebenfalls auch Teile des Hegau.

Die 1890 durchgehend eröffnete Strecke wurde als sogenannte strategische Bahn konzipiert und diente zunächst vor allem militärischen Zwecken. Eine Vorgabe dafür war die Einrichtung von Bahnhöfen im Abstand von acht Kilometern, um die Überholung oder Begegnung von Militärzügen zu ermöglichen. Eine weitere Vorgabe war das Steigungsmaß. Manche Abschnitte sind deswegen legendär, da sich der historische Dampfzug in vielen Windungen durch die Gegend kämpfen muss – bei einem Steigungsmaß nicht größer als 1:98; das heißt, die Trasse durfte auf einer Länge von 980 Metern nicht mehr als zehn Meter ansteigen. Und das ausgerechnet im Wutachtal, wo ein Anstieg von über 230 Metern bewältigt werden musste! Man baute auf der gesamten Strecke mehrere Kehren ein, fünf große Viadukte und Brücken und sechs Tunnel. Wegen dieses ungewöhnlich gewundenen Streckenabschnitts hat die Bahn, die offiziell Wutachbahn heißt, ihren lustigen Spitznamen „Sauschwänzlebahn“ erhalten.

Strategische Streckenführung führte in der Vergangenheit im Hegau übrigens nicht nur bei der Sauschwänzlebahn zu ungewöhnlichen Verläufen, welche vor allem auf der Eisenbahnstrecke von Konstanz bis in den badischen Teil Basels nicht zu übersehen sind, denn die Gleise sollten auf Teufel komm raus nicht über Schweizer Gebiet gehen! Ganz gelang das nicht und die Sache führte zu einigen Kuriositäten. Beispielsweise unterstand die gesamte Bahn der Badischen Staatsbahn und gehört heute noch zur Deutschen Bahn. Der Vertrag aus dem Jahr 1852 räumte der Schweiz zwar das Recht ein, „ihre“ Strecke nach fünfjähriger Kündigungsfrist zurückzukaufen, das wurde aber nie umgesetzt. Im Zweiten Weltkrieg durften Transporte der Wehrmacht die Schweiz nicht passieren und nur Fahrgästen mit Reisepass und Visum war die Durchreise gestattet …

Die legendäre Sauschwänzlebahn ist längst überregional bekannt und wird seit 1977 als Museumsbahn betrieben. Seit 1992 ist im ehemaligen Güterschuppen des Bahnhofs Zollhaus-Blumberg ein Eisenbahnmuseum zu finden, das die Geschichte der Bahn in einer Dauerausstellung dokumentiert. Parallel zur Museumsstrecke wurde außerdem ein neunzehn Kilometer langer Eisenbahn-Lehrpfad eingerichtet, der die schleifenartige Streckenführung in besondere Weise berücksichtigt. Und last but not least: Seit 8. September 2014 darf sich die Sauschwänzlebahn der Auszeichnung „Historisches Wahrzeichen der Ingenieurbaukunst in Deutschland“ rühmen!

Übrigens auch mal einen Ausflug wert: mit 40 km/h mit der Museumsbahn Singen-Etzwilen (bei Stein am Rhein) fahren!

Weitere Infos zu Fahrplänen und Haltestellen:
sauschwaenzlebahn.de
etzwilen-singen.ch

17 Der Mennonitenfriedhof in Storzeln

Versteckt im Wald

Der Friese Menno Simons war ein katholischer Theologe. Er konvertierte um das Jahr 1536 zur Täuferbewegung, zu der heute nicht nur die Gemeinschaft der Mennoniten, sondern auch die der Hutterer und Amische gehören. Bald zählte Simons zu den führenden Köpfen und wurde sogar Namensgeber – der Ausdruck Mennoniten taucht erstmals 1544 in einem amtlichen Schreiben auf. Die Glaubensinhalte basieren wie auch bei anderen reformatorischen Kirchen auf den vier Soli: Christus, Schrift, Glaube, Gnade. Die Sakramentenlehre fehlt, die Predigt indes ist Schwerpunkt eines jeden Gottesdienstes. Zur Lebensführung gehört unter anderem ein friedenspolitisches Engagement und damit auch die Ablehnung des Militärdienstes. Junge und bekannte Gesichter aus mennonitischen Familien sind etwa der kanadische Eishockeytorwart James Reimer, der US-amerikanische Radrennfahrer Floyd Landis oder die deutsche Autorin Lena Klassen. Nur wenigen bekannt ist indes der Mennonitenfriedhof in Storzeln, der auf die schweizerische Familie des 1815 geborenen Predigers Johannes Winzeler aus Barzheim/CH zurückgeht. Dieser erwarb 1849 das Hofgut Storzeln.

Die Familie betrieb neben der Hofhaltung in Storzeln eine Spinnerei und Tuchfabrik zur Herstellung und Färbung von Baumwollstoffen. Winzeler starb 1863 und hinterließ eine Frau und acht minderjährige Kinder. Die Familie behielt den Betrieb und Storzeln wuchs zu einer großen Mennonitengemeinde an, der etwa 100 Menschen angehörten. Noch vor dem Ersten Weltkrieg musste jedoch der Betrieb verkauft werden, die Familie siedelte um – zurück in die Schweiz nach Bern.

1916 erwarb die Stadt Stuttgart das Hofgut, welches bereits 1382 erstmals urkundlich erwähnt wurde. Es sollte die Milchversorgung der Stuttgarter Krankenhäuser sicherstellen. Zudem wurde es unter anderem als Kinderheim, welches während des Zweiten Weltkrieges zwischenzeitlich auch als Hilfskrankenhaus genutzt wurde, betrieben. Heute ist das Gut wieder in privater Hand. Die Besitzer haben sich, neben der Pferdezucht, erfolgreich dem Anbau von biologischen Rohstoffen, insbesondere Soja, Hafer und Dinkel und deren Weiterverarbeitung zu Bioprodukten verschrieben.

Die ersten Mitglieder der Familie Winzeler fanden nach ihrem Ableben zunächst nur ihre vorletzte Ruhestätte auf dem Binninger Friedhof. Als dort 1889 die Pfarrkirche erweitert werden sollte, wurden sie auf einen neu angelegten Gottesacker unweit des Hofgutes umgebettet, wo noch weitere Mennoniten, gekennzeichnet durch 34 Einzelsteine, aus dem gesamten Hegau ruhen. Die Grabstätten aus der NS-Zeit gehören zu einigen Patienten des damaligen Hilfskrankenhauses, sie sind mit einfachen Namenssteinen gekennzeichnet. Der versteckt liegende, alte Mennonitenfriedhof verblieb beim Verkauf des Hofgutes bei der Familie und ist heute noch im Privatbesitz der Nachfahren der Familie Winzeler.

Standorte und Navigationen:
Hilzingen, Storzeln; gegenüber vom Hofgut, links am Zaun des Lagergeländes vorbei unter einer Unterführung hindurch, dann nach cirka 50 Metern links im Wald gelegen

18 Das Hohe Grobgünstige Narrengericht zu Stocken

Tradition zu Fastnacht

Die bekannteste Gestalt in Stockach ist Kuoni. Der Hofnarr soll sich als kluger Ratgeber hervorgetan haben, der gegenüber Erzherzog Leopold I von Österreich 1315 vor einer Schlacht gegen die Bewohner eines Schweizer Dorfes zu bedenken gab: „Ihr ratet wohl, wie Ihr in das Land hineinkommt, aber nicht wie raus." Kuoni bekam für diesen Satz später das Privileg verliehen, jährlich in seiner Heimatstadt Stockach zwischen Lichtmess und Laetare (vierter Fastensonntag vor Ostern) „selbst zu richten und zu regieren". Nun ist das alles schon lange her, aber seither gibt es in Stockach die Fasnacht in Form eines Narrengerichts. 1960 wurde aus dem uralten Fasnachtsbrauch eine Gerichtsverhandlung, beim ersten Mal in Singen und dann ab 1965 in Stockach. Und das geht bis heute so: Das Narrengericht, bestehend aus Ankläger, Richter und „Fürsprech", wählt eine/n Beklagten, meist hochrangige PolitikerInnen. Der/die Beklagte muss sich am Schmutzige Dunschtig (Donnerstag vor Aschermittwoch) in einer „Verhandlung" (zeitversetzte TV-Übertragung) stellen. Danach hat der/die Beklagte das Wort und sollte mit einer überzeugenden Rede das Gericht von der eigenen Unschuld überzeugen. Es geht um nicht schuldig oder schuldig und je nach Schwere sieht das Strafmaß einen oder mehrere Eimer Wein (österreichisches Hohlmaß = cirka 60 Liter) als Buße vor.
Im Laufe der Zeit haben sich viele VertreterInnen der gesamtdeutschen Politprominenz dem „Hohen Grobgünstigen Narrengericht zu Stocken" gestellt – in den Anfängen etwa der baden-württembergische Ministerpräsident Kurt Georg Kiesinger, später auch Franz Josef Strauß, Hans Dietrich Genscher, Norbert Blüm, Wolfgang Schäuble, Joschka Fischer, Annette Schavan, Philipp Rösler, Renate Künast, Malu Dreyer – viele weitere Namen wären noch zu nennen. Angela Merkel, die 2001 ihren Auftritt als Bundesvorsitzende der CDU hatte, wurde seinerzeit schuldig gesprochen und musste anderthalb Eimer Wein (= 150 Flaschen + Verzugszinsen) abliefern. Das Urteil für Guido Westerwelle lautete: „schuldig, 1 + 18 % Eimer Wein". Da kam Andrea Nahles 2008 deutlich schlechter weg. Urteil: „schuldig, 4 Eimer Wein". Damit ist sie in bester Gesellschaft, auch Günther Oettinger (2007) und Frank-Walter Steinmeier (2011) traf das bislang höchste ausgesprochene Strafmaß. 2016 war Alexander Dobrindt vor Gericht. Wegen „Ausländerdiskriminierung durch vorsätzlichen Mautismus" wurde er schuldig gesprochen. Das Strafmaß: drei Eimer Wein und eine Einladung für das Gerichtskollegium auf das Münchner Oktoberfest – wegen der Zerstörung Stockachs durch die Bayern im Jahr 1704. Seit Beginn gab es übrigens nur 2005 den ersten und einzigen „Freispruch" – für Peter Müller, von 1999 bis 2011 Ministerpräsident des Saarlandes. Er kam mit einer Ordnungsstrafe wegen Ungebührlichkeiten gegenüber dem Gericht davon: zwei Eimer Wein und die Teilnahme an einem Laienschauspiel in Stockach. Nur einmal in all' den Jahren fand übrigens keine Sitzung statt: 1991 wegen des Golfkrieges.

Standort und Navigation: Jahnhalle Stockach, Jahnweg 1
Weitere Infos: stockacher-narrengericht.de

19 Das Korbinian Brodmann-Museum

Erinnerung an einen großen Mediziner

Brodmann-Areale? Das sind die 52 Großhirnrindenfelder, benannt nach Korbinian Brodmann, der als Erforscher der Rindenoberfläche des Hirns gilt. Er forschte unter anderem an Hirnen schwarzer Bartaffen, entdeckte, dass das menschliche Hirn sechsschichtig aufgebaut ist und entwickelte ein spezielles Messverfahren. Die Forschungsergebnisse haben bis heute ihre Gültigkeit. Dieser Weg war dem 1868 unehelich geborenen Bauernsohn aus Liggersdorf nicht vorherzusagen. Doch nach verschiedenen Schulbesuchen – einer seiner Lehrer sprach ihm eine nur „schwache Befähigung“ zum Besuch der Höheren Schule zu – studierte er von 1889 bis 1895 Medizin. Er approbierte und kam als „Arzt für das Gebiet des Deutschen Reiches“ im Sommer 1896 als Assistent an die Nervenheilanstalt Alexandersbad. Er hörte Vorlesungen über Psychiatrie, Experimentalpsychologie, Neurologie und Hirnanatomie und promovierte über chronische Ependymsklerose (Ependym = Auskleidung der Hirnhöhlen und des Zentralkanals im Rückenmark). Es folgten Stellen in Jena, Frankfurt am Main und Berlin, wo der Mediziner sein Hauptwerk „Vergleichende Lokalisationslehre der Großhirnrinde“ verfasste, es wird noch heute in englischer Sprache verlegt. Danach habilitierte er sich und wurde im August 1913 zum Professor berufen. Schwerpunkte seiner Vorlesungen waren Themen wie Hirnanatomie und Ursachen von Sprachlosigkeit, Störungen des Erkennens und der Ausführung willkürlicher zielgerichteter und geordneter Bewegungen. 1914 bis 1916 war Brodmann in der Nervenabteilung des Reservefeldlazaretts II in Tübingen tätig, wofür er von König Wilhelm II von Württemberg das Wilhelmskreuz mit Schwertern verliehen bekam. Am 1. Mai 1916 trat er eine Stelle als Prosektor in Nietleben bei Halle an der Saale an, wo er die fast 27 Jahre jüngere medizinisch-technische Assistentin Margarete Franke kennenlernte, die er im April 1917 heiratete. Im Januar 1918 kam Tochter Ilse zur Welt. Im April selben Jahres wurde der erfolgreiche Mediziner, dem seit einigen Jahren in Liggersdorf ein Museum gewidmet ist, nach München ans spätere Max-Planck-Institut für Psychiatrie berufen. Doch im August 1918 erlag Korbinian Brodmann, dessen große Lebensfrage lautete „Wie ist das Gehirn aufgebaut?“ den Folgen einer Sepsis. Kurz darauf zog sich seine erst zweiundzwanzigjährige Frau bei einer Reise im offenen Güterzug eine Lungenentzündung zu und starb daran im Dezember desselben Jahres. Das Grab der Brodmanns, er wurde nach dem Tod seiner Frau exhumiert und aus München überführt, ist in Forst in der Lausitz, der Heimat Margaretes, zu finden. Tochter Ilse, die bei den Großeltern aufwuchs, bemühte sich später sehr, die Erinnerung vor allem an ihren Vater und dessen bahnbrechenden Leistungen aufrecht zu erhalten und hat dem interessanten Museum viele verschiedene Exponate zur Verfügung gestellt. Im interdisziplinären Forschungszentrum Jülich bei Düren (Gesundheit, Energie, Umwelt) übrigens werden heute regelmäßig Brodmann-Symposien veranstaltet.

Standorte und Navigationen:
Museum: Liggersdorf, Hauptstraße 30; vorher melden unter 0 75 57-92 91 20 oder jochen.goldt@t-online.de
Grab: Forst, Frankfurter Straße, Hauptfriedhof

20 Die Hegauberge II

Der Mägdeberg und seine Geschichte

Der 660 Meter hohe Phonilith Mägdeberg gehört zur Gemarkung Mühlhausen und ist ein ausgewiesenes Naturschutzgebiet, zudem zählt er zu den (eingeschränkten) Kletterparadiesen im Hegau.

1240 ließ der Reichenauer Abt Konrad darauf eine Abtsburg errichten, welche 1358 zunächst an die Herzöge von Österreich verkauft und 1359 an die Grafen von Württemberg weiter veräußert wurde. Nach Zerstörung 1378 wurde die Burg später wieder aufgebaut. Es folgten verschiedene Besetzungen. 1634 befahl der Festungskommandant vom Hohentwiel, Konrad Widerholt, die Burg auszubrennen. Die weitläufige und trotzdem noch in wesentlichen Teilen erhaltene Ruine zeigt viele interessante burgenkundliche und kunsthistorisch interessante Details. 1840 ging der Besitz an die Familie von Langenstein über, eine morganatische Seitenlinie des Hauses Baden, 1850 weiter an die Douglas-Dynastie – in weiblicher Linie mit den von Langensteins verbunden, die wiederum in männlicher Linie 1872 ausgestorben sind. „Herr“ über Berg mit Ruine und Herrschaftsgüter war viele Jahre der gebürtige Konstanzer Kunstmakler mit schottisch-schwedischen Wurzeln und langjähriger Deutschland-Chef von Sotheby's, Christoph Graf Douglas, der im September 2016 verstarb.

Bereits 1788 wurde die Kapelle aufgehoben, die einst der heiligen Ursula gewidmet war. Der Legende nach lagerte die bretonische Königstochter während einer Wallfahrt mit „Tausenden von Mägden“ am Fuß des Berges. Grund der Reise: ihre geplante Verheiratung mit einem heidnischen Königssohn, der sie nur unter der Bedingung zustimmte, dass dieser zum Christentum übertreten und ihr bis zur Hochzeit noch eine dreijährige Frist gewährte. In der Folgezeit begab sie sich auf Reisen. In Köln hatte sie dabei eine Erscheinung, bei der ihr ein Engel befahl, nach Rom und wieder zurück nach Köln zu pilgern – was sie samt ihrem Gefolge, neun jungfräulichen Gefährtinnen, dem sich weitere 999 weitere anschließen sollten (oft ist auch die Rede von 11.000, vermutlich ein Lesefehler), auch tat. Ein Teil des Wegs wurde mit dem Schiff bis Basel zurückgelegt. Dort erinnert das Elftausendjungfern-Gässli heute noch an den Weg, den die Mädchen und Frauen beschritten haben sollen. Bei dieser Wallfahrt soll Ursula mit ihrem Gefolge auch am Mädgeberg vorbeigekommen sein. Auf der Rückreise traf sie mit ihren Gefährtinnen in Köln auf die Hunnen, welche die Stadt belagerten. Ursulas Gefolge wurde getötet. Der Hunnenprinz verliebt sich in Ursula und bot ihr an, sie zu heiraten. Doch die stolze Königstochter lehnte ab und wurde getötet. Daraufhin erschien eine Schar von 11.000 Engeln am Himmel, welche die Belagerer in die Flucht schlugen. Zum Dank errichteten die Bürger Kölns eine Kirche und machten Ursula zu ihrer Schutzpatronin. Ein Gemälde mit einer Ursula-Szene in der Mühlhausener Kapelle erinnert an die Legende. Doch ob der Berg wegen dieser Legende, zu Ehren der heidnischen Göttin Beth oder von drei jungfräulichen Muttergottheiten, die im Mittelalter durch die drei christlichen Mägde abgelöst wurden, heißt wie er heißt, das weiß keiner mehr so genau.

Standort und Navigation: westlich von Mühlhausen-Ehingen
Kapelle: Mühlhausen-Ehingen, Schlossstraße

21 Die Pestkreuze

Erinnerungen an den „Schwarzen Tod“

Nach heutigen Schätzungen starb Mitte des 14. Jahrhunderts etwa ein Drittel der europäischen Bevölkerung an der Pest, man spricht von zwanzig bis fünfzig Millionen Toten. Von morgens bis abends wurden die Leichen begraben, Familien starben aus, Stadtteile und Landstriche vereinsamten, die Felder wurden nicht mehr bestellt. Auch die Menschen im Hegau blieben von der Krankheit nicht verschont. Eine wirksame Therapie gab es nicht, heute indes weiß man, dass es sich um eine bakterielle Infektionskrankheit handelt. Das Bakterium, 1967 nach seinem Entdecker „Yersinia pestis“ benannt, wird durch Insekten, vor allem Flöhe und deren Wirte wie Ratten oder Eichhörnchen sowie Tröpfcheninfektion übertragen. Schlechte hygienische Verhältnisse ließen die „ansteckende hitzige Seuche“ immer wieder ausbrechen. Erst zu Beginn des 18. Jahrhunderts endete das große Sterben. Doch ausgestorben ist die Pest mitnichten: Weltweit erkranken jährlich noch immer 3000 Menschen daran. Dank Antibiotika hat die Krankheit jedoch an Schrecken verloren.

Heute erinnern nur noch bei wenigen Orten sogenannte Pestkreuze daran, wie gefährlich die Krankheit war. Sie erzählen von den Ängsten der Menschen, ihren Hoffnungen, ihrem Glauben oder gar vom Wunsch auf wundersame Rettung – und demonstrieren doch zugleich, wie nutzlos und kläglich sämtliche Ideen zu ihrem Schutz letztlich gewesen waren – bis zu diesen Kreuzen etwa wurde seinerzeit den Pestkranken etwas zu essen gebracht, bis dahin durfte der Müller zur Pestzeit nur fahren. In der Regel wurden um die Kreuze herum auch die von der Sterb (= Pest) Betroffenen bestattet, die Stätten waren somit oftmals zugleich auch Pestfriedhöfe. Doch alle Maßnahmen halfen nur wenig – die Pest wütete auch über die von Menschen gesetzten Grenzen hinaus.

Bei Emmingen sind heute die bekanntesten Pestkreuze im Hegau zu finden – in jeder Himmelsrichtung stehen je vier Kreuze, darunter ein Doppelkreuz, neben dem ein Bildstock steht. Sie stehen außerhalb des Dorfes an den früheren Zufahrtsstraßen Richtung Engen, Hattingen, Tuttlingen und Liptingen. Im Totenbuch des Ortes ist nachzulesen, wann wie viele EinwohnerInnen der Seuche zum Opfer fielen: 1629 beispielsweise waren es achtzehn, 1635 gar 149, davon 64 Kinder. Im Jahre 1636 war damit die Einwohnerzahl von Emmingen auf ein Viertel der ursprünglichen Zahl geschrumpft. Der Rat musste daher seine Märkte für „drei Malter Bohnen“ (Hohlmaß 1 Malter = ca 130 Liter, je nach Gegend und Ware, z.B. ob glatte oder raue Ware, auch 300) an Engen verkaufen. In jener Zeit wurden die Kreuze errichtet – als Warnkreuze, die Aufschrift „Wanderer flieh! Hier haust die Pest“ – und Erinnerung zugleich. Noch heute sind Prozessionen von den Kreuzen zu umliegenden Kapellen üblich.

Bei Heudorf im Hegau sind noch drei, etwa viereinhalb Meter hohe hölzerne Pestkreuze, ebenso ist auf der Blumeninsel Mainau eines zu finden.

Standorte und Navigationen um Emmingen:
Richtung Tuttlingen: Lindenstraße
Richtung Engen: B 491 am Abzweig zum Lehnholzer Hof
Richtung Hattingen: Biesendorfer Weg
Richtung Liptingen: Obere Gasse
Heudorf im Hegau, historische Straße von Stockach Richtung Tuttlingen außerhalb des Ortes

22 Von christlichen Kirchen, Kreuzen und Pilgerstätten 2

Dem Menschen zum Segen, dem Herrgott zur Ehr'!

Die Theresienkapelle in Singen steht auf dem Gelände eines ehemaligen Gefangenenlagers und erinnert an etwa 1300 ehemalige Zwangsarbeiter, die während des Zweiten Weltkrieges in Werken in Singen verpflichtet waren, und zugleich an etwa 1500 deutsche Kriegsgefangene, welche hier unter französischer Besatzung einst interniert waren. Die Kapelle wurde auf Initiative des damaligen französischen Kommandanten gebaut und am 9. November 1947 eingeweiht. Seit 1958 wird die Kapelle vor allem für Gottesdienste italienischer Katholiken genutzt und steht samt den sich darunter befindlichen alten Bunkeranlagen heute als Symbol für Völkerverständigung, Toleranz und Versöhnung.

Die Emmauskapelle bei Engen wurde 2005 geweiht und ist auch als Autobahnkapelle bekannt. Der Name ist der biblischen Emmauserzählung (Lukas 24, 13-35) entlehnt, in der zwei Jünger von Jerusalem nach Emmaus unterwegs sind, währenddessen sie mit einem Fremden ins Gespräch kommen. Zuhause angekommen, gewähren sie ihm Gastfreundschaft und als er das Brot mit ihnen teilt, erkennen sie in ihm Jesus. Die Geschichte wurde von dem Sigmaringer Künstler Bernhard Maier für die Kapelle in drei ungewöhnlichen Bildern, dem Emmaus-Triptychon, festgehalten, und ist an der Westwand zu sehen. Der Holzfußboden stammt aus einem alten Freiburger Patrizierhaus und wurde extra für die Kapelle aufgearbeitet, die sich als „Raststätte für die Seele" sieht und in der gilt: Willkommen sind darin alle Menschen, unabhängig von Konfession, Religion oder Weltanschauung.

Einer Sage nach haben einst die Edlen von Büsingen die romanische Bergkirche Sankt Michael, malerisch auf dem 415 Meter hohen Kirchberg bei Büsingen am Hochrhein gelegen, auf der abgebrannten Hofstatt ihrer einstigen Burg erbauen lassen. Tatsache ist: Die heute vor allem bei Brautleuten beliebte „Hochzeitskirche" wurde erstmals im Oktober 1095 in einem Schutzbrief Papst Urbans urkundlich erwähnt. Die ältesten Bauteile wie Kirchenschiff, Sakristei und Turm sollen bis zurück ins 11. Jahrhundert datieren. Malereien und Kirchenschmuck verschwanden während der Reformation. Drei Turmglocken wurden im Zweiten Weltkrieg beschlagnahmt, nur zwei fanden 1948 den Weg zurück. Heute sind es wieder drei Glocken – die fehlende wurde 1978 neu gegossen.

Als im September 1307 die Burg Frauenberg bei Bodman durch Blitzeinschlag bis auf die Grundmauern niederbrannte, schien es keine Hoffnung auf Überlebende zu geben. Nur der jüngste Spross der Adelsfamilie Bodman, der einjährige Johannes, überlebte – so die Überlieferung – dank seiner Amme: Sie hatte ihn kurzerhand in einen Kessel gesteckt und aus dem Fenster geworfen. Der Kessel rollte den Berg hinab und kam, von Büschen gebremst, zum Stillstand. Nach dem Brand schenkte der Großvater des somit geretteten Jungen aus Dankbarkeit den Berg dem Zisterzienserkloster Salem mit der Auflage eine Kapelle mit Priesterhaus zu errichten, die bereits 1309 geweiht wurde. Den Kessel-Fundort ziert ein kleiner Obelisk.

chen Kirch

Standorte und Navigationen:
Theresienkapelle: Singen Fittingstraße 40
Emmauskapelle: A 81 Richtung Süden, Raststätte Hegau-West
Bergkirche: Büsingen, Dörflingerstraße
Kapelle Frauenberg: Bodman-Ludwigshafen, Seestraße

23 Die Vogelwarte in Möggingen

Von Ostpreußen in den Hegau

Als der thüringische Religionslehrer Johannes Thienemann 1899 auf die Kurische Nehrung kam, um seinen künftigen Dienst als Hauslehrer anzutreten, konnte er nicht ahnen, dass sich sein Weg fortan in eine völlig andere Richtung entwickeln würde – er fand dort die Frau fürs Leben – und entwickelte eine völlig neue Leidenschaft: den Vogelzug. Fortan widmete er sämtliche seiner Forschungen der Ornithologie – mit bis heute gültigen Ergebnissen. Unter anderem führte er die systematische Beringung von Zugvögeln zur Erforschung ihres Zugverhaltens ein. Bald wurde er auf der Nehrung nur noch der „Vogelprofessor" genannt und gründete 1901 eine ornithologisch-biologische Beobachtungsstation: die Vogelwarte Rossitten in Ostpreußen (heute der russische Ort Rybatschi) – die erste ornithologische Forschungsstation weltweit. Ab 1901 studierte Thienemann zusätzlich Zoologie, promovierte und wurde Professor an der Universität zu Königsberg. Die Vogelwarte wurde um eine Feldstation erweitert, 1923 Teil der Kaiser-Wilhelm-Gesellschaft – und weltberühmt. Doch der Zweite Weltkrieg bedeutete das Aus: Die Vogelwarte Rossitten wurde 1944 evakuiert und geschlossen.

1946 nahm diese in Möggingen als Nachfolgeeinrichtung ihren Betrieb wieder auf. Das Schloss nahe des Bodensees und somit in einer der vogelreichsten Regionen des europäischen Binnenlandes gelegen, gehörte seinerzeit dem Ornithologen Nikolaus Baron von Bodman, der mit dem Bereitstellen der Räumlichkeiten eine wichtige Grundlage für den Neuanfang schuf. Bodman war 1928 Mitbegründer des Vereins „Süddeutsche Vogelwarte" und später Vorsitzender der „Beringungszentrale von Baden und Württemberg". Zudem setzte er sich für den Schutz des Bodenseeufers vor zu starker Bebauung ein sowie für die Einrichtung von Naturschutz- und Landschaftsschutzgebieten am Bodensee.

Die Station im Schloss mit Beständen aus Rossitten erhielt nun die Bezeichnung „Vogelwarte Radolfzell". Bereits 1949 übernahm die Max-Planck-Gesellschaft die reaktivierte Vogelwarte in dem schönen Adelssitz, 1959 wurde diese an das Max-Planck-Institut für Verhaltensphysiologie als Forschungsstation angegliedert und 1962 mit einem Gebäude gegenüber dem Schlossgelände am Obstberg erweitert.

Das Institut liegt nahe des Mindelsees in Naturschutzgebiet. Hier sind große Rast-, Mauser- und Überwinterungsgebiete für Zugvögel, hier ist die Heimat von teils sehr selten gewordenen Vogelarten wie Neuntöter, Drosselrohrsänger, Mittelspecht, Schwarzkehlchen oder Flussseeschwalbe. Seit 1998 ist die Vogelwarte eine von drei Abteilungen des Max-Planck-Instituts für Ornithologie. Die Wissenschaftler vor Ort und Mitarbeiter des Instituts, eines der führenden Forschungsorganisationen der Bundesrepublik Deutschland mit über achtzig Einrichtungen verschiedenster Art, gehören zudem teils zum Lehrkörper der Universität Konstanz – eine wunderbare Verbindung von Forschung und Lehre.

Standort und Navigation: Radolfzell, Am Obstberg 1

24 In der Heimat des Hegausängers Richard Stocker

Wahlwies und sein berühmter Sohn

Wahlwies ist Teilort der Stadt Stockach. Als Friedrich Hecker die Badische Revolution ausrief, um in Karlsruhe die großherzogliche Regierung mit zu stürzen, kam er im April 1848 auch in dem beschaulichen Örtchen vorbei. Man empfing ihn mit großer Sympathie und einem Banner mit der Aufschrift „Vivat Republik" – und so manch' aufgeschlossener Bewohner schloss sich dem radikaldemokratischen Revolutionär an. Alle fünf Revoluzzer-Züge wurden bekanntlich niedergeschlagen, Hecker rettete sich in die USA, wo er, fast siebzigjährig, friedlich starb. Die Wahlwieser indes mussten sich lange mit der bayrischen Besatzung herumschlagen. Heute sind in dem Ort eine Waldorfschule und ein Pestalozzi-Kinderdorf zuhause und mit dem „Seehäsle", einem Regionalzug der Hohenzollerschen Landesbahn, kommen die EinwohnerInnen mühelos bis Radolfzell. Was indes nicht allzu viele wissen: Wahlwies mit seinen gut 2000 Einwohnern ist der Geburtsort des „Hegausängers" Richard Stocker, der nicht nur mit seiner Interpretation von Schubertliedern eines Tages berühmt werden sollte.

Der Sohn eines Volksschullehrers wurde 1832 geboren, früh wurde sein stimmliches Potential erkannt, aber es fehlte das Geld, um dem Buben die Ausbildung an einem Konservatorium finanzieren zu können. Er musste sich als junger Bursche daher in einer Schreibstube verdingen, bevor er, inspiriert und animiert durch einen österreichischen Chorleiter, beschloss, seinen Tenor nicht nur in der Heimat, sondern auch andernorts zu präsentieren. Bald wurde auch Joseph Victor von Scheffel (siehe auch Kapitel 31 und 99) auf den Barden aufmerksam, der fortan ein häufiger und gern gesehener Gast im Haus des Dichters wurde. Hier entstand das Lied „Der Hegau-Sänger", von dem Komponisten Robert von Hornstein vertont: „Seid mir gegrüßt im Sonnenglanz, Du ferner Alpenschnee, Ihr Berge meines Heimatlands, und du, mein blauer See! Der hohe Stoffeln winkt's vertraut, dem hohen Hewen zu, durch Wald und Flur erklingt es laut: Mein Hegau, schön bist du!"

Es folgten für Stocker bald Konzertauftritte in ganz Baden und Württemberg, im Elsass, Österreich und der Schweiz. Stocker blieb – trotz Ruhm und Reichtum – zeitlebens Beamter und lebte mit Frau und Töchtern zunächst in Engen, später in Waldshut. Nebenbei war er Konservator der Kunstdenkmäler des Bezirks Engen und Pfleger der Badischen Historischen Kommission, Vorgängerkommission der heutigen Kommission für geschichtliche Landeskunde in Baden-Württemberg, einer außeruniversitären Vereinigung verschiedener Wissenschaftler zur Erforschung landeskundlicher und landesgeschichtlicher Fragestellungen. Er ist zudem Träger des Ritterkreuzes II. Klasse sowie des Eichenlaub-Ordens vom Zähringer Löwen. In Engen und Wahlwies sind Straßen nach ihm benannt. Der Hegausänger starb im Oktober 1918 in Waldshut, wo er die letzte Ruhestätte fand. Übrigens: Auch Fritz Gegauf, der 1893 mit der Idee seiner Hohlsaum-Nähmaschine viel Furore wie Geld machte, erblickte in Wahlwies einst das Licht der Welt!

Standort und Navigation: Wahlwies

25 Engen, Tengen, Blumenfeld …

… sind die schönsten Städt' der Welt

So sagt es der badische Volksmund und so lernt es noch immer jedes Hegauer Kind: „Engen, Tengen, Blumenfeld, sind die schönsten Städt' der Welt!“ Und das ist ihre Geschichte: Engen wurde erstmals urkundlich als Besitz der Freiherren von Hewen im 11. Jahrhundert erwähnt und erhielt 200 Jahre später das Stadtrecht. Ab 1639 gehörte der Ort den Fürstenbergs, im Jahr darauf wurde er von den Schweden und Franzosen verwüstet, das nahe gelegene Franzosenwäldle erinnert heute noch an die napoleonischen Kriegszüge um 1800. Wenige Jahre später ging der Ort an das Großherzogtum Baden. Seit 1977 steht die Altstadt – sie gilt als eines der besterhaltenen mittelalterlichen Stadtensembles Süddeutschlands und mit ihrer wuchtigen Stadtmauer und dem Krenkinger Schlössle, malerisch auf einem Sporn an der Südspitze gelegen – unter Denkmalschutz.

Tengen ist ein mittelalterliches Städtchen, dessen hinterer Stadtteil bereits 1275 verkauft und fortan Hintertengen genannt wurde. Die Vordere Stadt, nun Vordertengen, blieb im Besitz der Herren von Tengen, was im Laufe der Jahrhunderte zu allerlei, gelinde gesagt, kuriosen Befindlichkeiten führte. Zwischen den Orten wurde beispielsweise eine Mauer mit Tor errichtet, die erst 1876 wieder abgerissen wurde. Im Jahr 1446 kam ein schwäbisches Heer nach Vordertengen, um die Hintertengener, seinerzeit gefürchtete Ritter, zu bekämpfen – und zwar von Vordertengen aus, welches jedoch 1522 ebenfalls verkauft wurde. Da lag Hintertengen bereits seit drei Jahren in Schutt und Asche! Heute nennen sich die Stadtteile Tengen und Tengen-Hinterburg, ein Buckelquaderbergfried erinnert noch an alte Zeiten. In Tengen, einst die kleinste Stadt in Deutschland, findet seit 1291 alljährlich im Oktober der Schätzele-Markt statt. Beide Städte besaßen einst das Marktrecht, was Hintertengen jedoch in Sachen Wirtschaftankurbelung nicht allzu viel half, weil für einen Markt a) kein Platz war und b) da Vordertengen eine andere Herrschaft hatte, der Zuweg nur „hinten herum“ über einen engen Fuß- und Eselsweg teils durch die Mühlbachschlucht führte.

Blumenfeld, im Jahr 1100 erstmals urkundlich erwähnt, galt bis zu seiner Eingemeindung 1972 als eine der kleinsten Städte Deutschlands. Mitte des 15. Jahrhunderts bekam es Marktrecht und Blutgerichtsbarkeit (Straftaten wie Mord, Diebstahl und Zauberei wurden hier verhandelt). 1488 wurde die Stadt an den Komtur des Deutschen Ordens verpfändet. 1499 kamen die Schweizer und belagerten die Stadt, dann gelangte sie wieder in den Besitz der Kommende Mainau und so weiter und so fort. Während des Dreißigjährigen Krieges wurde sie mehrmals zerstört, das Schloss, die Pfarrkirche und das Pfarrhaus indes kamen glimpflich davon. Doch was letztlich übrig blieb, fiel teilweise im 20. Jahrhundert Bränden zum Opfer.

Fazit: Besuchen! Alle drei Städte sind sehr pittoresk, haben ein Schloss oder eine Burg, einen alten Ortskern und eine herrliche Umgebung vorzuweisen und ja, für viele sind sie wirklich die „schönsten Städt' der Welt“!

Standort und Navigationen:
Engen, Tengen und Blumenfeld

26 Die Höri-Bülle

Einzigartige Bodensee-Spezialität

Bülle (mancherorts auch Bölle) ist ein alemannisches Wort, geht auf das althochdeutsche „zwiebolle“ zurück und heißt auf Hochdeutsch Zwiebel. Beide Wörter haben ihren Ursprung im Begriff „caepolla“ für die allium cepam, wie der botanische Name selbiger lautet – im italienischen Wort cipolla noch erkennbar. Gemeinhin kennt man die einfache Speise- oder Küchenzwiebel, doch auf der sogenannten „vorderen Höri“ ist die Höri-Bülle zuhause. Und das seit dem frühen Mittelalter – in den Klostergärten auf der Reichenau. Was den Mönchen recht, war den Bauern später billig und so wurde die Bülle bald zu ihrem Hauptanbaugemüse – und begann ihren Siegeszug. Gastwirte wie Hausfrauen und Hobbyköche schwören bis heute auf die eher weiche, flachbauchig geformte Höri-Bülle mit ihrer unaufdringlichen Schärfe und die, will man dem Heimatliteraten Erwin Keller Glauben schenken, „ein natürlicher Vitaminspender auf Wandertouren ist, den man Biss für Biss wie einen Apfel verzehren kann“. Roh schmeckt sie im Vergleich zu vielen anderen Arten tatsächlich besonders mild, was sie für den allseits beliebten badischen Wurstsalat zusätzlich begehrenswert macht.

Doch zartes Aroma hin oder her, die rote Schönheit ist eine empfindliche Diva, die auf Druck sehr ungemütlich reagiert, besondere Sorgfalt bei der Handernte erfordert und lange Lagerungszeiten verabscheut. Zudem sind ihre Samen nicht im Handel zu erwerben – die Höri-Bülle wird ausschließlich durch eigene Nachzucht vermehrt. Ein mühsames Geschäft: Die Samen werden im März gesät, geerntet wird im August, wobei daraus die besten und schönsten Büllen zur Nachzucht ausgewählt werden. Die Samendolden werden im Sommer geschnitten und getrocknet, danach die schwarzen Samenkörner daraus ausgerieben, gewaschen und wieder getrocknet. Die Anbaufläche ist in den letzten Jahrzehnten auf wenige Hektar zurückgegangen. Es gibt nicht mal mehr zwanzig Büllebauern, weil die Höri-Bülle mit ihrer Sensibilität und eigenwilligen Form, die irgendwie an ein UFO erinnert, und die moderne Landwirtschaft nicht so recht zusammenpassen wollen, weswegen sie im August 2008 zu ihrer Erhaltung bei Slow Food Deutschland als Passagier in die Arche des Geschmacks aufgenommen wurde. Zudem ist die Bezeichnung Höri-Bülle seit März 2014 bei der EU als geschützte geographische Angabe registriert. Das macht die Nachzucht nicht einfacher, aber verschafft dem Lauchgewächs doch auch künftig hoffentlich einen festen Platz in der Region.

Auch das „Bülle-Fescht“, welches seit 1976 alljährlich am ersten Oktobersonntag auf der Höri stattfindet, will an die besondere Bedeutung des Bülle-Anbaus am Bodensee erinnern – mit Verkaufsständen, welche die geflochtenen Zwiebelzöpfe und natürlich ganz vielen Zwiebelgerichten wie Suppe oder Kuchen anbieten. Selbst eine Narrenzunft hat sich übrigens des Namens bedient – in Weiler gibt es die „Bülleblärі“ (= Zwiebelheuler). Und wenn es in Iznang um den Bülle-Cup geht, stehen vor allem ambitionierte Segler in den Startlöchern!

Weitere Infos: hoeri-buelle.de

27 Die Glasbläserei in Rielasingen

Aus der Flamme geboren

Die Handwerkskunst der Familie Greiner-Perth reicht bis ins 15. Jahrhundert zurück, als sie erstmals als Glashüttenbetreiber urkundlich benannt wird. Seit 1591 existiert ein Familienwappen. Im Januar 1597 erhielten die Glasmacher Hans Greiner und Christoph Müller von Herzog Johann Casimir zu Sachsen-Coburg die Konzession zum Betreiben einer Glashütte im Thüringer Wald – die Anfänge der Glasbläserstadt Lauscha. Neben der Glasbläserei entwickelten sich bald zusätzliche Zweige wie die Glas- und Porzellanmalerei. Im 18. Jahrhundert sorgten einige Neuheiten für Furore wie etwa Glasaugen, Glasmurmeln, Glasapparate, Glühlampen oder Leuchtröhren. Zierrat wie gläserne Figuren und Tiere wurden modern und die Glasbläserfamilien machten bald auch hohl geblasene Glasperlen, aus denen schließlich die ersten gläsernen Christbaumkugeln hervorgingen.

Erich Greiner-Perth in eine Glaschristbaumschmuckmacherfamilie hineingeboren. Doch die verheerenden Auswirkungen des Zweiten Weltkriegs machten auch vor dem Kunsthandwerk nicht Halt, die Familie kam kurz nach Kriegsende nach Rielasingen im Hegau und gründete im Nebenzimmer eines Gasthauses eine weitere Glasbläserei – ein Neuanfang im Süden der Republik. Seitdem stellt die Familie Unikatgläser her wie beispielsweise Glaskugeln und Tierfiguren. 1987 übernahm Detlef Greiner-Perth, der seine Ausbildung als Kunstglasbläser von der Pike auf beim Vater absolvierte, den elterlichen Betrieb. 1989 fand er Aufnahme im Bund der deutschen Kunsthandwerker, 1990 bekam er den Staatspreis des Landes Baden-Württemberg verliehen.

Für die Techniken der traditionellen Kunstglasbläserei ist komplexes Wissen vonnöten und es kann Jahre dauern, bis das Handwerk wirklich „sitzt". Die Glasprodukte entstehen aus Glasröhren oder Glasstäben, die in einer Glashütte aus Quarzsand, Soda und Pottasche entstanden. Sie werden vor der „Lampe" (früher eine Öllampe, heute ein Brenner, der mit Gas und Sauerstoff betrieben wird) erhitzt und erhalten durch Blasen und Formen ihr Aussehen. Ihre Farbe bekommen die Produkte durch Verwendung von Farbglas oder das Einschmelzen von farbigem Glas, Metalloxiden oder Metallfolien. Jedes einzelne Stück wird vor der Flamme und bei einer Temperatur von ungefähr tausend Grad frei geformt.

Von Mund geblasenes Glas hat eine spezielle Struktur und Transparenz. Die Zusammensetzung des Glasgemenges dafür wird übrigens heute noch innerhalb der Hütten tradiert. Die Rezepturen sind alle streng geheim – von ihnen ist schließlich die Leuchtkraft der Materialien abhängig.

Die Arbeiten der Glasbläserei Greiner-Perth, Gebrauchs- und Dekorationsgegenstände gleichermaßen, sind auf vielen nationalen und internationalen Messen, Ausstellungen und Märkten zu finden. Dort – wie in der heimischen Werkstatt – können Interessierte den Handwerkern sogar bei der Arbeit über die Schulter schauen.

Seit 2016 zählt die Kunst der Glasbläserei übrigens zum immateriellen Kulturerbe der UNESCO.

Standorte und Navigation:
Singen-Rielasingen, Schnaidholzstraße 10
Weitere Infos: greiner-perth.de

28 Von Burgen, Schlössern und Ruinen 2

Kleine Infos über herrschaftliche Sitze

Viele der regionalen Schlösser, die durch die vielfältigen und zahlreichen Herrschaften einst entstanden, sind noch oder wieder in privatem Besitz, doch einige der Sitze des alten Hegauadels sind auch in Gemeindebesitztum übergegangen und / oder dienen neuen Zwecken wie etwa als schicke Location für Feste aller Art, als Kultur- oder Rathaus. Das Schloss Gottmadingen etwa, heute Rathaus, wurde im 15. Jahrhundert für die Herren von Randegg erbaut. Die Räume des Schlosses haben vielerlei Nutzung hinter sich, mal als Wohnstatt, Kaufladen oder Weberei.

Das Schloss in Hilzingen stammt vermutlich aus dem 18. Jahrhundert und geht möglicherweise auf ein älteres Steinhaus zurück, welches bereits 1612 urkundlich Erwähnung findet. Es wurde Amtssitz des Klosters Petershausen in Konstanz, später markgräflich badisches Rentamt (Finanzverwaltung), heute ist darin das Rathaus und ein Heimatmuseum zu finden.

Der Burgstall in Riedheim hat seine Anfänge vermutlich im 13. Jahrhundert und gelang nach vielen Besitzerwechseln 1841 an die Gemeinde Riedheim. In den Jahren 1976 – 78 restauriert, dient der viergeschossige Turm häufiger als Ort für Konzerte und andere Veranstaltungen.

Das Schloss in Weiterdingen wurde 1683 errichtet. 1861 kam es in den Besitz der Erzdiözese Freiburg, die darin ein Demeritenhaus einrichtete, ein Gefängnis für straffällige Geistliche. Nach dem Ende des Ersten Weltkrieges wurde dieses aufgelöst. Von 1941 bis 1945 wurde das Schloss von der NSDAP genutzt, bis 1993 war es ein Müttererholungsheim. Heute ist es – wieder – Wohnsitz der Freiherrenfamilie von Hornstein sowie beliebter Veranstaltungsort.

Das barocke Schloss in Bohlingen wurde 1686 als Amtshaus und Jagdschloss der fürstbischöflichen Vogtei Konstanz erbaut. Anfang des 19. Jahrhunderts wurde es zur „Krone“ und blieb es bis 1995. Heute ist es Sitz eines Internats – die einstige Wirtsstube ist der Speisesaal.

Das Liebenfelsische Schlößchen in Gailingen stammt aus der Mitte des 18. Jahrhunderts und wurde für Konstanzer Geistliche erbaut. Vermutlich entstammt es einem Vorgängerbau, der im Dreißigjährigen Krieg zerstört wurde. 1834 kam es in Besitz der freiherrlichen Familie von Mainau, später war es zeitweise in jüdischem Besitz. 1993 wurde der barocke Sitz aufgeteilt.

Das Schlösschen Freudenthal in Allensbach, 1699 für den Oberhofmeister des Bistums Konstanz erbaut, bietet zuweilen spektakuläre Ausblicke auf die Alpen. Nach vielzähligen Besitzer- und Nutzungswechseln, unter anderem im Ersten Weltkrieg als Gefangenenlager, später auch Kinderheim, Flüchtlingsunterkunft oder Sprachenschule, ist es heute im Besitz eines Züricher Unternehmers. Dieser führt es als feines Seminar- und Veranstaltungshaus, bietet fünfzehn Zimmer, mehrere Tagungs- und Festsäle, einen gemütlichen Gewölbekeller mit Bar und Weinkeller und einen herrlichen Schlossgarten, der mit einer Thuja-Allee, Fliederhain und einer 300 Jahre alten Linde aufwarten kann.

Standort und Navigationen:
Gottmadingen: Johann-Georg-Fahr-Straße 10
Hilzingen: Hauptstraße 36
Riedheim: Hilzingen, Turmstraße
Weiterdingen: Schlosstraße 2
Bohlingen: Schloßstraße 3
Gailingen: Bergstraße
Allensbach: Schlossstraße 1

29 Das MAC Museum Arts & Cars

Zwei Leidenschaften unter einem Dach

Es muss den Vergleich mit großen architektonischen Entwürfen nicht scheuen – dem MAC und der Stadt Singen attestiert die Frankfurter Allgemeine Zeitung: „Mit seinem neuen Wahrzeichen aber wird Singen … einen ähnlichen Popularitätsschub wie Bilbao verzeichnen, das dank seines spektakulären Guggenheims-Museums von der grauen Industriemaus zum Touristenmagneten aufstieg."

Und in der Tat, das 2013 eröffnete MAC Museum Arts & Cars (Architekt Daniel Binder aus Gottmadingen) wirkt im Einklang mit der umgebenden Natur und schmiegt sich an den Hintergrund, den Hohentwiel. Drinnen: weder Burger noch Computer, sondern Kunst und Oldtimer! Eine charmant-erfolgreiche Verbindung, welche die Stifterfamilie eingegangen ist – und die Konsequenz der bereits in den 1960er Jahren gesäten Leidenschaft der Unternehmerfamilie Maier.

„Es begann mit dem Erwerb des ersten Kunstwerks, ein auf Segeltuch gemaltes Bild, gearbeitet mit Kreide und schwarzem Stift mit dem Titel Homo faber", so Meier, „sowie dem Kauf des ersten exklusiven Autos mit selbst verdientem Geld."

Sie gründeten gemeinsam die Südwestdeutsche Kunststiftung, zum einen Ideenschmiede, zum anderen Unterstützung von Kunstsammlern, um deren Objekte sachgerecht aufzuarbeiten, zu pflegen und der Öffentlichkeit zugänglich zu machen. Ein Anliegen der Stifterfamilie ist es zudem, außergewöhnliche Automobile im Dialog mit Kunst zu präsentieren. Und das ist im MAC zu sehen: Exponate der Stiftung sowie historische Fahrzeuge in wechselnden Ausstellungen. Den Auftakt bildete die Eröffnungsausstellung „Wachgeküsst – Positionen der Moderne", die rund siebzig Gemälde, Aquarelle, Zeichnungen, Druckgrafiken und Skulpturen aus der Sammlung der Südwestdeutschen Kunststiftung umfasste, welche die vielfältigen kunstgeschichtlichen Entwicklungen im deutschen Südwesten von der Moderne nach 1945 bis in die Gegenwart zeigte. Namenhafte Künstler wie die Klassiker der Moderne Otto Dix oder Fritz Winter waren dabei ebenso vertreten wie bedeutende Künstler aus dem Südwesten und der Euregio Bodensee. Weitere Ausstellungen trugen bislang Titel wie „Andy Warhol.CARS" (Oldtimer aus der Mercedes-Benz Classic Sammlung und Werke der Warhols Cars-Serie), „Bewegte Farbe" (Auswahl aus der BMW Art Car Collection mit Werken des Künstlers Herbert Vogt) oder „Wagen der Erinnerung – Carro della memoria" mit Modellen aus dem Nationalen Automobilmuseum Turin (MauTo) mit Werken des italienischen Künstler Marcello Mondazzi.

Das Thema „Garagengold" fesselt, daher zwei weitere Tipps: Das Oldtimer-Museum in Engen mit den Schwerpunkten Motorräder ab 1904 bis 1970 (sonntags 11:00 – 17:00 Uhr) sowie der „Auto Salon" in Singen. Hier finden Sie neben modernen Autos auch Modelle verschiedener Hersteller aus mehreren Zeitepochen und auch solche, in denen einst schon US-Legenden wie Marilyn Monroe oder James Dean Platz genommen haben!

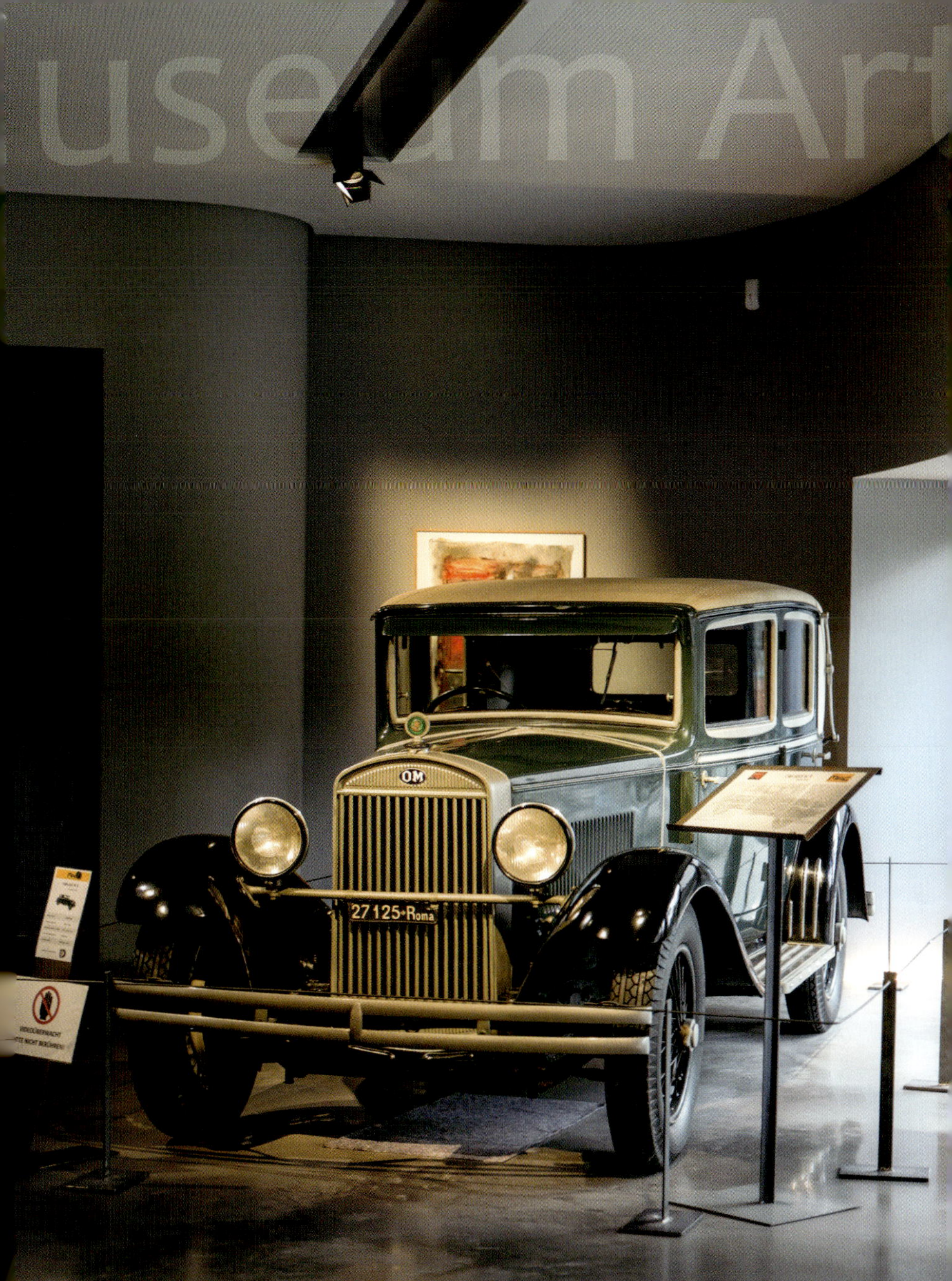

Standorte und Navigation:
Mac: Singen, Parkstraße 1
Oldtimermuseum: Engen, Hegaustraße 18
Autosalon: Singen, Güterstraße 33

30 Der Kuttelclub

Vom Fasnetessen zum europäischen Festmahl

Kutteln? Nördlich der badischen Landesgrenzen ist dieses Gericht, mancherorts auch als Sulz, Flecke, Kaldaunen oder Piepen bezeichnet, wenig bekannt. Dabei zählten Kutteln früher zum festen Bestandteil der Esskultur – und das nicht nur in Baden und Süddeutschland, sondern auch in Sachsen und halb Europa. Im Badischen vor allem gehören Kutteln heute noch traditionell in der Fastnachtszeit auf den Speisezettel.

Aber was sind Kutteln überhaupt? Küchensprachlich versteht man darunter in Streifen geschnittenen Pansen (in Südeuropa werden dafür auch Netzmagen, Blättermagen und Labmagen verwendet) von Wiederkäuern, vor allem vom Rind. Sie zählen somit zu den Innereien. Vorweg müssen sie gründlich gereinigt werden (ungereinigte „grüne Kutteln" sind ein beliebtes, leider sehr streng müffelndes Hundefutter), von anhaftendem Talg befreit, mehrere Stunden lang gewässert und schließlich lange gegart werden. Derart vorbereitete Kutteln sind hierzulande in beinah jeder Metzgertheke zu bekommen und werden dann zuhause häufig zu Ragouts, Eintöpfen und Suppen verarbeitet. In Frankreich kennt man auch Kuttelwurst und übrigens – in die allseits beliebte italienische Wurstsorte Mortadella gehören ebenfalls Kutteln hinein. Nur: Sie sind trotzdem nicht jedermanns/fraus Sache. An Kutteln scheiden sich die Geister, sie ziehen Trennlinien durch Familien und Freundeskreise – was in Singen zur Gründung eines Fanclubs führte, dem „Kuttelclub". Hier können sich die Liebhaber dem Kuttelgenuss widmen! Manche von ihnen mögen es dabei eher einfach, beispielsweise klassische „Saure Kutteln" mit Bratkartoffeln. Andere lieben es exotisch und köcheln portugiesische Kutteln mit Reis und Bohnen oder irische mit „bacon, peas and potato – just in beer and whiskey". Der Kuttelclub zählt mittlerweile über fünfzig Mitglieder und trifft sich regelmäßig zum Kochen oder lässt sich in heimischen Lokalen verwöhnen – auch wenn Kutteln dort oftmals gar nicht auf der regulären Karte stehen. Der kulinarischen Vielfalt sind dabei kaum Grenzen gesetzt! Egal ob sie ihren Gaumen mit „Tripes à la mode de Caen", einem normannischen Kuttelgericht mit Knoblauch, Cidre und Calvados verwöhnen oder es lieber mediterran mögen und sich an „Trippa alla fiorentina", einem gratinierten Kuttelgericht mit Zwiebeln, Sellerie, Tomaten, Butter und Parmesan laben, alles ist dabei möglich.

Auch Spitzenköche widmen den Kutteln wieder vermehrt Aufmerksamkeit – gefeiert als Rückkehrer aus der jahrzehntelang „verpönten Küche der Innereien". Längst haben sie wieder Einzug in den Edelrestaurants gehalten und lassen dort Gourmetherzen höher schlagen – beispielsweise in feinem Weißweinsößle, mit Gryère, Sahne und Semmelbrösel (badisch: Weckmehl) überbacken oder an Bärlauchspätzle mit karamellisierten Zuckerschoten angerichtet.

Was heute vielerorts kulinarischer Kult für wahre Kenner, war früher als Arme-Leute-Essen schlicht und ergreifend Lebensgrundlage – und eine stetige Verneigung vor der ganzheitlichen Verwertung eines Tieres. Auch dieser Aspekt sollte dabei nicht ganz unerwähnt bleiben.

Infos zum Club: Georg Engesser, a.g.engesser@gmail.com

Standorte und Navigationen von Kuttelwirten (Auswahl):

Roter Rettich (Kutteln auch auf der Karte): Singen, Friedinger Straße 34
Singener Weinstube: Singen, Theodor-Hanloser-Straße 4
La Pasta: Singen, Schwarzwaldstraße 6
Casa De Espana: Singen, Hohgarten 5
Zum Hölzle-König: Singen, Hohenhewenstraße 53
Metzgerei Hertrich: Singen, Scheffelstraße 23
Holzingers Pavillion: Singen, Schaffhauser Straße 35
Café im Restaurant am Stadtgarten: Singen, Lindenstraße 31
Scheffelstube: Singen, Scheffelstraße 21

31 Auf den Spuren des Dichters Joseph Victor von Scheffel

Zwischen Entweder und Oder führt manches Sträßlein

Seine Werke waren einst deutschlandweit Bestseller, doch der Name Joseph Victor von Scheffel ist heute kaum mehr bekannt. Wer ist dieser Mann aus Karlsruhe eigentlich und was hat er denn geschrieben? Geboren am 16. Februar 1826 in Karlsruhe, wuchs Joseph Victor von Scheffel behütet auf. Seine Mutter führte einen der ersten Salons in Karlsruhe, weswegen er sich in feinsten Kreisen zu benehmen wusste. Er studierte Jura und promovierte 1849. Danach war er als Rechtspraktikant, Sekretär und Dozent tätig. Während jener Zeit dokumentierte er in zahlreichen Briefen die politischen Umbrüche zur Zeit der Badischen Revolution 1848. Aber immer war da nebenher die Leidenschaft fürs Künstlerische. Dank finanzieller Unterstützung seitens der Eltern konnte er sich als Landschaftsmaler ausprobieren und seine dichterische Begabung ausschöpfen. Sein Erstlingswerk „Der Trompeter von Säckingen“ erschien 1854, im Jahr darauf einer seiner Bestseller, „Ekkehard“, ein historischer Roman, der im Jahr 973 auf dem Hohentwiel spielt (und welchem die Stadt Singen ungewöhnlich und teils einzigartige seltene Straßenamen verdankt). Darin beschreibt Scheffel das Leben eines Mönches, den eine junge Witwe auf den Burgberg beruft, um bei ihm die lateinische Sprache zu erlernen. Man vermutet heute, dass der knapp dreißigjährige Autor darin seine eigenen Nöte zum Ausdruck brachte – eine unerfüllte Liebe, die Frage nach beruflicher Präferenz und seine schlechte Gesundheit. Er kämpfte gegen ein Augenleiden und ständige Halsentzündungen. Die Heirat mit Caroline von Malsen, Tochter eines bayerischen Gesandten am badischen Hof, machte dies nicht besser, im Gegenteil. Unglücklich mit ihr verheiratet, entführte Scheffel im Jahr 1869 den gemeinsamen Sohn (sie lebten bei der Geburt bereits getrennt) von München nach Karlsruhe. Lieder, Balladen, Romane, alles, was aus des Dichters spätromantischer Feder floss, wurde zu einem Erfolg. Er ließ von den Einnahmen die Villa Seehalde erbauen (Entwurf des damaligen „Stararchitekten“ Joseph Durm), danach erwarb er ein Rebmannshaus und ließ es nach den Ideen des Berliner Architekten Carl von Groszheim umbauen. Der Dichter lebte zurückgezogen als Gutsherr, Landwirt und Jäger. Er starb sechzigjährig in Karlsruhe. Auf dem Hohentwiel erinnern die Scheffellinde, worunter er einst an seinem „Ekkehard“ schrieb, sowie ein Medaillon und ein Felsenvorsprung an den Dichter. In Singen finden Sie eine Statue, Schule, Straße, Brücke, historische Halle und einen Scheffelpfad, der an zehn Stationen Leben und Werk sowie seine Bedeutung für die Stadt erklärt. In Radolfzell steht das Scheffelschlössle, unter anderem heute Standesamt. Wenn auch nicht mehr dem Hegau zugehörig, so ist zudem der historische Gasthof „Scheffellinde“ in Achdorf einen Besuch wert. Angeblich war der Dichter, von dem beispielsweise auch der kluge Satz „Zwischen Entweder und Oder führt manches Sträßlein“ stammt, seinerzeit mit der Wirtstochter Josefine liiert, jedenfalls findet sie Erwähnung in einem seiner Gedichte! Wie auch immer, hier steht die Zeit ein wenig still – und die Küche ist gut!

Standorte und Navigationen:

Scheffellinde und Medaillon auf dem Hohentwiel: Singen, Hohentwiel 1
Scheffelstatue von Gero Hellmuth: Singen, Stadtgarten, Mühlenstraße
Scheffelhalle: Singen, Schaffhauser Straße 32
Villa Seehalde: Radolfzell, Scheffelstraße 14 (heute Klinik Seehalde)
Scheffelschlössle: Radolfzell, Strandbadstraße 106 (heute Kurverwaltung Mettnau-Kur)
Gasthaus Scheffellinde: Blumberg-Achdorf, Lindenstraße 8

32 Das Southside Festival

Musikfest zwischen Indie und Rock, Sonne und Matsch

Ob Neuhausen ob Eck nun tatsächlich noch zum Hegau zählt oder doch nicht, darüber mögen sich andere ihre Köpfe zerbrechen. Das Southside-Festival, Schwesterveranstaltung und süddeutsches Pendant (Southside = südliche Gegend) vom „Hurricane“ im niedersächsischen Örtchen Scheeßel sollte in diesem Band nicht unerwähnt bleiben.

Bekannt wurde es – auch bei nicht eingefleischten Festivalfans – durch extreme Unwetter, und das auch nicht erst im Juni 2016, als es erst unter- und schließlich ganz abgebrochen werden musste. Ungebrochen indes ist der Mut von Veranstaltern wie Besuchern, schließlich besteht das Festival, bei dem vor allem Rock, Alternative, Independent und Electro gespielt werden, bereits seit 1999. Das allererste Southside-Festival fand noch in der Nähe von München statt, doch am Ende des zweiten Tages machte damals der US-amerikanische Musiker Marilyn Manson Furore, als er nach zwanzig Minuten die Bühne wieder verließ. Das aufgebrachte Publikum zerstörte daraufhin so ziemlich alles, was nicht niet- und nagelfest war und am Ende musste ein neues Areal gesucht werden.

Auf dem etwa 800.000 Quadratmeter großen Festivalgelände, welches Teil eines 1936 in Betrieb genommenen ehemaligen Flugplatzes der Heeresflieger ist (im alten Tower ist stets die Kommandozentrale der Sicherheitskräfte stationiert), fand es neue Heimat. In all' den Jahren trat so manche Newcomer-Band auf, die zunächst noch unbekannt, später zum absoluten Hotspot und somit zum sogenannten Headliner wurde. Hier spielten bereits Die Ärzte, Die Fantastischen Vier, Sportfreunde Stiller, Die Toten Hosen, Franz Ferdinand, Mando Diao, Rammstein, Wir sind Helden, The Wombats, Fettes Brot, Arctic Monkeys oder Katzenjammer, um mal einige zu nennen. Selbst David Bowie hatte für 2004 zugesagt, musste aber wegen eines Herzinfarktes kurzfristig passen. Einige eiserne Veteranen, die immer wieder auftraten, waren bislang etwa Queens of the Stone Age, The Sounds, Beatsteaks oder Billy Talent.

Das Publikum wuchs wie das Line-up Jahr für Jahr, wurde umfangreicher und vielfältiger. Zunächst dümpelten die Besucherzahlen unter 20.000 und es spielten etwa 30 Bands, heute kommen schon mal an die 60.000 bis 80.000 Fans zusammen. Die Zahl der Bands hat sich seit Beginn fast verdreifacht und längst sind aus einer Bühne vier geworden – oft ergänzt durch eine Leinwand für Fußball-Public-Viewing bei EMs oder WMs. Zudem gibt es ganz nebenbei und kostenlos Umweltschutzunterricht in Sachen CO2-Reduzierung und Müllvermeidung.

Viele Besucher übernachten in Zelten an der ehemaligen Landebahn. Hier geben sich viele weitere (Hobby-)Musiker und Kleinkünstler aller Art oder Sportler ein Stelldichein, was gelegentlich durchaus Zirkusatmosphäre schaffen und zugleich eine Mischung aus Karneval und Woodstock zaubern kann, so ungefähr jedenfalls sind die Worte des jungen Journalisten Jeremias Heppeler 2011 im Südkurier, der regionalen Tagespresse. Und wem das alles zu viel wird: Auch das Freilichtmuseum in Neuhausen ob Eck ist sehenswert!

Standorte und Navigationen:
Festival: Neuhausen ob Eck, Take-off-Gewerbepark
Weitere Infos: southside.de
Freilichtmuseum: Neuhausen ob Eck, Mühlheimer Straße

33 Geschützte Blütenpracht allerorts

Von Diptam, Frauenschuh und Knabenkraut

Der Schoren ist eine kleine Anhebung bei Engen. Bereits 1942 wurde der gut sechzig Hektar umfassende Hügel zum Naturschutzgebiet bestimmt. Neben vielen seltenen Pflanzen ist hier auch Diptam zu finden. Die Pflanze, auch Aschwurz, Äschenwurz, Eschenwurz, Pfefferkraut, Spechtwurz, Spechtwurzel oder Springwurzel genannt, gehört zur Familie der Zitronengewächse und zählt zu den teils stark gefährdeten und sogar in manchen Bundesländern ausgestorbenen Pflanzen, obwohl er mancherorts auch noch in privaten Gärten zu finden ist, zum Beispiel beim Hesse-Haus (siehe auch Kapitel 10). Doch bereits 1936, als der Diptam mit seinen weißlichen bis hellrosa oder lilafarbenen Blüten (Blütezeit Mai/Juni) unter Naturschutz gestellt wurde, war dieser eine bedrohte, wenn auch giftige Schönheit. Die ätherischen Öle können starke Hautreizungen verursachen, weswegen Diptam heute in Europa kaum mehr als Heilpflanze verwendet wird. Früher indes galt ein Absud oder Tee als Heilmittel bei vierlerlei Zipperlein: Die Inhaltsstoffe wirken antibakteriell, krampflösend, entgiftend sowie harn- und schweißtreibend – um die Heilkraft des Diptams wusste auch schon Hildegard von Bingen. In Asien und Indien indes kommt er heute noch zur Anwendung. Doch mag er auch noch so wirkungsvoll sein – der geschützte Diptam darf nicht gesammelt werden! Das Besondere ist: Er kann sich selbst entzünden, weswegen er gern mit dem „Brennenden Busch" in der Bibel (im 2. Buch Mose beschrieben), ein weiterer Name der Pflanze, die jedoch dornenlos ist, in Verbindung gebracht wird. Zur Reifezeit sondert diese ein ätherisches Öl ab, welches nach einer Mischung aus Vanille und Zitrone duftet. Dieses wiederum enthält ein Gas namens Isopren, welches eine brennbare Wolke bildet, die durch ein Streicholz oder, an heißen, sonnigen Tagen, durch Selbstzündung zum Brennen kommt. Es bildet sich dabei eine blaue Flamme.

Vom Schoren zum Rehletal südöstlich von Mauenheim, welches bereits in den Siebzigern unter Schutz gestellt wurde und heute zum knapp 170 Hektar umfassenden Naturschutzgebiet Schopfeln-Rehletal zählt: Hier finden Sie in den lichten Wäldern Orchideen wie Waldvögelein, Purpur-Knabenkraut und Mückenhändelwurz eines der bedeutendsten Vorkommen des Gelben Frauenschuhs (Blütezeit Mai/Juni). Diese Art, schon zweimal, nämlich 1996 und 2010 zur Orchidee des Jahres gewählt, wird gern als Königin aller einheimischen Vertreter dieser Pflanzenfamilie im Hegau bezeichnet. Nach der Roten Liste ist der Gelbe Frauenschuh – eine reine Zierpflanze, die noch weitere Namen hat wie etwa Ankenbälli (Anken = Butter), Marienschühlein oder Schafsäcka – stark gefährdet, muss streng geschützt werden und fällt unter die Fauna-Flora-Habitat-Richtlinie der Europäischen Union – in Großbritannien wird der letzte Bestand nahe der Stadt York während der Blütezeit sogar Tag und Nacht bewacht!

Weitere Gebiete mit großer Orchideenvielfalt sind im Schweizer Grenzgebiet zu finden, etwa Tannbüel bei Bargen etwa oder auf der „Gräte" beim Grätental.

Standort und Navigationen:
Schoren, Rehletal, Bargen, Thayingen

34 Jüdisches Leben im Hegau

Gailingen, Randegg, Wangen, Worblingen und Singen

Bereits im 17. Jahrhundert haben sich Menschen jüdischen Glaubens im Hegau angesiedelt: Die Gailinger Gemeinde, seit 1657 sind dort Familien nachgewiesen, bestand bis 1940. Die Menschen lebten meist vom Handel und Geldverleih. 1827 wurde der Ort Sitz eines badischen Bezirksrabbinats, 1858 bestand die Gemeinde aus knapp 1000 Mitgliedern. Das ehemalige jüdische Schulhaus mit dem rituellen Bad dient heute als Museum. Das Israelitische Krankenhaus ist heute ein Wohnhaus, das Altenheim – wieder – Altenheim. An die im November 1938 zerstörte Synagoge erinnert eine Gedenkstätte mit den Umrissen des ehemaligen Baus. Zwei Stelen zeigen die Namen der deportierten BewohnerInnen. Auf dem Friedhof mit etwa 1240 Grabsteinen fand 2003 bislang die letzte Beisetzung statt.
1656 kamen die ersten Familien nach Randegg, 1933 lebten noch über sechzig Juden im Ort. Es gab einige Gewerbebetriebe, einen jüdischen Arzt sowie ein koscheres Gasthaus, zeitweise eine jüdische Schule sowie einen Friedhof. Im November 1938 wurde die Synagoge gesprengt und die Ruinen bald darauf abgebrochen. 1968 wurde der Standort als Gedenkstätte eingeweiht, heute zeigen Stahlbänder mit Namen von den Opfern die Umrisse der früheren Synagoge. Auf dem Friedhof sind 330 Grabsteine zu finden, die letzte Bestattung war 1938.
Auch die Gemeinde in Wangen bestand bereits im 17. Jahrhundert. Im Ort gab es eine jüdische Schule, einen Friedhof mit 150 Grabstellen, wo zuletzt 1971 eine Bestattung stattfand sowie einen jüdischen Arzt. In Wangen sind noch hebräische Hausinschriften an privaten Wohnhäusern zu finden. Das rituelle Bad befand sich zeitweise am Dorfbach. In der Pogromnacht 1938 wurde die Synagoge niedergebrannt, das einstige Grundstück mit Gedenkstein und symbolischem Tor gehört heute zu einem Campingplatz.
Erstmals kamen 1611 jüdische Familien nach Worblingen.
Ihnen stand zunächst ein Betsaal zur Verfügung, später erst ein Synagogenbau, der 1906 auf Abbruch verkauft wurde. Es gab eine Religionsschule, ein mit Aachwasser gespeistes rituelles Bad und einen Friedhof (66 Steine, letzte Bestattung 1904). Das Liebenfelsische Schloss war zeitweise jüdisches Geschäft und koschere Wirtschaft namens „Zum Blumenkranz“. Die Gemeinde wurde wegen Abwanderungen aber bereits 1902 aufgelöst.
Die ersten Juden in Singen siedelten sich um 1666 kurzzeitig an, erst im 19. und 20. Jahrhundert zogen wieder Familien zu. Bei Beginn der Deportationen wohnten dort keine jüdischen EinwohnerInnen mehr, dennoch kamen Singener Juden um, an die mehrere Stolpersteine erinnern. Der Ort war seinerzeit vor allem Durchgangsstation für unzählige jüdische Flüchtlinge in die Schweiz. Dazu und einigen weiteren historischen Ereignissen gibt der Singener Geschichtspfad auf 43 Tafeln interessante Einblicke und Auskünfte.
Auch der kleine Ort Aach hatte im 16. Jahrhundert ein reges jüdisches Leben mit eigener Jeschiwa.

Standorte und Navigationen:
Gailingen, Randegg, Wangen, Worblingen, Singen, Engen, Aach
Weitere Infos:
Museum Gailingen: jm-gailingen.de
Stolpersteine Singen: stolpersteine-singen.de
Pfad Singen: singen-kulturpur.de/Geschichtspfad.53.html

35 Geheimnisvolle Höhlen

Von Sagen umwoben, von Mystik umweht

Von Sagen umwoben, von Mystik umweht – bei Zizenhausen findet man die sogenannten Heidenhöhlen (Heiden = früheres Wort für Zigeuner). Allzu viel ist darüber nicht bekannt und ob darin wirklich Haifischzähne entdeckt wurden ist ebenso unbelegt wie die Herkunft des Namens. Waren die künstlich in die Molassefelsen gehauenen Gänge und Räume das Zuhause einer Räuberbande? Oder waren sie einst Zufluchtsort für verfolgte Christen? Wie auch immer, sehenswert sind die einst von Menschenhand geschaffenen Höhlen, Naturdenkmal und seit 1983 im südwestdeutschen Höhlenkataster gelistet, auf jeden Fall. Die Anlage besteht aus mehreren Gängen, Nischen, Treppen und Räumen. Die erstmalige Erwähnung dieser Höhlen 1786 war sogar mal über dem Eingang eingeritzt zu lesen.

Auch am Überlinger See bei Goldbach waren einst große Heidenhöhlen zu finden, heute ein kaum mehr sichtbares Kulturdenkmal und früher nur bei Niedrigwasser auf einem schmalen Fußpfad erreichbar. Diese Anlage, einst eine mittelalterliche Höhlenburg, bestand aus mehreren Räumen mit Fensteröffnungen zum See. Man fand darin von Ruß geschwärzte Wände, die eingeritzte Jahreszahl 1675, einen Rauchfang und Schlafstätten. Gesichert ist dessen Nutzung als Obdach für Arme, später zerstört auf Geheiß der damaligen Stadtväter, um Wildwohnen Einhalt zu gebieten. Im 19. Jahrhundert, als der neu entdeckte „Bodenseetourismus" mehr und mehr Fahrt aufnahm, wurden die Höhlen zur Touristenattraktion. Dennoch mussten sie 1846 dem Bau der Bodensee-Uferstraße, spätere B 31, weichen. Was davon noch übrig war, wurde 1960 zum größten Teil wegen starker Einsturzgefahr gesprengt. Der Rest ist heute überwuchert.

Die 5-Minuten-Höhle, beliebter Ort für jugendliche Mutproben bei Stein am Rhein, ist im 19. Jahrhundert zur Lagerung von Brauerei-Eis entstanden und auch unter dem Namen Bierhöhle bekannt. Man benötigt cirka fünf Minuten für die Durchquerung der Höhle, die zum Ende immer enger wird. Sie ist zudem ein beliebtes Geo-Cache und gelegentlich sogar Raum für Kunstdarstellungen – wie etwa im Juni 2016, als die tunesische Künstlerin Sana Tamzini darin eine Lichtinstallation zeigte.

Das „Kesslerloch", eine prähistorische Höhle bei Thayingen, wurde 1873 entdeckt. Bei Grabungen wurden darin neben Waffen, Werkzeug und Knochen mehrerer Tierarten wie Mammut, Rentier und Wollnashorn auch der Schädel eines Wolfes gefunden – dieser gilt als einer der ältesten Nachweise für die Domestizierung des Tieres in Mitteleuropa. Weltberühmt ist zudem die Darstellung eines suchenden (weidenden) Rentiers, heute im Besitz des Rosgartenmuseums in Konstanz. Ihren Namen verdankt die Höhle übrigens den einst in der Gegend umherreisenden Familien, Jenische genannt (siehe auch Kapitel 58), welche noch Anfang des 19. Jahrhunderts in der Höhle immer wieder mal Obdach fanden und unter anderem davon lebten, Kochgeschirr (Kessel = Kochtopf) und andere Gegenstände zu reparieren.

Standorte und Navigationen:
Höhlen Zizenhausen: Zoznegger Straße, Wanderparkplatz Berlinger
Höhlen am Überlinger See: zu Fuß ab K 7772
Höhle Stein am Rhein-CH: an Verlängerung der Straße Bockrain im Wald gelegen
Höhle bei Thayingen-CH: Kesserlochstraße

36 Von christlichen Kirchen, Kreuzen und Pilgerstätten 3

Dem Menschen zum Segen, dem Herrgott zur Ehr'!

Das Hausherrenfest alljährlich am dritten Wochenende im Juli ist den drei Radolfzeller Hausherren Theopont, Senesius und Zeno gewidmet. Auch wenn im Laufe der Zeit inhaltlich der christliche Aspekt des Festes teils in den Hintergrund getreten ist – Höhepunkt sind und bleiben die Gottesdienste und Prozessionen. Bereits am Freitag gehen die Kindergartenkinder durch den Ort, Böllerschüsse und Glockengeläut signalisieren am Samstagnachmittag den offiziellen Beginn des Festes. Mit Läuten der großen Hausherrenglocke und Turmblasen wird der Sonntag begrüßt. Dem folgt das erste Hausherrenamt im Radolfzeller Münster mit anschließender Prozession, um Segen und Wohlergehen für die Stadt zu erbitten. Dem Gottesdienst anderntags, dem Mooser Hausherrenamt, geht morgens die Bootsprozession von Moos ans gegenüberliegende Ufer voran. Der „weltlich" geprägte Teil vom Fest: Weißwurstfrühstück an der Seepromenade, Konzerte und Feuerwerk.

Eine Vesperkirche bietet Mittagessen oder Vesperpakete für die Nacht, medizinische Betreuung, Gespräche, Spielecke, Konzerte und Vorträge. Das Angebot, vor allem in den Wintermonaten, richtet sich an Menschen, welche Probleme haben, am „normalen" gesellschaftlichen Leben teilzunehmen. Dem Projekt sind über dreißig evangelische Gemeinden in Baden-Württemberg angeschlossen, eine aus dem Hegau gehört auch dazu: die Singener Vesperkirche in der Lutherpfarrei.

Auf dem Käppeleberg in Schienen ist einer der ältesten Sakralbauten im Hegau zu finden – die zu Beginn des 9. Jahrhundert erbaute Sankt Michael und Mauritiuskapelle, einst Privatbesitz eines Florentiner Grafen und Keimzelle des Klosters in Schienen. Der Graf soll darin eine Reliquie des heiligen Genesius, vor seiner christlichen Taufe Schauspieler am Hof des römischen Kaisers Diokletian und heute Schutzpatron der Schauspieler, Musiker, Tänzer und Spielleute, verwahrt haben. Eine erste handschriftliche Erwähnung ist aus der Zeit um 835 bekannt. 1000 (!) Jahre später wurde das Gotteshaus zu einem Bauernhaus umgebaut – mit sehenswertem Garten samt Rondell, Pavillion und Quellbrunnen.

Nur wenig jünger ist die Sylvesterkapelle in Goldbach. Sie wurde um das Jahr 840 von einem alemannischen Grafen, einst Ratgeber am Hof Pippins in Italien und Karls dem Großen, gestiftet. Sie gilt mit ihren Wandmalereien aus dem 9. und 10. Jahrhundert mit als älteste Landkirche im Bodenseeraum. Die Fresken stammen wahrscheinlich von Künstlern aus dem Kloster Reichenau.

Wo einst in Radolfzell das Seelhaus stand – ein Mietshaus für arme, kranke, verwitwete oder auch einfache junge Frauen ohne Aussicht auf eine Heirat – ist heute ein Alten- und Pflegeheim zu finden. Auch Pilgerinnen fanden hier Einlass auf Zeit. Die Seelschwestern (auch Lichtfrauen, Einmacherinnen oder Totenweiber genannt) mussten ein Aufnahmegeld zahlen und waren wohl die örtlichen Bestatterinnen. Am Eingangstor erinnern zwei Figuren aus dem 15. Jahrhundert an das „Almosentörlein", das einstige Bettlertor des Hauses.

Standorte und Navigationen:

Münster: Radolfzell, Marktplatz 7
Schiffsanlegestelle: Radolfzell, An der Schiffslände
Vesperkirche: Singen, Freiheitstraße 36
Michaelskapelle: Öhningen-Schienen, Kirchstraße 10
Sylvesterkapelle: Überlingen, Seeseite, Ecke Bahnhofstraße und Goldbach, keine Parkmöglichkeiten
Almosentörlein: Radolfzell, Seestraße 46

37 Auf Packtiertour

Mit Ziegen den Hegau erkunden

Direkt an der Schweizer Grenze liegt der kleine Ort Uttenhofen. Hier wohnen Tom, Lupo, Tinka, Strobel, Frodo, Robin, Chilli und Nosy sowie einige weitere Gesellen der gehörnten Art, die allesamt als Packtiere im Hegau unterwegs sind. Die Idee dazu hat viele Namen: Wanderung mit Ziegen, Ziegentrekking, Ziegenwandern oder Packziegentouren.

Die angebotenen Routen mit Längen von cirka dreieinhalb bis neun Kilometer führen von unterschiedlichen Startpunkten aus etwa um Uttenhofen herum, auf Grenzwege Richtung Schweiz, durch kleine Schluchten, Dörfer und Städtchen oder zu den Hegaubergen. Stets dabei: die begleitenden Tiere. Zum einen Socke, der Hütehund und, je nach Dauer der Wanderung, die Ziegen – oft mit der ehrenvollen Aufgabe bedacht, die mitgebrachte Verpflegung oder die Picknickdecke zu tragen. Wer sein Vesper nicht selbst organisieren möchte, kann ein „Paket plus" buchen – einen Feinschmecker-Teller auf dem benachbarten Kastanienhof, Grillen oder im Winter am Kaminfeuer Snacks genießen, beispielsweise Bauernbrot aus dem Dorf mit frischer Butter und Apfelmost.

Wie kommt man auf solch' eine Idee? Annelie Falk, ausgebildete Tierpflegerin und Naturpädagogin, sagt dazu: „Mir liegt der achtsame Umgang mit Tier und Natur am Herzen. Und eigentlich wollte ich immer Lamatouren anbieten. Dann erinnerte ich mich, dass ich als Jugendliche mal mit Ziegen zu tun hatte. Die Zusammenarbeit mit diesen Tieren gibt mir viel und ich habe einiges von ihnen zu lernen. Etwa Geduld. Die sagen mir, brems' mal wieder runter, wenn ich zu hektisch werde oder zu aufgeregt bin. Dann wollen sie einfach nicht mit. Und es ist unheimlich spannend die Entwicklung eines Tieres zu erleben, ihren Humor kennenzulernen und etwas über ihre kleinen Tricks zu erfahren." Ihr Partner, der studierte Geograph, Natur- und Museumspädagoge Rüdiger Specht (Jahrgang 1963) träumte als Jugendlicher davon, Europa zu Fuß zu durchqueren – ohne dabei selbst das Gepäck tragen zu müssen. Aus beiden Jugendideen wurden schließlich die Packtiertouren. „Wir möchten Erfahrungen und Begegnungen zwischen Mensch, Tier und Natur möglich machen", so das naturbegeisterte Ehepaar. Was ihm mühelos gelingt. Übrigens: Das Fernsehen war schon zweimal da! Tom und Co. zeigten sich dabei in den beiden SWR-Formaten „Fahr mal hin" und „Expedition in die Heimat" nur von ihrer allerbesten Seite!

Wer eher auf Kühe steht, der sollte mal den Bolderhof in Hemishofen besuchen – das Angebot „Die Kuh und Du" bietet Kuhreiten auf dem Hof und Kuhtrekking auf dem Rücken der Tiere in verschieden langen Touren mit und ohne „Zvieri", der Vesperpause, an. Dabei geht es durch Wälder, weite Felder und liebliche Auenlandschaften nahe den Flüssen Biber und Rhein. Auch Kuhwagenfahrten in Ein- (bis sechs Personen) und Zweispännern (bis zwanzig Personen) bietet der Hof an. Und wer Grautiere besonders gern mag, kann bei „Langohrzauber" in Bittelbrunn auch entschleunigende Esel-Trekkingtouren von vier Stunden bis zu zwei Tagen buchen ...

Standorte und Navigationen:
Ziegentouren: Uttenhofen, Zum Walen 15
Kuhtouren: CH-Hemishofen, Bolderhof
Eseltouren: Bittelbrunn, Honstetter Strasse 9

38 Krippenwelt und Museum Lindwurm in Stein am Rhein

Zum Familienausflug in die Schweiz

„Und das habt zum Zeichen: Ihr werdet finden das Kind in Windeln gewickelt und in einer Krippe liegen." So spricht der Engel des Herrn zu den Hirten auf dem Feld im Lukas-Evangelium (2,12), um ihnen die Geburt Jesu mitzuteilen. Der Rest ist selbst den Ungläubigsten hierzulande in der Regel bekannt, denn spätestens, wenn diese frohe Botschaft in den Kirchen zu vernehmen ist, ist Weihnachten.

Im mittelalterlich geprägten Schweizer Örtchen Stein am Rhein indes ist das ganze Jahr über Weihnachten. Dort ist ein Krippenmuseum zu finden – ein Privatmuseum, welches fast 600 Krippen aus über 80 Ländern zeigt und im ältesten, noch original erhaltenen Haus aus dem Jahr 1302 beheimatet ist. Die Exponate stammen ursprünglich aus dem Besitz einer Münchner Familie, die seit Generationen Krippen aller Art sammelt und diese zur Weihnachtszeit aufstellt – in Bayern durchaus üblich: Familien besuchen sich in der Weihnachtszeit gegenseitig, um die Krippen der anderen Familien zu bewundern. Auf Anregung beschloss man im Jahr 2004 die Sammlung, zunächst als einmalig konzipierte Ausstellung, auch Publikum zugänglich zu machen. Nach zwei weiteren Jahren und über 40.000 Besuchern wurden auch die Medien auf die Krippen aufmerksam. Nun war die Zeit reif für das Museum. Führungen zeigen Einblicke in die Dauerausstellungen wie etwa mit den Krippen des italienischen Künstlers Roberto Cipollone. Erstaunlich ist, wie unterschiedlich Krippen gestaltet werden können, ob aus Jutesäcken, Pappe, Glas, Porzellan, Ton, Holz oder Blech, alt oder super modern, mit ethnisch geprägter Ausstattung oder klassisch westeuropäisch – alles ist vertreten. Im Shop sind Weihnachtsartikel wie beispielsweise mundgeblasene Kugeln zu finden, der Gewölbekeller bietet Ausstellungen. Dieser steht auch als Raclette- oder Fonduestube zur Verfügung.

Das Museum Lindwurm, nur einen Steinwurf von der Krippenwelt entfernt, widmet sich dem Leben im 19. Jahrundert. In dem Haus mit Empire-Fassade – seine Ursprünge gehen auf das Jahr 1279 zurück – erleben BesucherInnen auf 1500 Quadratmetern, wie eine gutbürgerliche Familie um 1850 wohnte und wirtschaftete. Die Räume sind so eingerichtet, als hätten die BewohnerInnen nur kurz das Haus verlassen und würden jeden Augenblick in ihren Alltag zurückkehren. Appenzeller Spitzhaubenhühner im Hof, eine fein gedeckte Tafel – die Exponate sind so lebendig in Szene gesetzt, als würden die Bewohner jeden Augenblick um die Ecke kommen. Der Weg führt über mehrere Stockwerke etwa zum felsigen Vorratskeller, in die Küche mit den Bediensteten und dem Hauskätzchen, einen eleganten Biedermeier-Salon, ein Kinderzimmer mit historischem Spielzeug und ein Spielzimmer inklusive Probeliegen auf Strohsäcken. Das Hinterhaus mit seinen Laubengängen birgt den landwirtschaftlichen Teil vom Kuhstall bis zur Kornschütte. Hier darf zudem Kleidung – schwere Leinenkittel und derbe Arbeitsschuhe – anprobiert werden. 1995 wurde das Museum Lindwurm für dieses besondere Konzept mit einem Sonderpreis als „Europäisches Museum des Jahres" ausgezeichnet.

t und Mus

Standorte und Navigationen:
Krippenwelt: Stein am Rhein-CH, Oberstadt 5, www.krippenwelt-ag.ch
Museum Lindwurm: Stein am Rhein-CH, Understadt 18, www.museum-lindwurm.ch

39 Die Hegauberge III

Der Hohenhewen und seine Geschichte

Der Hohenhewen ist der Engener Hausberg. Mit seinen beinah 846 Metern ragt der Basaltkegel, der zunächst als Hewen (= Bergkuppe) bezeichnet wurde und für den Namen des gesamten Hegaus Pate gestanden haben soll, vergleichsweise steil auf, was sich 1170 die Herren von Engen zunutze machten – sie ließen darauf eine Burg erbauen. 1639 wurde die Burg, die einst 250 × 60 Meter maß, von Bayern belagert und abgebrannt, anschließend kam sie durch Heirat zum Haus Fürstenberg. Im Jahr 1957 kaufte das Land Baden-Württemberg den Hohenhewen samt Ruinen, wie etwa Burgtor, Zwinger und Gesindehäuser. An einer Mauer liegt eine Aussichtsplattform. Ein hölzernes Kreuz auf dem Weg zur Burgruine erinnert an einen Heimatforscher und Pfarrer, der 1950 am Südabsturz tödlich verunglückte.

Auch Dichtervater Johann Wolfgang von Goethe kam auf seiner dritten Italienreise Mitte September 1797 durch den Hegau – es zog ihn zunächst zum Rheinfall bei Schaffhausen. Die Route ging über Tübingen und Tuttlingen auf der Chaussee über den Witthoh Richtung Engen, wo er Mittagsrast gemacht hat und worüber er schrieb: „Von Morgen her gesehen gibt Engen ein artig topographisches Bild, wie es unter dem bedeutenden Berg auf einem Hügel, sich ins Tal verliert“. Er fuhr dann die „alte Schweizer Straße“ weiter gen Süden und beschrieb den Hohenhewen in einem Reisebericht als „charakteristischen, obgleich ganz bewachsenen Berg mit einem alten Schloss.“ In seinen Reisenotizen notierte er weiter: „Man kommt durch Weiterdingen. Links ein schönes Wiesental, über demselben Weinbau. Auf eben der Seite liegt Hohentwiel; man ist nunmehr mit dieser Festung in gleicher Linie und sieht die große Kette der Schweizer Gebirge vor sich. Hilzingen liegt in einem weiten Tale, zwischen fruchtbaren Hügeln, Feldbau, Wiesewuchs und Weinberg umher.“ An der heutigen L 190 zwischen Welschingen und Weiterdingen erinnert ein großer Findling an des Dichters Reise durch den Hegau. Auf einer darauf angebrachten Kupfertafel ist ein Satz aus dem „Faust II“ zu lesen: „Da liegt der Fels, man muß ihn liegen lassen, zuschanden haben wir uns schon gedacht.“

Möglicherweise beschrieb Goethe genau auf besagtem Findling die glazialen Geschiebe der Jungendmoräne des Rheingletschers. Und obwohl Goethe wohl nie selbst auf den Hegaubergen unterwegs war, findet sich in seiner Mineraliensammlung auch Natrolith vom Hohentwiel, welchen der Berliner Hofapotheker und Professor für Chemie, Martin Heinrich Klaproth, 1803 so beschrieb:

„Schmutzig ockergelb, das sich bald dem Isabellgelb, bald dem Gelblichbraun nähert, mit weißlichen Streifen konzentrisch gezeichnet; derb, nähmlich Gangtrümmer bildend im Klingstein-Porphyr, auf den Ablösungen Spuren einer nierförmigen Bildung, mit dünnen, kurzen, nadel- und haarförmigen Krystallen bedeckt.“ Die vier Stücke sind heute im Nationalmuseum Weimar unter der Nummer 903 mit der Bezeichnung „Natrolit aus dem Hoegau“ zu sehen.

Standorte und Navigationen:
Hohenhewen: südwestlich von Engen
Dichterstein: L 190 zwischen Welschingen und Weiterdingen auf Höhe der Gemeindegrenzen

40 Sternwarten und ein Planetenlehrpfad

Ein Blick auf Sonne, Mond und Sterne

Wie viele Sterne gibt es wohl im Universum? Warum gibt es auf unserer Erde die Jahreszeiten? Wie heißt der größte Planet in unserem Sonnensystem? Wie entstehen Mondphasen? Wie heiß ist es auf der Sonne? Was ist der Unterschied zwischen Kometen und Planten? Fragen über Fragen zur „Faszination Universum". Wenn Sie darauf Antworten finden möchten, aktuelle astronomische Objekte anschauen und sich ein wenig Basiswissen dazu aneignen wollen, dann sollten Sie einen Besuch bei der Sternwarte in Singen erwägen. In der Sternwartenkuppel auf dem Dach der Zeppelin-Realschule können Sie den Mond, Planeten, Sterne, Gasnebel und Galaxien durch Teleskope am Nachthimmel live beobachten – bis zu 600-fach vergrößert. Bei klarem Himmel werden Führungen, bei schlechtem Wetter informative Multimedia-Präsentationen und vieles weitere mehr angeboten. Bei astronomischen Ereignissen, wie etwa einer Sonnen- oder Mondfinsternis, zu erwartenden Kometen und außergewöhnlichen Konstellationen, werden Sonderführungen auch unter freiem Himmel durchgeführt. Zudem ist darin auch eine große Meteoritensammlung zu finden. Die Volkssternwarte Singen wird seit März 1984 von der Astronomischen Arbeitsgemeinschaft der Volkssternwarte Singen e.V. betrieben. Die Vereinsmitglieder möchten die volkstümliche Astronomie der Bevölkerung leicht verständlich nahe bringen!

Die erst 2012 eröffenete Sternwarte der „Naturforschenden Gesellschaft Schaffhausen (NGSH)" in Schaffhausen, mit ihrem großen Observatorium hat die über sechzigjährige Sternwarte „auf der Steig" ersetzt, und lohnt ebenfalls einen Besuch. Im dazugehörigen Planetarium werden unter anderem auch Filme gezeigt.
Der Planeten-Lehrpfad in Engen informiert auf mehreren Texttafeln über die Planeten und will zugleich die Dimensionen unseres Sonnensystems aufzeigen. Drei Wanderwege zu Merkur, Mars und Co., zum Beispiel durch die Altstadt, die Vorstadt hinab zur Rastanlage Hegau West. Oder vom Wanderparkplatz auf dem Hegaublick über die Alte Straße den Berg hinab, sowie ein dritter, vierzehn Kilometer langer und etwa 200 Höhenmeter ansteigender langer Rundweg vom Zentrum über das Franzosenwäldle und das Napoleonseck. Von allen Stationen hat man Sicht auf die vergoldete Kugel auf der Spitze des Engener Kirchturms, welche die Sonne symbolisiert. Vom Hohenhewen aus hat man zudem einen grandiosen Überblick über den gesamten Planeten-Lehrpfad und kann anhand einer dort angebrachten Karte den Verlauf der einzelnen Planetenbahnen abschätzen. Besonders für Kinder spannend: Mancherorts sind kleine „Planetentäfelchen" versteckt angebracht. Der Lehrpfad ist ein Projekt des Verbandes der Kriegsbeschädigten, Kriegshinterbliebenen und Sozialrentner Deutschlands, der sich um die Belange von Behinderten bemüht – weswegen bei der Umsetzung auf weitestgehende Barrierefreiheit geachtet wurde und die Texttafeln zusätzlich in Blindenschrift verfasst sind. Viel Spaß beim Erforschen des Alls!

Standorte und Navigationen:
Sternwarte Singen: Rielasinger-Straße 37 (Zeppelin-Realschule)
Weitere Infos: sternwarte-singen.de
Sternwarte CH-Schaffhausen: Weiherweg 1
Weitere Infos: sternwarte-schaffhausen.ch/about.php
Lehrpfad: Engen, Altstadt

41 Von Burgen, Schlössern und Ruinen 3

Kleine Infos über herrschaftliche Sitze

Das Entstehungsjahr von Schloss Meldegg in Beuren, welches vermutlich aus einer ehemaligen Wasserburg hervorging, ist unbekannt, doch eine erste Erwähnung findet sich im Jahr 1568. Von 1554 bis 1677 war es im Besitz der Herren von Reichlin-Meldegg, 1663 fiel das Anwesen an die Freiherrenfamilie von Hornstein. Nach vielen Besitzerwechseln wurde 1847 darin eine Gastwirtschaft eingerichtet, die bis 1981 bestand. Die Anlage steht auf einer durch einen Mühlkanal künstlich geschaffenen Insel in der Aach und ist heute in Privatbesitz.

Das Herrenhaus in Bittelbrunn, welches im 16. Jahrhundert erbaut wurde, kaufte 1839 die Gemeinde und ließ es zum Schul- und Rathaus umbauen. 1966 ging es an die katholische Pfarrgemeinde Herz-Jesu in Singen und wurde zu einem Freizeitheim umgebaut – was es noch immer ist.

Die Burgruine Kargegg stammt wahrscheinlich aus dem 13. Jahrhundert und kam 1502 in den Besitz der Familie von Bodman. Im Mai 1525 brannten aufständische Bauern die Burg nieder, was schriftlich belegt ist: „Nun hat sich die Empörung der Bauern im Hegau dermaßen erhebt … zusammengetan bis in die 3000, sind mit großem Übermut im Hegau umhergezogen und haben großen Schaden angerichtet … sind am See entlang gezogen bis gegen Kargegg …“

Das Seeschlössli Horn, eigentlich Schloss Hornstaad, liegt direkt am Ufer des Bodensees. Der Renaissancebau entstand wahrscheinlich um 1640 und war einst Wohnsitz der Chorherren des Klosters Öhningen. Zu Beginn des 20. Jahrhunderts wurde darin ein Restaurant eingerichtet, heute ist es beliebtes Ausflugsziel und bekannt für seine Fischgerichte, regionale Spezialitäten und hausgemachte Kuchen und Torten.

Das Schloss Schlatt unter Krähen mit seiner Parkanlage im Stil eines englischen Gartens wurde in den Jahren 1592 bis 1598 errichtet. Im Laufe der Jahrhunderte war es in Besitz mehrerer Familien. Derzeitiger Eigentümer ist Robin Graf Douglas von Reischach, Sohn von Patrick Graf Douglas von Reischach, der 1955 von Freiherr Eitel-Egg von Reischach adoptiert wurde und somit nach dessen Tod Erbe des Hohenkrähens, von Schloss Schlatt sowie weiteren Besitztümern wurde, wie auch etwa der Nellenburg, einer Burgruine hoch über Stockach, Stadt der 1000 Quellen genannt, gelegen. Diese war seit Mitte des 10. Jahrhunderts Sitz der Grafen von Nellenburg, erstmals 1056 als „castellum meum Eberhardi comitis Nellenburc“ erwähnt, und ist eigentlich die Burg aller Burgen im Hegau! Denn: Das Gebiet der einstigen Herrschaft Nellenburg ist in ihren Umrissen fast deckungsgleich mit der kulturhistorischen Landschaft Hegau! Viel ist davon indes nicht mehr zu sehen, doch der Ort ist trotz allem einen Besuch wert, denn er soll einer Sage nach einst die heidnische Opferstätte einer schönen Frau namens Nella gewesen sein, die sich von ihrem Gatten Mangold zum christlichen Glauben bekehren ließ. Demnach entsprang nach ihrer Taufe dem Boden plötzlich ein Rinnsal, das fortan Nellabach genannt wurde, Mangold ließ zum Dank an der Stelle eine Burg, die Nellaburg, errichten.

Standorte und Navigationen:

Beuren: Meldeggstraße

Bittelbrunn: Engen- Bittelbrunn, Schlößleweg 7

Kargegg: 200 Meter nordöstlich des Weilers Kargegg

Horn: Hornstaader Straße 43

Schlatt: Mühlhauser Straße 11 a

Stockach: Nellenburgstraße

42 Die Kunstwerke von Peter Lenk

Woran sich die Geister scheiden

Die Meinungen zu den Kunstwerken von Peter Lenk spalten die EinwohnerInnen des Hegaus in Lenk-Anhänger und Lenk-Ablehner. Und genau das ist die Aufgabe von Kunst: Stimmungen erzeugen, zum Darübernachdenken und zum Darüberreden anregen. Das gelingt dem gebürtigen Nürnberger mit seinen Werken mühelos. 1993 entstand die zehn Meter hohe Figur „Imperia", eine Kurtisane und zugleich Metapher zum Konstanzer Kirchenkonzil 1414. Die Statue im Konstanzer Hafen (und nicht mehr zum Hegau zugehörig) beschäftigt die StadtbewohnerInnen und sämtliche „HegauerInnen" noch immer und ist doch längst zum Wahrzeichen der Stadt geworden. Zugleich ebnete sie dem 1947 geborenen Künstler den Weg für weitere öffentliche Installationen. Nicht nur im Hegau haben mittlerweile einige Orte ihren eigenen „Lenk". In Singen ist beispielsweise der „Paradiesbaum" zu finden, eine hohe Pyramide, die zeigen möchte, wie das Mondäne am Heimatlichen zehrt. In Radolfzell steht der „Kampf um Europa". In Ludwishafen am Bodensee ist das „Ludwigs-Erbe-Tripthychon" zu finden, eine freizügige Darstellung einiger PolitikerInnen wie Angela Merkel, die „entfesselt als Topmanager im Dagobert-Fieber zu sehen sind, dazu Bunte-Leserinnen im Feudaltaumel, der Ablasshandel im Sexparadies, der darüber erzürnte Papst und die überforderte Dorfpolizei", so die persönliche Beschreibung des Künstlers. In Emmingen-Liptingen steht der Schelmenbaum, in Gaienhofen ist die „Dix-Kurve" mit dem Titel „Was verstehst du denn von Sünde, wenn du sie nicht begangen hast und gesehen hast?" zu sehen. Stockach schmückt sich mit „U20 oder der Traum eines U-Bootfahrers" samt Konterfei des ehemaligen Verteidigungsministers Rudolf Scharping.

Die menschlichen Darstellungen von Peter Lenk zeigen häufig bekannte Gesichter. Er sieht seine Modelle als Provokateure, sich selbst als Künstler der Groteske, der Satire und der böswilligen Übertreibung und spielt dabei mit üppigen Kurven oder welken Brüsten. Er zeigt ebenso oft dicke Hintern wie wabbelige Bäuche, anzügliche Gesten wie an Brüsten saugende Männer oder erigierte Geschlechtsteile. Die Werke geizen nicht mit frechen Reizen, wirken teils geradezu obszön und auf manche BetrachterInnen sogar verstörend bis abstoßend – auf den ersten Blick. Riskiert man einen weiteren und kennt die Aussagen, kann man diese Darstellungen plötzlich in einem anderen Licht betrachten. So wird aus obszön eher anklagend, aus verstörend erklärend und aus abstoßend erkennend. Um seine Kunst verstehen zu können, muss man sich damit genau auseinandersetzen. Nur mal so eben hingucken, genügt hier nicht. Und wer sich darauf einlässt und eine Neu-Interpretation zulässt, erkennt, dass hinter Lenks Botschaften stets eine moralische Aussage steckt. Man muss die künstlerische Darstellung in seinen Werken eben erst verstehen lernen. Lenk, der an der Staatlichen Akademie der Bildenden Künste in Stuttgart studierte und zunächst als Kunstlehrer und Töpfer tätig war, sagt: „Nichts fürchtet der Ehrenwerte mehr als das Gelächter". Sein Credo lautet: Den Spießbürgern nicht den öffentlichen Raum überlassen.

Standorte und Navigationen:
Gaienhofen, Schlossstraße
Konstanz, Hafen
Liptingen, Engener Straße
Ludwishafen, Hafenstraße 5
Radolfzell, Schiesserstraße
Singen, Scheffelstraße
Stockach, Schillerstraße

43 Bierbrauen im Hegau

Vom Bilger Stümple und anderen feinen Gerstensäften

Es war für Bierfeunde einer der schwärzesten Tage, als die große Brauerei in Gottmadingen, deren Bier in Dosen selbst mal an Bord der Lufthansaflotte ausgeschenkt wurde, ihre Tore schloss. Bis heute weiß man nicht so genau, warum die Anteile an die Fürstlich Fürstenbergische Brauerei verkauft wurden. Fakt ist: Die Gottmadinger tranken jahrzehntelang keinen Tropfen Fürstenbergbier mehr – und behalfen sich stattdessen auf andere Weise: Alljährlich zur Fasnet schenkt die Narrenzunft Gerstensack von versierten Braumeistern, teils ehemalige Mitarbeiter der Bilger-Brauerei oder Hobbybrauer, selbtgebrautes Bier aus. Das Zunftbier ist bis heute fester Kult in der regionalen Fasnachtstradition. Doch besonders das Stümple aus der Zeit um 1960, das Kultbier aus der Gottmadinger Bilgerbrauerei, die im frühen 19. Jahrhundert den Markt des Landes eroberte, macht neuerdings wieder Furore. Das Bier, einst auf die berühmten roten Lastwagen verladen und im ganzen Land unterwegs, ist nun endlich wieder zu haben! Als Retrobier soll es eine jüngere Zielgruppe erreichen, ganz nach dem alten Motto: Das Stümple schmeckt auch ohne Durst! Das Bier mit ganz viel Heimat und etwas weniger Hopfen in der Flasche als bei Fürstenbergs üblich, kommt in Anlehnung an den bewährt mild-süffigen Geschmack gut an. Die Sünden der Vergangenheit sind vergeben und das Bier ist rehabilitiert. Von der Bilgerbrauerei zeugen neben der Neuauflage des Stümples nur noch der 1912 erbaute Sudturm sowie zwei Villenbauten.

Die traditionsreiche Ruppaner Brauerei in Konstanz kann seit 1795 die Bewilligung der „Brauereigerechtigkeit" für das damals noch „Haus zur Sonne" genannte Unternehmen vorweisen. 1872 erwarb Karl Ruppaner, der einst das Brauwesen an der königlich landwirtschaftlichen Akademie in Weihenstephan erlernt hatte, das Haus, welches seinerzeit noch mitten im Stadtzentrum an der Hussenstraße gelegen war. Heute bietet das Familienunternehmen in vierter Generation medaillenpremiertes Bier an.

Ein altvertrauter Duft zieht gelegentlich auch wieder durch die Altstadt von Engen, wenn im Sudhaus von 1893 der ehemaligen Felsenbräu-Brauerei wieder Bier gebraut wird. Der Schwarzwaldverein braut darin nach dem bewährten Brauspruch „acht Stunden Sudhaus, acht Tage Gärkeller und acht Wochen Lagerkeller" vor allem für das Altstadtfest. Grundsätzlich darf hier jeder brauen – ab 200 Liter und mehr pro Jahr indes muss das Bier beim Zoll angemeldet und versteuert werden.

In Weiterdingen haben sich auch einige Braufreudige, eine offene Gruppe, die ihren Spaß daran hat, eigenes Bier zu brauen, zusammengefunden und machen ihr eigenes „Stoffelbräu".

Auch die Insel Reichenau macht in Sachen Bierbrauen wieder von sich reden. Hier gibt es seit 2016 in der Kleinbrauerei Inselbier drei naturtrübe Sorten: ein Helles, das Herbstgold mit Zitrushopfen sowie ein süffiges Weizen mit Mandarina-Bavaria-Hopfen und leichtem Bananenton. Zuletzt sei hier auch der „Schluck Heimat" (13 Sorten) der Falkenbrauerei in Schaffhausen – diese zählt zu den größten fünf unabhängigen Brauereien in der Schweiz – erwähnt. Das traditionsreiche Haus steht seit 1799 ein für „Freiheit, Unabhängigkeit und den Stolz auf ein wirklich gutes Bier".

Standorte, Navigationen und weitere Infos:
Sudhaus Gottmadingen: Anneliese-Bilger-Platz 1
Ruppaner: Konstanz, Hoheneggstraße 41 – 51
Sudhaus Engen: Hauptstraße
Zunftbier: gerstensack.de
Stoffelbräu: Stefan Hüsges, 07739-1370
Inselbier: Insel Reichenau, Seestraße 83
Falken: CH-Schaffhausen, Brauereistrasse 1

44 Der Randen

Südwestlicher Zipfel des Hegaus

Mit dem Randen verhält es sich ein wenig ähnlich wie mit dem Hegau: Keiner kann so genau sagen, wer und was wirklich dazu zählt. Manche finden, die „Länge" sei Teil davon, der Höhenzug zwischen Blumberg und Immendingen und somit weiter nordöstlich gelegen. Andere meinen, der Randen sei nur der 830 Meter hohe „Randenberg", auf dem ein deutsches Örtchen gleichen Namens zu finden ist. Und das, obwohl sich der Hohe Randen, auch auf deutschem Gebiet gelegen, das Privileg der höchsten Erhebung mit 930 Metern zuschreiben darf. Das schweizerische Pendant liegt bei Merishausen – und kann 912 Meter vorweisen. Fakt ist: Der Randengrat begrenzt den Hegau im Südwesten. Orte wie Bargen und Merishausen oder das mittendrin gelegene Hemmental können also durchaus noch zum Hegau dazu gezählt werden, was alte Urkunden teils auch wiedergeben.

Der gesamte Randen, eine Tafeljura-Landschaft, besteht aus sieben Teil-Randen, nämlich dem Bargener Randen, Beringer Randen, Hagen, Hohen (Großen) Randen, Langranden, Schleitheimer Schlossranden und Siblinger Schlossranden. Der südlichste Teil wird auch Südranden genannt und ein weiterer Teil im Westen Kleiner Randen. Und Hegau hin oder her, auf vieren dieser wunderbaren Kulturlandschaften steht ein Aussichtsturm mit 360°-Panoramarundumblick!

Der 26 Meter hohe Beringer Randturm wurde 1998 in Stahlfachwerkbauweise errichtet. Bis zur Aussichtsplattform sind 137 Treppenstufen und sechs Zwischenpodeste zu überwinden. Oben bietet sich ein Blick gen Klettgau und Alpen an, vier Panoramatafeln geben Orientierung. Ein Restaurant nebenan sorgt fürs leibliche Wohl.

Der Hagenturm mit seinen 225 Treppenstufen misst vierzig Meter und wurde 1989 ebenfalls in Stahlfachwerkbauweise gebaut. Er steht anstelle eines 1903 errichteten Turms auf 908 Meter und bietet eine Rundsicht vom Schwarzwald bis zu den Alpen. Auch hier sorgen, neben einer Webcam für die Daheimgebliebenen, Panoramatafeln für weitere Ein- und Ausblicke. Auf seiner Spitze ist eine Radarkuppel der Schweizer Armee zu sehen, die Antennen für Messungen und Datentransfer birgt.

Hundert Stufen führen zur Plattform des zwanzig Meter hohen, 1909 errichteten Schleitheimer Stahlfachwerkturms, nahe der einstigen Randenburg, deren Reste kaum mehr auszumachen sind, gelegen. Während des Zweiten Weltkriegs war der Turm gesperrt und darin ein Beobachtungsposten der Schweizer Fliegerabwehrtruppen eingerichtet. Wieder unten angelangt, bietet eine nah gelegene Hütte Stärkung an.

Der 2014 aus Stahl und Lärchenholz errichtete Siblinger Randenturm (auch Chläggiblick genannt) ist der Nachfolgebau des baufällig gewordenen alten Turms von 1882. 99 Treppenstufen führen zur Plattform in neunzehn Meter Höhe – hier bietet sich ein breites Panorama vom Klettgau, über die Alpen bis zum Schweizer Juragebirge. In der Nähe sind zudem noch wenige Ruinen der einstigen Felsenburg Hartenkirch, ebenso das Restaurant Randenhaus zu finden.

Standorte und Navigationen:
Beringer Randturm und Restaurant: CH-Beringen, Vorderi Ebeni-Strasse
Hagenturm: CH-Merishausen, Hagenturm
Schleitheimer Randenturm und Hütte (nur am Wochenende in den wärmeren Monaten): CH-Schleitheim, Randenturm
Siblinger Randenturm: CH-Siblingen, Randenstrasse
Restaurant Siblinger Randenhaus: CH-Siblingen, Randenstrasse 132

45 Jakobswege durch den Hegau

Der Weg beginnt vor deinem Haus

„Ultreia, Ultreia, et Suseia, Deus, adjuva nos!", so lautet ein alter Pilgergruß und bedeutet: Vorwärts, immer weiter und aufwärts (zu Gott), Gott helfe uns auf unserem Weg! Seit Jahrhunderten pilgern Menschen zum Grab des Apostels Jakobus in der spanischen Stadt Santiago de Compostela. Es war seinerzeit der Pilger größtes Ziel, die Compostela zu erlangen. Diese Urkunde galt als Nachweis adäquater Frömmigkeit. Oftmals war der Anlass dafür nur eine auferlegte Buße, ein Gelübde oder schlicht und ergreifend die Hoffnung auf Heilung von einer Krankheit.

Seit den 1980er Jahren, als die mittelalterlichen Pilgerwege vom Europarat den Status als Kulturstraßen zuerkannt wurden und sich auch Promis mit den Worten „ich bin dann mal weg" auf den Weg machen, erlebt das Pilgern, das „Beten mit den Füßen" eine wahre Renaissance – und eine neu interpretierte Bedeutung. Pilgern ist keine geistliche Übung mehr, sondern meint heute Reduzierung. Entschleunigung. Spiritualität. Sich wieder spüren – in Gemeinschaft oder solo. Es sind Schlagworte, die meist nur noch wenig mit einer wirklich religiösen Haltung zu tun haben. Das Pilgern auf den Jakobswegen dient heute eher der seelischen Reinigung und für manche Semi-Gläubige im 21. Jahrhundert, in dem die religiöse Selbstprüfung ja längst nicht mehr en vogue ist, mag es durchaus auch mal den kaum mehr üblichen Gang zum Beichtstuhl oder das eine oder andere Vaterunser ersetzen.

Doch was auch immer im Einzelnen die Motive sein mögen, die Kirchen haben den Wunsch vieler Menschen zu pilgern und somit die Notwendigkeit der pastoralen Unterstützung gut erkannt. So führen auch durch den Hegau zwei Pilgerwege gen Süden, die zum Wegeverbund der Via Beuronensis zählen. Der Hegauer Jakobsweg beginnt bei Kloster Wald und tritt nordöstlich von Hohenfels in den Landstrich ein. Der Weg führt weiter nach Stockach und Markelfingen über den Bodanrück bis Konstanz – mit oder ohne Weg über die Reichenau. Der Linzgauer Jakobsweg führt von der Alb kommend über Überlingen, teils geht er per Schiff über den Bodensee und den Bodanrück und endet ebenfalls in Konstanz. Von dort aus führen weitere Wege durch die Schweiz zum Ziel in Spanien: entweder Richtung Basel und von dort weiter über die sogenannte Burgundische Pforte, eine bereits in der Antike strategisch wichtige Querverbindung. Oder auf dem sogenannten Schwabenweg, dem Schweizer Jakobsweg zugehörig, der von Konstanz bis Einsiedeln und Genf führt. Irgendwann gelangen Sie schließlich auf den klassischen Jakobsweg, den Camino Francés, der von den Pyrenäen nach Santiago führt und seit 1993 zum UNESCO-Welterbe zählt. Die Wege sind übrigens stets durch Schildchen, gelbe Muschel auf blauem Untergrund, gekennzeichnet. Das „dünne Ende", in dem sich sozusagen die Strahlen bündeln, weist stets in die weiterführende Richtung.

Doch wo beginnt eigentlich ein Pilgerweg? „El camino comienza en su casa", antworten die Spanier. Der Weg beginnt vor deinem Haus. Auch im Hegau. Worauf warten Sie noch?

Weitere Infos: via-beuronensis.de

46 Pop Up Dinner bei Federica

Kosten, Schlemmen, Genießen

Pop up heißt einfach: überraschend aufploppen, auftauchen – und wieder weg. Es ist eigentlich ein Begriff aus der Computersprache, doch längst haben sich auch andere Branchen dessen bedient, die Gastronomie zum Beispiel. Begonnen hat die Sache mit „Flüsterrestaurants", auch White Table oder Supper Club genannt, in New York. Und wer ein Pop Up Dinner anbietet, nutzt den Überraschungsmoment, tut das nicht ständig und unentwegt, sondern eben nur hin und wieder. Zudem: Zeit, Ort, was auf den Tisch kommt und mit wem die geladenen Gäste am Tisch sitzen – alles bleibt zunächst geheim. Das Konzept Unvorhersehbarkeit, Exklusivität, Einmaligkeit und exquisites Essen kommt an – auch im Hegau, wie Federica Fele weiß, die sich 2015 mit „Fine Food Events" selbstständig gemacht hat. Sie bietet nämlich Pop Up Dinners an. „Zwanzig Gäste sind eine überschaubare Anzahl", so die Halbitalienerin, die ihre ersten Kindheitsjahre in Italien verbracht hat, „alles läuft über Mundpropaganda, meinen Newsletter und soziale Netzwerke." Ihr Kientel: von young urban people bis hin zum gesetzten Akademiker-Paar, Leute, die bereit sind, für gutes Essen zu bezahlen, weil sie wissen, dass frische und gute Produkte ihren Preis haben. Das kann die junge Startup-Unternehmerin, die den Schritt in die Selbständigkeit nach einem mehrwöchigen Kochkurs in Thailand wagte, bieten. Sie orientiert sich regional und saisonal und kocht feine Mehrgang-Menüs.

Die Rezepte, Patchwork aus verschiedenen Geschmacksqualitäten, Temperaturen, Texturen, Eindrücken, Reise- und Kindheitserinnerungen, lesen sich sehr lecker, im Frühling beispielsweise so: Amuse Gueule mit Mönchsbart mit Onsenei, als Vorspeise Spargel-Quinoa-Salat mit Salzzitrone, Büffelmozzarella und gerösteten Buchweizen. Zum Hauptgang wird Schweinefilet mit gebratenem Speck, Erbsenpüree, gegrillten Frühlingszwiebeln und Sauerampfercreme serviert und zum Dessert kommt Rhabarber-Erdbeersalat im Tartelette mit Amaranth-Krokant auf den Tisch. Das macht Appetit! In der Küche war Federica übrigens schon immer gern: „Kochen macht mich einfach total glücklich und gutes Essen war in meiner Familie stets wichtig, was auch dazu führte, dass ich im Alter von sieben Jahren perfekt einen Thunfisch ausnehmen konnte." Mutter und Schwester stehen ihr auch nun zur Seite, kümmern sich um alles drum herum – von guten Fotos für die Homepage bis zum Abspülen danach. Auch Freundinnen helfen bei der gelernten Krankenschwester gern aus, die mittlerweile auch ein Studium „Food and Beverage Mangament" absolviert hat , als Buchautorin tätig ist und mehrfach bereits in Print- und TV-Medien wie etwa bei der „Lecker" oder „Landidee", im SWR (Essgeschichten) oder bei VOX (Das perfekte Dinner) in Erscheinung trat.

Ideen hat die Unternehmerin und junge Mutter für ihre Gäste zu genüge, in einem Weinberg könnte sie sich ein Pop Up Dinner auch mal vorstellen, als Picknick am Bodensee, in einem Kloster, einer alten Scheune oder einer Burgruine.

Weitere Infos, Termine, Kontakt: www.federicafele.com

47 Beim Hegauer Bike-Marathon und Halbmarathon

Wo sich sportliche Eliten ein Stelldichein geben

Wer denkt, in Singen wäre sportlich nichts los, der irrt gewaltig: Hier sind an die siebzig Vereine mit etwa 18.000 Mitgliedern in rund fünfzig Sportarten vertreten – bei einer Einwohnerschaft von etwa 46.000 Menschen sind das 39 Prozent der Bevölkerung! Angesichts dieser Zahlen ist es nicht verwunderlich, dass in der Hegau-Metropole noch eine alte Radrennbahn und am Schienerberg ein großer Bikepark zu finden sind. Und noch weniger wundert's, dass auch große Sportveranstaltungen hier ihr Zuhause gefunden haben!

Beim Rothaus-Hegau-Bike-Marathon mit über tausend TeilnehmerInnen und dem einzigen deutschen Rennen in der offiziellen Marathon-Serie des Radsport-Weltverbands UCI zeigt sich nicht nur die deutsche Weltspitze gern. Namen wie die des Neuseeländers Samuel Gaze oder der Österreicher Christoph Soukup und Alban Lakata sind dabei keine Seltenheit, letzterer holte sich bereits dreimal den Sieg bei dem international längst etablierten Rennen. Auch die Damen sind gut vertreten, etwa die Engländerin „Iron Sally" Bigham oder die Schweizerinnern Esther Süss und Ariane Kleinhan. Das Rennen, bei dem auch die Lokalmatadoren antreten, ist mit seinen teilweise recht steilen Anstiegen so schön wie anstrengend. Es sind zwei Strecken ausgewiesen – auf 31 beziehungsweise 49 Kilometern geht's durch die Hegaulandschaft. Die kürzere Runde verläuft von Singen aus, dabei sind so einige hundert Meter Höhendifferenz sowie Steigungen zwischen 5,4 bis 34,5 Prozent zu bewältigen. Die lange Strecke macht einen größeren Bogen bis hinter Weiterdingen und führt am Hohenkrähen vorbei wieder zurück nach Singen. Die Steigungen variieren hier zwischen 5,5 – 29,9 Prozent. Mittlerweile sind auch schon mehrere Ausgaben eines Hegau-Bike-Magazins erschienen und der Hegau wird 2017 im Rahmen des Rothaus-Hegau-Bike-Marathons Austragungsort für die Weltmeisterschaft.

Auch hier finden sich schon mal sportliche Eliten ein: der Internationale Sparkassen-Halbmarathon-Singen, bei dem sich schon mal Sportgrößen blicken lassen. Dieser hat sich seit Beginn 1998 in der Laufszene längst einen Spitzenplatz erobert, bei dem ebenfalls über tausend LäuferInnen an den Start gehen, wenn auch letztlich nur etwa ein Drittel von ihnen den Halbmarathon (= 21,0975 Kilometer) mitläuft. Die Anderen absolvieren fünf- und zehn-Kilometer-Läufe, Nordic Walking sowie Kinder- und Jugendläufe. Der Halbmarathon wird in zwei Runden auf der 10-km-Strecke zuzüglich einer geringfügigen Anpassung gelaufen, ist also offiziell vermessen – und deshalb bestenlistenfähig. Start und Ziel sind jeweils am Rathaus. Doch nicht nur bekannte Laufstars haben auf der Strecke rund um die Singener Nordstadt und den sogenannten Bruderhof, einst eine württembergische Exklave und heute ein Ortsteil von Singen, die Chance zu gewinnen, sondern auch die lokalen SportlerInnen. Wie etwa der Singener Jens Ziganke (Jg. 1988), der 2014 den Sieg über die 21 Kilometer errang. Doch es gilt: Wie langsam du auch läufst – du schlägst alle, die zu Hause bleiben!

Weitere Infos:
hegau-bike-marathon.de
djk-singen.de/halbmarathon

48 Schaffhausen

Blos e chlini Stadt

Dass in Schaffhausen der Rheinfall beheimatet ist und der Ort aufgrund seiner rund 300 Hauserker irgendwann den Beinamen Erkerstadt bekam, ist ebenso bekannt wie die Uhrenfabrik IWC. Dass Schaffhausen am 1. April 1944 um 10:55 Uhr durch einen Navigationsfehler Ziel eines US-Luftangriffes wurde – er galt der IG Farben in Ludwigshafen – und dabei vierzig Menschen ihr Leben verloren, 270 verletzt und 450 obdachlos wurden sowie Fabriken, das naturhistorische Museum und fast das gesamte Werk des Renaissance-Künstlers Tobias Stimmer (steht im „Ranking" gleich nach Hans Holbein dem Jüngeren) zerstört wurden, mag kaum noch geläufig sein. Doch dass der Ort, einer der wenigen Schweizer Städte nördlich des Hochrheins, zum Hegau zählt, das wissen tatsächlich nur wenige Interessierte.

Die Stadt, gegründet an einer damals flachen Furt, an der man den Rhein sogar mit Pferden überqueren konnte, hat seit ihrer Entstehung um 1000 eine wechselvolle Geschichte hinter sich. 1045 bekam Graf Eberhard VI von Nellenburg das Münzrecht für die Siedlung „Scafhusun". Der Name könnte „bei den Schafställen" bedeuten. Nur fünf Jahre später entstand das Kloster zu Allerheiligen, welchem der Sohn des Gründers den Ort 1080 vermachte, wodurch der jeweilige Abt Regent der Stadt wurde. 1190 wurden Kloster und Stadt dem Deutschen Kaiser Heinrich VI unterstellt. 1330 wurde Schaffhausen an Habsburger Herzöge verpfändet und somit österreichisch. Ab 1411 bestimmten zehn Schaffhauser Handwerkszünfte sowie die beiden Gesellschaften „zun Herren" (Adel) und „zun Kaufleuten" für über 400 Jahre die wirtschaftlichen, politischen und gesellschaftlichen Geschicke der Stadt. Ab 1415 wieder Reichsstadt, schloss sich diese 1445 dem Schwäbischen Städtebund an, doch bereits 1454 kam es zu einem Bündnis zwischen Schaffhausen und einigen eidgenössischen Orten wie Zürich und Bern, die Habsburger zogen ab. 1501 wurde Schaffhausen vollwertiges Mitglied im Bund der Eidgenossen. 1529 wurden die Klöster aufgehoben. Mitte des 16. Jahrhunderts wurde die Festung Munot, das Wahrzeichen der Stadt, von Bürgern in Fronarbeit erbaut. 1723 erwarb Schaffhausen von der österreichischen Landgrafschaft Nellenburg die hohe Gerichtsbarkeit und somit die Landeshoheit über die nahen Dörfer des sogenannten Reiats, einer nordöstlich gelegenen, malerisch hügeligen Region und gern als Sonnenterrasse des Kantons Schaffhausen bezeichnet. Nur Büsingen (siehe auch Kapitel 70), das bis heute eine deutsche Exklave ist, zählte nicht dazu. 1798 wurde Schaffhausen Teil der Helvetischen Republik als Tochterrepublik von Frankreich – dies bedeutete den Untergang des Schaffhauser Stadtstaats und zugleich den Beginn des Kantons Schaffhausen mit der Stadt als Mittelpunkt. Und wer sich regelmäßig über die Stadt schlau machen will, dem seien der lokale Fernsehsender Aktuell sowie Radio Munot empfohlen, wo täglich kurz vor Mitternacht die heimliche Stadthymne „Blos e chlini Stadt" des Schaffhauser Mundart-Liedermachers Dieter Wiesmann ertönt …

Standorte und Navigationen:

IWC-Museum: CH-Schaffhausen, Baumgartenstraße 15

Haus mit Wandmalereien von Tobias Stimmer: CH-Schaffhausen, Haus zum Ritter, Vordergasse 65

Munot: CH-Schaffhausen, Munotstieg

49 Die „Hohentwiel“

Vom Verkehrsschiff zum Nostalgiedampfer mit Hollywoodflair

Kennen Sie die Szene im 22. James-Bond-Streifen, als der Geschäftsmann Dominic Greene (gespielt von Mathieu Amalric) mit einem Schiff an der Seebühne in Bregenz landet? Nein? Können Sie auch nicht. Sie wurde nämlich wieder herausgeschnitten. Laut Drehbuch indes war alles anders vorgesehen: Der Darsteller sollte in „Ein Quantum Trost“ mit der „Hohentwiel“ über den Bodensee schippern. Warum auch immer die Szene weichen musste – der eigentliche Höhepunkt war ja ohnehin das Spektakel auf der Seebühne direkt am Bodenseeufer vor dem österreichischen Bregenz, als James Bond alias Daniel Craig darin seine Gegner durch die Kulissen von Puccinis Oper „Tosca“ jagte. Für einen weiteren Moment streifte der Hauch cineastischer Weltgeschichte die Gegend, als der kanadische Regisseur David Cronenberg 2010 ebenfalls auf der „Hohentwiel“ einige Szenen für das Psychoanalytikerdrama um Sigmund Freud und Carl Gustav „Eine dunkle Begierde“ mit bekannten Schauspielern wie Keira Knightley oder Viggo Mortensen drehte. Bregenz liegt zwar nicht im Hegau, doch die historische Passagierfähre, welche für die Schiffszenen gemietet wurde, ist nach dem Singener Hausberg benannt. Ansonsten gehört auch sie längst in österreichische Gefilde.

Eigentlich ist die „Hohentwiel“, die 1913 in Friedrichshafen vom Stapel lief, ein Schaufelraddampfer – und das älteste wie einzige noch immer betriebene Dampfschiff, welches auf dem Bodensee als Passagierschiff verkehrt, wenn auch nur noch für Themenfahrten und im Charterbetrieb und nur noch auf dem Obersee und dem Überlinger See – immerhin ist dieser auch „hegauisches Gebiet“. Doch einst galt sie als repräsentative Staatsyacht, die gelegentlich auch mal vom letzten württembergischen König Wilhelm II oder damaligen Promis wie etwa Ferdinand Adolf Heinrich August Graf von Zeppelin (Begründer der Starrluftschifffahrt) für Veranstaltungen gechartert wurde.

Zu Beginn des 20. Jahrhunderts zeichnete sich im Gebrauch ein Wandel ab vom profanen Kursboot zum Vergnügungsschiff. Es entstanden weitere Salons und eine Kommandobrücke – dem Umbau fiel jedoch leider die Originaleinrichtung – nach Entwürfen des bekannten Münsteraner Künstlers Bernhard Pankok – zum Opfer. Doch das Dampfersterben am Bodensee in den Sechzigern machte auch vor der Hohentwiel nicht Halt. Das Aus des Schiffes, welches in der Schweizer Werft Escher Wyss & Cie. gebaut und als Halbsalondampfer konzipiert war, kam bereits 1962. Der Dampfer wurde ausgemustert und doch vor der Verschrottung gerettet: Zwanzig Jahre lang diente er als Clubheim mit Restaurant des Bregenzer Segelclubs, bis er 1984 vom „Verein Internationales Bodensee-Schifffahrtsmuseum e.V.“ erworben, renoviert, mit einer Schiffsklassifikation der Germanischen Lloyds ausgestattet und neuem Heimathafen in Hard (Österreich) zu neuem Leben erweckt wurde. Geblieben ist das edle Design aus den Dreißigern – feine Hölzer und glänzend poliertes Messing: Ein Ambiente, welches seit der zweiten Jungfernfahrt 1990 zu aufregenden Törns lockt.

twiel“

Weitere Infos: www.hohentwiel.com

50 Die Hegauberge IV

Der Hohenstoffeln und der Neuhewen und ihre Geschichten

Der Hohenstoffeln, von den Einheimischen gern kurz und knapp auch „Stoffeln" genannt, ist von den anderen Hegaubergen gut zu unterscheiden – er hat einen Doppelgipfel. Ursprünglich waren es sogar drei Gipfel – samt Burgen und als Burganlage Hinterstoffeln um 1100 erstmals erwähnt. Die beiden anderen Burgen wurden mittig auf dem Gipfel als Burg Mittelstoffeln (1299) und auf dem Südgipfel als Burg Vorderstoffeln oder auch neue Burg (1358) bezeichnet. Auf dem Stoffeln herrschten zunächst die Grafen von Pfullendorfer-Ramsberg, später die Herren von Stoffeln, Reischach und Hornstein. Hier sollen auch „Hexenküchen" zu finden sein (siehe auch Kapitel 1). Die Burgen dienten mehrfach als Gefängnis, so auch für René du Puy-Montbrun, Seigneur de Villefranche et de la Jonchère, französischer Obrist und während des Dreißigjährigen Krieges in schwedischen Diensten. Von dort entkam er indes laut Tagebucheintrag von Georg Michael Wepfer (1591–1659), dem Vater eines Schaffhauser Arztes, „an einem seil, so er uß der bettstatt genommen, durch das heimlich gemach." Kaum auf freiem Fuß, ließ er zur Vergeltung Weiterdingen einäschern. Alle drei Burgen wurden 1633 durch den „Rheingrafen" Otto Ludwig, seinerzeit wohl einer der begabtesten Reitergeneräle auf Seiten der Protestanten, zerstört.
Die Skulptur „Bergspitze" (2006) des Potsdamer Bildhauers und Malers Stefan Pietryga erinnert an den Basaltabbau nicht nur am Stoffeln, sondern auch an den anderen Hegaubergen, der hier zu Beginn des 20. Jahrhunderts in großem Stil betrieben wurde. Ein Denkmal zur Wirtschaftsgeschichte ist noch in der Nähe zu finden: die Betonsockel der Seilbahn, die 1939 demontiert wurde und die dem Abtransport der Basaltstücke nach Mühlhausen diente.
Der Neuhewen ist mit 867 Metern über NN der Höchste aller Hegauberge und wird im Volksmund auch als „Stettener Schlößle" bezeichnet. Berg und Burg der Herren von Hewen kamen nach dessen Zerstörung durch die Bayern im Dreißigjährigen Krieg 1661 in fürstenbergischen Besitz und befindet sich nach einem kurzen Besitzerwechsel heute noch dort. Der elf Meter hohe Bergfried mit seinen meterdicken Wänden ist noch erhalten.
Es ist dem Arzt, Autor, Naturschützer und überzeugten Nationalsozialisten Ludwig Finckh (1876–1964) zu verdanken, dass der „Ausverkauf" der hegauischen Basaltberge im frühen 20. Jahrhundert bis 1939 wieder eingestellt wurde – manche heute immer noch sichtbaren Steinbrüche erinnern daran. Finckh, dem das Bonmot „Des Herrgotts Kegelspiel" als Bezeichnung für die Hegauberge zugeschrieben wird, wurde dafür persönlich bei Hermann Göring in Berlin vorstellig. Ihm wurde dafür ein Wanderweg gewidmet, der mit der gelben Raute des Schwarzwaldvereins markiert ist. Seit 1941 steht der Stoffeln unter Naturschutz.
Und wenn Sie eh in der Gegend sind – gönnen Sie sich einen Abstecher zur „Absetze", dem berühmten Hegaublick und historischen Übergang zwischen Baar und Hegau!

Standorte und Navigationen:

Hohenstoffeln: zwischen Binningen und Weiterdingen
Seilbahnreste: Mühlweg zwischen Weiterdingen und Mühlhausen-Ehingen
Skulptur: Autobahnraststätte Hegau Ost, Engen, Zur Engener Höhe
Neuhewen: nordwestlich von Engen
Hegaublick: Bodenseestraße L 191, Kreuzung K 612

51 Die Kräuter-Drogerie von Kenne in Singen

Paradies der Heiltees

Über 450 Heilkräuter im Angebot – damit lässt sich in wenigen Worten zusammenfassen, was die Kräuter-Drogerie, die 1950 zunächst als ganz „normale" Drogerie ihre Pforten öffnete, heute ausmacht. Der Gründer Fritz-Otto von Kenne und seine Frau Klara, gebürtig aus Singen und Twielfeld, erkannten schnell: Es muss ein besonderes Konzept her, will die Drogerie dauerhaft bestehen. Dazu setzte Fritz-Otto einfach seine Leidenschaft für Pflanzen um, machte nebenbei eine Ausbildung zum Heilpraktiker und hielt fortan fest, was er zusammenmischte – noch immer existieren die alten Ordner mit seinen Teerezepten, die heute wie damals hochaktuell sind. Als er 1986 verstarb, führte Klara das Familienunternehmen fort bis Tochter Gisela im Jahr 2003 übernahm und zwar mit allem, was dazu gehörte, wie der alten Kasse oder dekorativen Gläser und Dosen. Noch immer ein Familienbetrieb, hat mittlerweile die Enkelin des Gründerpaares das Zepter übernommen. Wiebke Hartmann, gebürtige Bremerin, rudert das Schiff seitdem sicher durch alle Fahrwasser, während sich ihre Eltern verdienterweise lieber wieder dem Segeln widmen.

„Die Arbeit mit den Kräutern und der Beratung unserer Kunden erfüllt mich sehr", so die Geschäftsinhaberin. „Ich arbeite mit einem sehr verlässlichen Team von gut ausgebildeten Drogistinnen zusammen. Einige Angestellte haben übrigens ihre Ausbildung noch bei Fritz-Otto von Kenne selbst absolviert und sind, zum Teil mit langen Pausen, immer noch oder wieder dabei. Ohne dieses Team, welches den Inhabern immer treu und loyal zur Seite stand, wären wir nicht da, wo wir heute sind."

Das Team setzt auf solide Beratung, Bioqualität und Bestellservice vor Ort sowie übers Internet – ganz nach dem Motto „geht nicht, gibt's nicht". Kaum notwendig zu erwähnen, dass es einerlei ist, ob Ware nur in mikroskopischen kleinen Mengen, also „ein Eierlöffelchen voll" oder im großen Fünf-Kilo-Sack gewünscht wird, die Kundschaft bekommt alles – grammgenau abgewogen. Heimische und regionale Pflanzen, beispielsweise Kamille oder Pfefferminze, sind ebenso zu finden wie Exotisches und Seltenes, etwa Lapacho, Catuaba, Krallendorn, Goji-Beeren, Tragant, Rosenwurz, Guarana oder Cystu. Was und wie immer es sein soll, gemahlen oder gerebelt, je nach Verwendung Blatt, Blüte oder Wurzel, und natürlich möglichst in Bio-Qualität – hier wird man fündig!

„Wenn wir ein Kraut nicht im Sortiment haben, können wir es meist aber besorgen", so die Chefin, die in halb Deutschland und der Schweiz bekannt ist. Ein weiteres Anliegen ist für Wiebke Hartmann das Thema Fortbildung, sowohl für sich, wenn sie Kongresse, Messen und Märkte besucht, aber auch ganz speziell für die Kundschaft. Dabei denkt sie vor allem auch an die jüngere Generation – die KäuferInnen von morgen. Bei etwa sechs Vorträgen pro Jahr setzt sie dabei auf Wissen und wirbt für „ihre" sanfte Medizin und damit den Einsatz von Heilkräutern. Ihre persönlichen Lieblingspflanzen sind übrigens Ringelblume und Gänseblümchen – wunderschön und wirkungsvoll.

Standort und Navigation: Kräuter-Drogerie von Kenne, Hadwigstraße 7, Singen

52 Von christlichen Kirchen, Kreuzen und Pilgerstätten 4

Dem Menschen zum Segen, dem Herrgott zur Ehr'!

Die Pfarrkirche Sankt Silvester in Emmingen findet 1275 eine erste Erwähnung. Ein Nachbau datiert ins Jahr 1566, Mitte des 19. Jahrhunderts ersetzt durch eine neuromanische Basilika. Sehenswert: Altäre aus dem ehemaligen Benediktinerinnenkloster Amtenhausen auf der Baar. An das Kloster erinnern vor Ort noch das ehemalige Prioratsgebäude sowie ein Gedenkkreuz mit Bildstock. Die Ausstattung wurde in alle Winde verstreut, die Altäre teils nach Abbau zur Pfarrkirche in Emmingen überführt – ohne vorweg davon Aufbaupläne gemacht zu haben und leider teils sehr beschädigt. Der Hauptaltar ist ein Werk des barocken Bildhauers Johann Pöllandt aus Schongau (geboren um 1630). Auch Chorgitter und Chorgestühl stammen aus Amtenhausen. Teile der einstigen Klosterkrippe aus dem 18. Jahrhundert, eine besondere Rarität, da Gesichter und Hände aus Wachs und die Augen aus Glas gearbeitet wurden, war lange Zeit in Privatbesitz und ist heute im Heimatmuseum in Immendingen zu sehen. Auch die Kirche in Engen wurde mit Gütern aus Amtenhausen ausgestattet.
Das gute und heilsame Randegger Ottilien-Quellwasser kennt heutzutage fast jeder, doch die Legende dazu auch? Demnach kam die heilige Ottilia blind zur Welt. Ihr Vater wollte sie töten lassen, die Mutter brachte sie jedoch in ein Kloster, wo sie zwölfjährig mit heilendem Quellwasser getauft und dadurch sehend wurde. Ottilia (Namenstag 13. Dezember) wird daher seit 1807 als Schutzpatronin des Elsass', wo sie um 660 zur Welt kam, vieler Klöster und Gemeinden sowie des Augenlichtes, verehrt. Schon lange als Pilgerort besucht, begann Anfang des 20. Jahrhunderts die systematische Nutzung der Randegger Ottilienquelle mit Brauerei, Hotels, Gasthöfen, Bäderkurbetrieb und Abfüllung und Versand des Mineralwassers. Es wird heute mittels eines Brunnens aus einer Tiefe von 118 Metern gefördert – über zweihundert Millionen Liter pro Jahr. Am Fuße des Schlosses kann man sich auch selbst Wasser abfüllen.
Die Geschichte Randeggs lässt sich bis ins Mittelalter zurückverfolgen. Das Schloss wurde vermutlich zwischen 1000 und 1100 auf den Grundmauern eines römischen Kastells erbaut, im Schweizerkrieg 1499 geplündert und in Brand gesteckt. 1556 ließ Gebhard von Schellenberg die Burg als modernes Wohnschloss ohne Mauern wiederaufbauen. Nach vielen Besitzerwechseln gelangte es samt Inventar nach dem Ersten Weltkrieg für die Summe von sieben Milliarden Inflationsmark an die Arztfamilie Koch aus Düsseldorf. Das Schloss ist heute noch im Besitz der Familie, von 1933 bis 1936 war es zudem auch Wohnsitz des von den Nazis als „entartet" bestimmten Malers Otto Dix (siehe auch Kapitel 61) und seiner Familie. Die Kapelle untersteht dem Patronat benannter Ottilia. Auch die im 13. Jahrhundert erbaute Pfarrkirche, eine gotische Saalkirche, die später teils barockisiert wurde, wurde auf ihren Namen geweiht. Im dazugehörigen, leicht schiefen Kirchturm mit seinen glasierten Dachziegeln, soll übrigens die älteste Glocke Deutschlands aus dem Jahr 1209 hängen.

Standorte und Navigationen:

Sankt Silvester: Emmingen, Kirchstraße 1
Prioratsgebäude: Immendingen, Klosterhof
Krippe: Heimatmuseum Immendingen, Hindenburgstraße 2
Randegg Schloss mit Kapelle: Otto Dix Straße
Abfüllstation: Otto Dix Straße, gegenüber der Schlossmauer
Randegg Pfarrkirche: Ottilienstraße

53 Die zerrissene Perlenkette

Gedenkstätten für die Toten eines tragischen Flugzeugunglücks

Die Uhr zeigte an jenem ersten Juli 2002 eine knappe halbe Stunde vor Mitternacht an, als ein lauter Knall viele Anwohner am Überlinger See hochschrecken ließ. Ursache: die Luftkollision des DHL-Flugs 611 mit der russischen Tupolew Tu-154M der Bashkirian Airlines in 11.000 Metern Flughöhe. Die beiden Maschinen stürzten ab. Trümmer, Tote und menschliche Überreste wurden gut dreißig Quadratkilometer auf Wiesen, Obstplantagen, in Waldgebieten und Gärten am Bodenseeufer gefunden. Doch wie durch ein Wunder blieben dabei die Menschen am Boden unversehrt. Bei dem verheerenden Unglück starben 71 Menschen: der flugerfahrene Pilot der DHL-Maschine, die auf dem Weg von Bergamo in Italien ins belgische Brüssel war, und sein vierundreißigjähriger Copilot, sowie 69 Menschen an Bord der Tupolew auf ihrem Flug von Ufa, Hauptstadt der russischen Republik Baschkortostan, nach Barcelona. Die von der Unesco organisierte Reise nach Spanien sollte für die meisten Kinder an Bord im Alter zwischen vier und sechzehn Jahren die Belohnung für herausragende schulische Leistungen sein und eigentlich war der Abflug zwei Tage eher geplant. Doch der zuständige Fahrer hatte die Terminals verwechselt und sich in Moskau verfahren. Das Flugzeug wurde verpasst, die Passagiere mussten umgebucht werden. Die beiden Piloten der DHL-Frachtmaschine stammten aus Kanada und England, die russischen Opfer aus Baschkortostan und Nordossetien sowie den Orten Moskau, Belgorod und Minsk.

Das Unfallgeschehen wurde später gründlich analysiert. Die Kollision war demnach eine Verkettung mehrerer unglücklicher Umstände und letztlich auf technische Mängel und menschliche Fehler zurückzuführen – mehrere Mitarbeiter der Flugsicherungsgesellschaft wurden dafür verurteilt. Was nicht nur die Menschen in den beiden Maschinen, sondern auch ein zum Zeitpunkt der Kollision diensthabender dänischer Fluglotse mit dem Leben bezahlen musste: Er wurde im Februar 2004 von einem Hinterbliebenen, der bei dem Unglück seine Frau und zwei Kinder verloren hatte, in seinem Garten erstochen. Der Täter wurde zu mehreren Jahren Haft verurteilt. Der Lotse hinterließ eine Frau und drei Kinder.

Einige Gedenkstätten wurden seitdem am Bodensee und anderweitig errichtet. Nahe der Absturzstelle der DHL-Boing 757-200 wird mit einem Stein der beiden Piloten gedacht. Im Mai 2004 wurde bei Überlingen-Brachenreuthe, wo der Rumpf der Tupolew gefunden und die meisten der Todesopfer geborgen wurden, eine große Gedenkstätte mit dem Titel „Memento mori – Mitten im Leben sind wir vom Tod umgeben" eingeweiht. Sie zeigt die Skulptur „Die zerrissene Perlenkette" der Künstlerin Andrea Zaumseil – Edelstahlkugeln mit einem Durchmesser von etwa einem Meter, die teilweise durch ein Stahlseil verbunden sind.

Aus gemeinsamer Trauer ist Völkerverständigung geworden: Zwischen dem baschkirischen Ufa und der nordwestlichen Bodenseeregion sind mittlerweile enge Freundschaften entstanden und es ist ein reger Kulturaustausch im Gange.

Standort und Navigation Perlenkette:
Überlingen-Brachenreuthe, Unterhaldenweg
Taisersdorf, von Owingen kommend, cirka 500 Meter vor dem Ortseingang rechts (Hinweisschild)

54 Von Burgen, Schlössern und Ruinen 4

Kleine Infos über herrschaftliche Sitze

Über die Gründung der Tudoburg zwischen Eigeltingen und Honstetten ist wenig bekannt – die Informationen basieren mehr auf Vermutungen denn Tatsachen. Demnach soll sie um 1100 von den edelfreien Herren von Honstetten errichtet worden sein. Einer von ihnen war Tuto von Wagenhausen, was den späteren Burgnamen Tudoburg, der allerdings erst im 19. Jahrhundert gebräuchlich wurde, erklären würde. Der Name könnte jedoch auch von dem Begriff Judenberg kommen, der in den Annalen der Honstetter Geschichte belegt ist. Denkbar wäre vielleicht, dass ein späterer Burgherr einst auf einem Teil der Burg Juden gegen entsprechenden Geldfluss seinen Schutz gewährte.

Das sogenannte Längesschloss im Nordwesten des Hegaus ist nur noch in wenigen Ruinen erkennbar, darum rankt sich eine nette Legende, die sich, obwohl historisch und geografisch eigentlich kaum denkbar, hartnäckig hält. Demnach gab es in der Nähe einst einen Brautraub für den Ritter Cuno verantwortlich war, einst Burgherr auf dem nördlichsten aller Hegauberge, dem Wartenberg. Die Männer der Hochzeitsgesellschaft sannen auf Freilassung und stürmten zur Burg. Der Ritter floh mit der Geraubten und seinem Bruder, der indes selbst an der „Beute“, einem jungen Bauernmädchen aus der Gegend, interessiert war. In einem Geheimgang, der von einer Burg auf dem Wartenberg zum drei Kilometer (!) entfernten Längeschloss führte (welches wiederum erst Mitte des 18. Jahrhunderts, als die Burgen in der Gegend schon längst in Schutt und Asche lagen, erbaut und bereits 1840 wieder auf Abbruch verkauft wurde), kam es zum Kampf, bei dem Cuno starb. Seitdem soll man in manchen Nächten in der Gegend zwei Schatten sehen und das Bellen eines Hundes und das Miauen einer Katze hören – die beiden Brüder. Und ganz unten am Berg bis hin zu den Ruinen des Schlosses vernimmt man dann auch die Stimme des unglücklichen Bräutigams, der noch immer nach seiner verlorenen Braut sucht …

Die Burg Hohenklingen bei Stein am Rhein sieht trotz einiger nicht ganz zeitgerechter Details im Großen und Ganzen genau so aus wie man sich auch eine mittelalterliche Höhenburg vorstellt – hoch oben auf einem Berg gelegen, mit dicken Mauern, Burgtor, Zwinger, Wohnturm, Zinnen, Wehrgang und weiteren typischen Attributen. Sie wurde wahrscheinlich um 1100 gegründet und immer wieder um- und ausgebaut, zuletzt im großen Stil Ende des 19. Jahrhunderts. Im Burg-Restaurant können Sie heute – neben der spektakulären Aussicht – klassische moderne Küche genießen, in der Kapelle heiraten und taufen lassen. Burgstube, Laube oder Rittersaal sind für Festlichkeiten aller Art buchbar.

Wer einen schönen Ausblick genießen möchte, sollte mal zum Burggasthof Rosenegg fahren oder zu Fuß hoch gehen – dabei können Sie einen spannenden Naturlehrpfad entdecken. Er ist im einstigen bischöflichen Wirtschaftshof der Burg Rosenegg von „Junker Hans“, der am 11.11. am Martinitag, eine wichtige Figur in der Fastnachtstradition darstellt, zu finden.

Standorte und Navigationen:

Tudoburg: K 6119 Friedhof Honstetten, von dort den Weg immer nach rechts Richtung Wald nehmen, nach cirka zehn Minuten Fußweg kommt die Burg zum Vorschein

Längeschloss: zwischen Gutmadingen und Riedöschingen von Neudingen auf einem bewaldeten Plateau

Hohenklingen: CH-Stein am Rhein, Hohenklingenstrasse 1

Rosenegg: Rielasingen-Worblingen, Rosenegg 1

55 Die Sipplinger Churfirsten und der blaue Stein bei Randen

Exzentrisch-schöne Naturformationen

Als Churfirsten kennt man gemeinhin eine Bergformation in den Schweizer Alpen. Doch auch der Bodensee kann sich mit einigen rühmen, zu sehen wenige Kilometer von Sipplingen entfernt, am nördlichen Steilufer des Überlinger Sees. Der Ort entstand vermutlich zwischen dem 6. und 8. Jahrhundert und gilt als ältester Ort am Bodensee. Eine erste schriftliche Erwähnung ist auf einer Urkunde aus dem Jahr 1155 zu finden. Die Sipplinger Churfirsten, bizarre Sandsteinformationen, stehen mitten im Naturschutzgebiet Sipplinger Dreieck. Sie haben Jahrtausende lang Wind und Regen getrotzt und entstanden in der Nacheiszeit durch Erosion der Vorlandmolasse, deren Verwitterungsbeständigkeit diese ungewöhnlichen Gesteinsformationen hervorbrachte.

Ein Churfirst, also Kurfürst, war früher einer der zunächst ranghöchsten Fürsten des Heiligen Römischen Reiches. Diesen allein stand seit dem 13. Jahrhundert das Recht zu, dessen König zu wählen. Mit dem Amt ging eine besondere Kleidung einher – die Kurfüsten schmückten sich mit einem Ornat aus hermelingefüttertem Kurmantel sowie Kurhut, einer vierkantigen und leicht puffig wirkenden, dunkelkarmesinroten Samtmütze mit breiter Hermelinumrandung und obendrauf manchmal mittig einem weiß-schwarzen Hermelinpüschelchen. Die Felsformen erinnern ein wenig an die hohen Herren jener Zeit mit ihren Mützen – und schon hatten die Steine auch ihren Namen weg.

Sipplingen ist unter anderem auch für die über tausendjährige Burkart-Linde bekannt – benannt nach dem Minnesänger Burkhart von Hohenfels.

Der „blaue Stein“ im westlichsten Zipfel des Hegaus entstand in der Zeit des Hegau-Vulkanismus bei einer sogenannten Reliefumkehr, einer durch Abtragung bedingten Art der Landschaftsumformung. Dort, wo heute diese bizarre Gesteinsformation gen Himmel ragt, war einst eine Mulde, gefüllt mit flüssiger Lava. Durch Erstarren und Auskühlung entstanden daraus meterdicke, sechseckige Basaltsäulen, die zunächst noch verborgen unter der Erde lagen und erst sichtbar wurden, nachdem das umliegende weichere Gestein wegerodiert war. Der Fels, der nicht wirklich blau, sondern eigentlich mehr dunkelgrau wirkt, ist heute ein geschütztes Naturdenkmal, doch einst war er vermutlich eine Kultstätte. Was nicht verwundert, denn besonders bei Nebel kann man darin Gesichter „erkennen“ – eine beliebte Herausforderung unter Fotografen. Und was früher Kultstätte auf gut achthundert Metern Höhe, ist heute manchmal das Ziel von Anhängern des sogenannten Geocachings, einer Art elektronische Schatzsuche oder Schnitzeljagd. Das cache (englisch = Versteck) muss dabei gefunden werden. Meist sind das wasserdichte Behälter, die ein Logbuch und manchmal auch kleinere Tauschgegenstände enthalten. Nach Eintrag ins Logbuch muss alles wieder an derselben Stelle versteckt werden. Weltweit existieren Millionen Caches, über 300.000 davon allein in Deutschland – erstmals wurde am 2. Oktober 2000 südlich von Berlin ein Cache versteckt.

Standorte und Navigationen:

Linde: Überlingen, Haldenhofweg 51, beim Gasthof

Churfirsten: Sipplingen, Verlängerung Morgengasse, dann nur zu Fuß weiter nordwärts einschlagen: Beschilderung folgen

Der blaue Stein: von Randen in die Blauer Stein Straße Richtung Riedöschingen, nach ca 1 km rechts den Weg in den Wald einschlagen, nach ca 3 km erscheint der Stein, Beschilderung folgen

56 Weinanbaugebiete im Hegau

Wo bereits seit ewigen Zeiten erlesene Trauben wachsen

Im Hegau wird nicht nur seit weit über 1200 Jahren, sondern auch auf dem höchstgelegenen Weingut in der Republik angebaut. Der Landstrich kann sich also gleich zweierlei Superlativen rühmen – auch wenn besagter Wein im 18. Jahrhundert wohl als „abscheulich saurer Seewein" bekannt war und Gottesfürchtige die Hölle jenem Wein vorgezogen haben sollen. Heute indes bringen die Hegaureben wunderbare Tropfen hervor.

Der Königsweingarten in Bodman hat seine Ursprünge im 9. Jahrhundert. Der karolingische Herrscher Kaiser Karl III ließ bei einem seiner Besuche in der Kaiserpfalz Bodman 884 zum ersten Mal auf deutschem Boden Burgunderreben pflanzen. Seitdem wird dort der Anbau ununterbrochen gepflegt, bereits seit 1277 durch die Familie von Bodman – und seit einiger Zeit nach den Richtlinien des Naturlandverbandes. Die alte Weinpresse mit dem mächtigen Torkelbaum (vom lateinischen Begriff torculum = Presse) ist heute ein wertvolles Museumsstück und im „Torkel" zu sehen.

Das höchst gelegene Weingut in Deutschland ist an den Südwesthängen des Hohentwiels auf dem Elisabethenberg zu finden – es liegt über 560 Meter hoch. Dort wurde der Rebenanbau bereits im Mittelalter betrieben und wird heute ökologisch angebaut. Nicht weit davon entfernt sind an den Steilhängen des Hohentwiels die Reben am Olgaberg zu finden.

Bei Gailingen ist der Anbau bereits seit 1275 dokumentiert. Hier sind das Weingut Zolg ebenso zuhause wie das Weingut Schloss Rheinburg. Am Fuße der Weinberge steht die „Klosterweintrotte in der Steig" aus dem 17. Jahrhundert, das historische Kelterhaus. Auf dem Bodanrück ist auch das Weingut Rebholz beheimatet, dessen Weinberglagen sich am Bohlinger Galgenberg (seit 773 Weinanbaugebiet) bis nach Gaienhofen und Weiler über die Höri erstrecken. In Überlingen, nur teilweise dem Hegau zugehörig, ist der Weinanbau auch seit Jahrhunderten Tradition, werden noch immer die Rebflächen des einstigen Heiliggeistspitals, sehr wahrscheinlich Mitte des 13. Jahrhunderts gegründet, bewirtschaftet. Auf der Insel Reichenau ist der Weinanbau seit 818 nachgewiesen. Um 1500 glich die Insel angeblich einem einzigen Weingarten – und heute noch wird hier guter Wein produziert.

Auf Schweizer Boden im Hegau besteht ebenfalls eine jahrhundertealte Rebbautradition. Im Blauburgunderland um Schaffhausen herum sind Anbaugebiete am Fuße des Hausberges Munot und den Gemeinden Altdorf, Bibern, Dörflingen, Stein und Thayngen bekannt.

Ein Wort noch zu den Besenwirtschaften: typisch süddeutsch, saisonal, alles im Angebot ist einfach und hausgemacht. Hier gibt es die von den Weinbauern selbsterzeugten Weine direkt zum Probieren sowie leckere Schmankerl aus der Region wie etwa Dünnele (siehe auch Kapitel 65). Die Öffnungszeiten sind übrigens ganz einfach zu erkennen – sie werden mittels eines Besens angezeigt. Steht er vor der Tür oder an der Straße heißt das: geöffnet. Dieser Brauch soll auf einen Erlass Karls des Großen aus dem Jahr 812 zurückgehen, worin er einst den Weinbauern die Erlaubnis erteilte, einen Teil ihres Weines direkt in ihrem Haus auszuschenken.

Standorte und Navigationen:

Königsweingarten: Bodmann, Schlossstraße 11
Weingut Vollmayer: Hilzingen, Elisabethenberg 1
Staatsweingut Meersburg Olgaberg: Singen, Auf dem Hohentwiel 2a
Weingut Zolg: Gailingen, Winkelhof
Weingut Schloss Rheinburg: Gailingen, Rheinburg
Weingut Rebholz: Liggeringen, Bergstraße 1
Spitalweingut Kress: Überlingen, Mühlbachstraße 115
Reichenau: Winzerverein Reichenau eG, Insel Reichenau, Münsterplatz 2
Produzenten im Blauburgunderland: gvs-weine.ch/produzenten.php

57 Das Mühlenweg-Museum in Allensbach

Erinnerung an einen, der Grenzen überwand und Fremdes heim brachte

Als Fritz Mühlenweg 1898 in Konstanz geboren wurde, war sein Weg eigentlich vorherbestimmt. Eines Tages würde er die Drogerie Kornbeck in der Kanzleistraße übernehmen. Und zunächst sah es tatsächlich auch so aus, als würde er dauerhaft in die Fußstapfen seiner Vorfahren treten. Doch der Klassenbeste brach die Oberrealschule vorzeitig ab, wurde im Ersten Weltkrieg als Soldat verpfllichtet und geriet schließlich 1918 in französische Kriegsgefangenschaft. 1919 gelang ihm die Flucht. Er absolvierte anschließend die Ausbildung zum Drogisten – wenn auch nicht freiwillig – denn bereits in diesen jungen Jahren zeigte sich seine Leidenschaft fürs Malen und Schreiben. Er arbeitete anschließend in Frankfurt und Berlin. Nach Rückkehr in die Heimat 1923 erfuhr Mühlenweg, dass die neugegründete Lufthansa Teilnehmer für eine Expedition des schwedischen Asienforschers Sven Hedin suchte. Er bewarb sich – und wurde als einziger Nichtakademiker angenommen. Sinn und Ziel der Expedition waren Untersuchungen für die neu geplante Fluglinie Berlin-Peking. Mühlenweg nahm in den Jahren 1927 bis 1932 dreimal als Rechnungsführer, Kamelführer und Meterologe daran teil. Er lernte mongolisch und chinesisch und erfuhr dadurch tiefe Einblicke in die Kultur und Lebensweise der Menschen.

Als er zurückkehrte, schrieb er sich an der Kunstakademie in Wien für Malerei ein. Dort lernte er seine spätere Frau kennen, die österreichische Malerin Elisabeth Kopriwa, die später vor allem Auftragsarbeiten für Kirchen und Klöster im südbadischen Raum fertigte. Sie ließen sich 1935 in Allensbach am Bodensee nieder und bekamen zusammen sieben Kinder. In der Nähe lebte auch die Malerfamilie Dix, mit der die Mühlenwegs bald eine lebenslange Freundschaft verbinden würde. Die Reiseeindrücke in Asien inspirierten den Künstler nachhaltig und er hielt seine Erlebnisse in der Fremde in Wort und Bild fest – vor allem mangels guter Kinderbücher in jener Zeit für seinen eigenen Nachwuchs. Doch bald kam wieder ein Krieg und er wurde als Hilfszöllner, unter anderem an der französischen Atlantikküste, dienstverpflichtet.

1946 veröffentlichte Mühlenweg erstmals Texte: Nachdichtungen aus dem chinesischen Buch der Lieder unter dem Titel „Tausendjähriger Bambus". 1950 kam das preisgekrönte Buch „In geheimer Mission durch die Wüste Gobi" heraus, das in acht Sprachen übersetzt wurde und worüber er selbst sagte, „es sollte die Mongolei darin sein und alles was ich von ihr wusste". 1956 wurde er mit dem ersten deutschen Jugendbuchpreis geehrt. Kurze Zeit später erlitt Mühlenweg seinen ersten Schlaganfall, dem weitere folgen sollten. Er starb 1961. Seine ebenfalls schwerkranke Frau folgte ihm nur eineinhalb Tage später in den Tod. Heute zählt Mühlenweg zu den klassischen Jugendbuchautoren der 1950er Jahre. Das Mühlenweg-Museum in Allensbach zeigt den aussergewöhnlichen Lebensweg des Künstlers und Abenteurers, seine biografischen Daten und Stationen, zahlreiche Fotos und viele weitere Exponate sowie natürlich auch den berühmten Expeditionsfilm.

Standort und Navigation:
Allensbach, Konstanzerstraße 12

58 Sprechen Sie jenisch?

Los emol!

Jenische? Sind das nicht Hausierer und Zigeuner? Früher, ja. Heute gelten diese Bezeichnungen als abwertend. Wie viele Angehörige internationaler „Travellergruppen", einst fahrende europäisch-ethnische Minderheiten, waren auch die Jenischen im Laufe der Geschichte immer wieder Opfer von Gewalt, einerlei ob ihnen „nur" Triebhaftigkeit angelastet oder die Kinder weggenommen, sie mit Berufsverboten belegt, zu Tausenden zwangssterilisiert, in Lager gesteckt oder ermordet wurden. Und noch immer erfahren die zugehörigen Menschen Ablehnung, Ausgrenzung und Rassismus. Wiedergutmachung wurde bis heute nicht geleistet, auch wenn die Jenischen in der Schweiz immerhin seit Herbst 2016 als Minderheitengruppe anerkannt sind.

Kaum eine jenische Familie geht heute noch „auf die Reis", ihre einstigen Berufe wie Schausteller, Scherenschleifer oder Korbflechter sind so gut wie ausgestorben. Die Meisten von ihnen sind, teils bereits seit vielen Generationen, „hausmugga", Sesshafte, geworden – und verschweigen oftmals ihre wahre Herkunft. Die Sehnsucht nach dem vogelfreien Leben und dem Leben auf der Straße indes tragen sie immer in sich – Heimat, so sagen sie, ist die Natur. Viel wissen die „Anderen" nicht über das „Volk der Landstraße", doch Worte aus dem Jenischen kennen alle. Diese ist stark vom Aussterben bedroht, doch viele jenische Worte – die Sprache setzt sich aus Elementen regionaler Dialekte, Romanes, Jiddisch und Rotwelsch zusammen – sind längst fester Bestandteil der deutschen Alltagssprache und des regionaltypischen Dialekts, beispielsweise Butzele (Baby), schofel (gemein), spannen (schauen) oder wurmen (ärgern).

In Singen, wo bereits seit dem Dreißigjährigen Krieg Jenische beheimatet sind, die wohl einst beim Festungsausbau auf dem Hohentwiel mithalfen, leben etwa 900 von ihnen. Hier wurde 2016 auch der„Förderverein für Jenische und andere Reisende e.V." gegründet. Dessen Ziel ist es, die Kultur, die Sprache und die handwerklichen Fähigkeiten zu erhalten, zu pflegen und an kommende Generationen weiterzugeben. Es geht dabei aber auch um Anerkennung, Geschichte, Forschung und Familienpflege und darum, mehr Verständnis zwischen Jenischen und Nichtjenischen zu vermitteln – und um Respekt für diese jahrhundertealte Kultur. Hier finden Jenische zudem Beratung in schwierigen Lebenslagen sowie Programme zur Integration ihrer Jugendlichen am Arbeitsmarkt. Zweck soll dabei sein, diese in die Gesellschaft zu integrieren, dabei Grenzen einzureißen und die Förderung von Toleranz und gegenseitiger Verständigung zu ermöglichen. Hier soll eines Tages zudem auch Raum für Ausstellungen, ein Museum und Archiv zu finden sein.

„Wir sind ein vergessenes Volk", so die Jenischen und wünschen sich dabei etwas mehr Gehör. Los emol – hör mal! Man sollte ja meinen, das ist typisch „hegauisch", oder? Aber das kommt ebenfalls aus dem Jenischen, nämlich dem Verb losen. Und das heißt nichts anderes als: zuhören, aufpassen!

ie jenisch?

Weitere Infos:
Förderverein für Jenische und andere Reisende e. V.

59 Der Aachtopf

Ein interessantes Naturschauspiel

Der Aachtopf ist die größte Karstquelle Deutschlands. Hier entspringt die Radolfzeller Aach, auch Hegauer Aach genannt, die nach 32 Kilometern in den Bodensee mündet. Das Quellwasser ist zum überwiegenden Teil Donauwasser (das Einzugsgebiet umfasst noch einige weitere Schlucklöcher anderer Flüsse), welches bei Immendingen und Fridingen (Kreis Tuttlingen) durch Kalkstein des Weißjuras versinkt (versickert). Es kann also durchaus einmal passieren, dass man dort im ausgetrockneten Flussbett steht. Das Wasser fließt in zwei Strömen in ein bis sechs Tagen etwa zwölf bis fünfzehn Kilometer durch Hohlräume bis zum Aachtopf unterirdisch weiter, wo es aus einer achtzehn Meter tiefen unterirdischen Quellhöhle wieder aufsteigt – im Durchschnitt etwa 8.500 Liter pro Sekunde. Mit einer Zwei-Stunden-Schüttung sollte es möglich sein, den Bodensee Kanne an Kanne mit 50-l-Milchkannen zu umstellen!
Im Uferbereich der Aach und unterhalb des Aachtopfes im Flussbett liegen weitere Quellen, die südlichste nachgewiesene Austrittsstelle ist die Bleichequelle bei Singen. Bereits zu Beginn des 18. Jahrhunderts gab es dazu Vermutungen, der Nachweis indes gelang erst im Oktober 1877, als ein Geologe das Wasser mit zehn Kilogramm Natriumfluorescein (wasserlösliches Salz eines Xanthen-Farbstoffes), zwanzig Tonnen Salz und 1200 Kilogramm Schieferöl versetzt hatte – nach sechzig Stunden drang „prachtvoll grünleuchtendes" Salzwasser in den Aachtopf!
1886 wurden erste Tauchversuche gestartet bis zur „Düse", einer schwer passierbaren Engstelle in etwa zwölf Meter Tiefe. Es war einer der weltweit ersten Höhlentauchversuche. Im Lauf der Jahre erlagen immer wieder Taucher der Verlockung und machten sich auf in die Tiefe. Einige bezahlten ihre Neugier mit dem Leben.
Die Quellhöhle selbst wurde erst in der zweiten Hälfte des 20. Jahrhunderts richtig erforscht, als in einer nah gelegenen Doline (trichterförmige Senke) 1980 ausströmende Warmluft in Form von Nebel festgestellt wurde. Bald entdeckten Höhlentaucher die tiefste Stelle 37 Meter unter dem Wasserspiegel, in sechs Meter Tiefe eine alte Eiche und eine etwa 600 Meter lange Seenhalle. Im Norden endet die Höhle in einem Versturz, der auch an der Oberfläche als Senke im Wald zu sehen ist. Die Grabungen dauern noch an mit dem Ziel, den unterirdischen Wasserlauf zu finden. Man vermutet weitere große Hallen zwischen den Versinkungsstellen bis zum Wiederaustritt in der Aachquelle.
Im April 2017 gelang einem Taucher ein sensationeller Fund: Er entdeckte in den Höhlen den ersten Höhlenfisch Europas (siehe auch Kapitel 65).
By the way: Bei den Versinkungsstellen entscheidet sich der weitere Weg des Donauwassers – fließt es mit dem weiteren Donaufluss Richtung Schwarzes Meer oder über die Aach zum Bodensee und damit im Rhein zur Nordsee? Und die sogenannte Sarah-Spalte hinter der Quellnische – warum diese so heißt, ist bislang ungewiss – ist übrigens Gegenstand vielerlei Legenden. So soll angeblich der Teufel selbst in den tiefen Klüften darunter hausen. Demnach sprang er einst wutentbrannt durch die Spalte, nachdem er den Bau einer Kirche in der Nähe nicht zu verhindern wusste …

Standorte und Navigationen:
Immendingen und Fridingen: Donauversinkung
Aachtopf: Aach, Hauptstraße

60 Die Hegauberge V

Das Hewenegg und seine Geschichte

Weit im Norden des Hegaus ist das Hewenegg (Höwenegg) zu finden. Auch hier wurde bis 1980 Basalt für den Straßenbau abgebaut und als Schotter für Bahngleise, Straßenpflaster und Randsteine verwendet – weswegen die gesamte Südflanke abgetragen wurde und ein 85 Meter tiefes Restloch entstanden ist – ein See mit senkrecht tief abfallenden Wänden und von Regen und Grundwasser gespeist, der mal türkis, grün oder blau schimmert. Der Steinbruch ist heute ein geschütztes Geotop.
Beim Bau eines Entwässerungsstollens für den Steinbruch in den 1930er Jahren wurde eine bedeutende Fossilstätte entdeckt, die über Jahre immer wieder Forscher wie den Geologen, Paläontologen und Ordinarius für Geologie und Paläontologie an der Universität Freiburg, Max Pfannenstiel, zu mehrwöchigen Grabungskampagnen anlockte. Die Funde waren enorm: vollständige Skelette des dreizehigen Urpferds *Hippotherium primigenium*, eine Gattung von Pferden, die vor etwa zwölf Millionen Jahren über das Gebiet der heutigen Beringstraße nach Eurasien einwanderte, zudem Nashörner ohne Hörner, Schnappschildkröten, Säbelzahntiger, Urelefant und prähistorische Antilopen – was das Hewenegg zu einer der wissenschaftlich wertvollsten Fossilfundstätten des Tertiärs in Europa machte. Die Fossilien wurden in Sedimenten eines ehemaligen Sees gefunden, die die hervorragende Erhaltung ganzer Skelette ermöglichten. Die Sedimentabfolge ist die Typlokalität für die Höwenegg-Schichten, einer stratigraphischen Einheit der Oberen Süßwassermolasse. Die Funde sind heute größtenteils im Staatlichen Museum für Naturkunde Karlsruhe zu sehen. Auch das Heimatmuseum in Immendingen widmet sich diesen Funden. Auch durch seine besonderen Mineralien ist das Hewenegg bekannt geworden, zum Beispiel wegen des sehr seltenen Minerals Amicit. Ein Teil der Funde ist unter anderem in den Fürstlich Fürstenbergischen Sammlungen in Donaueschingen ausgestellt, einer naturkundlichen Sammlung beginnend im 18. Jahrhundert und einst zur Bildung der Bevölkerung initiiert. Diese zeigt jedoch nicht nur Mineralien, sondern auch gerade für Kinder interessante Exponate wie ausgestopfte Tiere aus aller Herren Länder, in Spiritus eingelegte Reptilien oder Knochen von Mammuts und Sauriern.
Auch auf diesem Hegaukegel stand einst eine Burg, als Junghewen, Höwenegg oder Hauptburg bezeichnet und 1291 erstmals erwähnt. Auf einem Nebengipfel stand eine zugehörige Burgmannenburg, auch Burgstall (= Stelle einer Burg) oder Kleine Burg genannt. Hier herrschten die Herren von Hewen. 1398 wurde die Burg an das Herzogtum Österreich verpfändet. Ab 1404 wurden die Grafen von Lupfen-Stühlingen die Besitzer. Danach wurde die Anlage, die einst um die 1700 Quadratmeter maß, aufgegeben und verfiel. Im Dreißjährigen Krieg wurde sie vollends zerstört. Über die Herren von Reischach gelangte der Besitz nach weiteren vorangegangenen Besitzerwechseln an die Fürsten von Fürstenberg. Seit 1983 steht das Hewenegg unter Naturschutz.

Standorte und Navigationen: südlich von Immendingen
Staatliches Museum für Naturkunde: Karlsruhe, Erbprinzenstraße 13
Heimatmuseum: Immendingen, Hindenburgstraße 2
Fürstlich Fürstenbergische Sammlungen: Donaueschingen, Karlsplatz 7

61 Der Künstler Otto Dix

Entweder ich werde berühmt oder berüchtigt

„Entweder ich werde berühmt oder berüchtigt", sagte einmal der Maler Otto Dix, einer der ersten Kunstprofessoren, der 1933 die Politik der neuen Machthaber zu spüren bekam und noch im selben Jahr seine Lehrtätigkeit wegen „Verletzung des sittlichen Gefühls und Zersetzung des Wehrwillens des deutschen Volkes" an der Kunstakademie in Dresden aufgeben musste. Der im Dezember 1891 im ostthüringischen Unterhaus geborene Wilhelm Heinrich Otto Dix, Vertreter des Realismus' und der Neusachlichkeit – und zeitweise das Enfant terrible der deutschen Kunstszene – zog sich an den Bodensee zurück. Er fand Asyl auf Schloss Randegg, ab 1936 lebte er, wie viele weitere Künstler, auf der Bodenseehalbinsel Höri. Die Maler sollten später als „Höri-Künstler" in die Geschichte der deutschen Malerei Eingang finden.

Das Vermögen seiner Frau Martha ermöglichte den Bau einer großen Villa. „Ein schönes Paradies. Zum Kotzen schön", so urteilte Dix über die Gegend, doch direkt vor der Tür lagen genau die Motive, die ihn fortan erstmal am Leben erhalten sollten. Nur wenige Jahre später indes wurden einige seiner Hauptwerke diffamiert, als entartete Kunst gezeigt und in Folge schließlich 260 seiner Werke beschlagnahmt – sie gelten bis heute als verschollen. 1939 wurde Dix, der zunächst eine Ausbildung zum Dekorationsmaler absolviert und später an der Kunstgewerbeschule in Dresden studiert hatte, von der Gestapo festgesetzt. Nach seiner Freilassung zog er sich in die „innere Emigration" zurück und berief sich vor allem auf altmeisterliche Lasurmalerei. 1945 wurde Dix zum Volkssturm eingezogen und geriet danach in Kriegsgefangenschaft. 1946 kehrte er zu Martha und den drei gemeinsamen Kindern zurück. Er knüpfte an seinen expressionistischen Malstil an und weilte dazu auch häufig in seinem Atelier in Dresden – und bei seiner „Zweitfamilie", dem Modell Käthe König sowie der gemeinsamen Tochter Katharina.

Der Künstler, eines seiner berühmtesten Werke ist ein Bildnis der Tänzerin Anita Berben, erfuhr im Laufe der Jahre viele Ehrungen wie etwa 1959 das Große Bundesverdienstkreuz oder 1966 die Ehrenbürgerschaft der Stadt Gera. Er starb 1969 in Singen an den Folgen eines Schlaganfalls und ist auf dem Friedhof in Hemmenhofen bestattet.

Die Dixsche Villa am Bodensee, teils mit Originalmöbeln ausgestattet, ist heute ein Museum mit Café und herrlichem Seeblick. Reproduktionen darin weisen auf seine Meisterwerke hin, die einst die Räume schmückten. 2012 wurden bei Sanierungsarbeiten an Kellerwänden zudem von ihm gemalte Fastnachtsfiguren entdeckt. Seine berühmten Glasfenster in der Petruskirche in Kattenhorn zeigen die Erzählungen des Apostels Petrus. Im Rathaus in Singen sind die einzig erhaltenen Wandbilder von Otto Dix zu finden: der Zyklus „Adam und Eva" sowie das Gemälde „Krieg und Frieden", beide aus dem Jahr 1960. Für die Kapelle von Schloss Randegg (siehe auch Kapitel 54) entwarf Dix 1963 ein Glasgemälde. 1991 wie auch 2016 hat die deutsche Post ihm zu Ehren mehrere Briefmarken herausgebracht.

Standorte und Navigationen:
Museum: Hemmenhofen, Otto-Dix-Weg 6
Grab: Hemmenhofen
Kirche: Kattenhorn, Oberhaldenstraße 1
Rathaus: Singen, Hohgarten 2
Schloss: Randegg, Otto-Dix-Straße

62 Die Sauerbruchschen Armprothesen …

… und was der berühmte Chirurg mit dem Hegau zu tun hat

Ernst Ferdinand Sauerbruch (1875 – 1951) war einer der bedeutendsten Chirurgen des 20. Jahrhunderts. Er konstruierte unter anderem eine Unterdruckkammer, in der gefahrlos die Öffnung des Brustraumes möglich wurde. Doch es war nicht der einzige Verdienst des Rheinländers, der sich 1905 als Chirurg habilitierte. Er entwickelte auch künstliche Prothesen. Der „Sauerbruch-Arm" wurde zur Rettung unzähliger Kriegsversehrter und ging in die Medizingeschichte ein.

Bereits seit 1910 war Sauerbruch als Professor für Chirurgie an der Universität Zürich tätig. Im Ersten Weltkrieg arbeitete er auch im grenznahen Singen – im Krankenhaus und in Kriegslazaretten wie beispielsweise etwa im Erdgeschoss des heutigen Hegau-Gymnasiums, das damals noch Realschule war. Im Oktober 1915 war – nach bereits vorweg erfolgreich durchgeführten Eingriffen in Greifswald – die Geburtsstunde für seine neue OPs, bei denen er Amputierte mit Prothesen versorgte, die er selbst entwickelt hatte. Viele Mediziner fanden bald darauf den Weg in die Hegaumetropole, um die Arbeiten des Kollegen zu bestaunen und zu studieren. Im Oktober 1915 veröffentlichte er dazu zudem den Band „Chirurgische Vorarbeit für eine willkürlich bewegliche Hand", 1916 das Folgewerk „Die willkürlich bewegbare künstliche Hand". Im April des gleichen Jahres gründete sich eine Werkstatt in Singen, in der nach Vorgaben Sauerbruchs Prothesen produziert und angepasst wurden, unter anderem auch Gebrauchs- und Arbeitshände wie die als „Singener Arbeitsklaue" bekannt gewordene künstliche Hand. 1918 stellte Sauerbruch auf der Kriegschirurgentagung in Brüssel seine Entwicklungen vor – viele namenhafte Mediziner erwiesen ihm dafür höchste Anerkennung, etwa mit den Worten, das Singener Lazarett sei „eine Oase in der Wüste der Vernichtung". Er richtete nun auch Hospitationskurse für Kollegen ein, damit sich diese das nötige medizinische wie technische Wissen aneignen und die entsprechenden Operationstechniken selbst erlernen konnten.

Die Prothesen waren ein Segen für unzählige Betroffene, auch wenn sich häufig beim Tragen Entzündungen bildeten. Einer von ihnen war auch der begabte Kunstmaler Hubert Weber, der im Zweiten Weltkrieg beide Hände verloren hatte. Er wurde von Sauerbruch mehrfach operiert, bekam willkürlich bewegliche Prothesen und konnte daraufhin bald wieder zeichnen. Wegen dieses Erfolges wurde er von seinem Operateur in die Hörsäle und auf zahlreiche Kongresse eingeladen. Weber absolvierte noch ein Kunststudium und machte das Malen schließlich zu seinem Beruf.

Sauerbruch wurde 1918 nach München berufen. Die Werkstatt in Singen bestand bis 1920 und wurde später mehrfach umfirmiert, etwa in Sanitätshaus Pfänder, welches es heute – an einem anderen Standort – noch immer gibt. Vier Sauerbruchsche Armprothesen sind zudem im Stadtarchiv noch zu sehen. Eine Straße in Singen ist nach ihm benannt.

Standorte und Navigationen:
Lazarett (Gymnasium): Singen, Alemannenstraße 21
Prothesenwerkstatt: Singen, Ekkehardstraße 22
Stadtarchiv: Singen, Julius-Bührer-Straße 2

63 Die Rhybadi in Schaffhausen

Von herrlichen Badefreuden im Rhein

Die städtische Badeanstalt Rhybadi in Schaffhausen hat Kultstatus und gehört für Insider zur Stadt wie der Munot, der Hausberg. Zwischen Rheinbrücke und Kraftwerk gelegen, trägt die Badi die Handschrift des Stadtbaumeisters Johann Gottfried Meyer, der diese 1870 in Form eines großen Schiffes erbauen ließ. Der Bau fällt in die Zeit, als allerorts in der Schweiz die ersten „Kastenbäder" (von Holz umschlossen, innen See- oder Flusswasser) geschaffen wurden. Mit den heutigen Maßen, dreißig Meter breit und 186 Meter lang, ist das Flussbad zugleich das größte noch erhaltene Kastenbad in der gesamten Schweiz – wenn auch nicht eines der ältesten, so doch sicherlich eines der schönsten Baudenkmäler am Rhein. Das Bad wurde auf etwa 130 Pfählen errichtet. Die „Spitz" bekam einen hölzernen Zwischenboden, damit sich auch Nichtschwimmer sicher im kühlen Nass tummeln können. Zu erreichen war das an drei Seiten umschlossene Bad vom Ort aus zunächst nur über zwei schmale Stege. Dazwischen wurde in den 1960er Jahren die Rheinuferstraße gebaut.

Gebadet wurde früher nach Geschlechtern getrennt und das blieb so in den ersten Jahrzehnten des 20. Jahrhunderts. Das männliche Geschlecht erfuhr dabei eindeutig Bevorzugung, für dieses war das Bad 62 Stunden in der Woche zugänglich, im Gegensatz zu 27 Stunden für weibliche Nutzungsmöglichkeit und diese auch noch zu ungünstigeren Uhrzeiten. Keinesfalls durfte es von beiden Geschlechtern gleichzeitig genutzt werden. 1893 erstritten sich Arbeiterinnen daher das Recht der Männer, sich abends nach getaner Arbeit noch in die kühlen Rheinfluten stürzen zu können. 1901 erkämpften sich die Schaffhauser Bürgerfrauen eine Badezeit für sonntags, was den Stadtrat 1912 dazu veranlasste, mittels eines Erweiterungsbaus auch eine Frauenbadi einzurichten. Somit war nun allen gerecht getan, das größere „Mannenhägli" mit einem drei Meter hohen Sprungturm war nun den Männern und Knaben vorbehalten. Das „Frauenhägli" stand dementsprechend den Frauen und Mädchen zur Verfügung. Diese Zeiten sind längst vorbei. Frauen wie Männer, darunter zahlreiche Stammgäste, schwimmen schon lange auch zeitgleich und manchmal sogar in Gesellschaft von Fischen und Vögeln darin umher.

Das Konzept ist aber auch einfach klasse: Man kann in der Rhybadi im fließenden Rheinwasser schwimmen und hat dabei trotzdem die optimale Sicherheit einer Badeanstalt. Und auch wenn der Unterhalt des liebevoll auch „Alte Tante" genannten Bades die Stadt viel Geld kostet, es ist und bleibt den Schaffhausern ein Heiligtum – und mehr ruhiges Erholungs- denn wildes Erlebnisbad. Und so ist am Eingang auf einem Plakat der Stadtpolizei Schaffhausen von 1939 auch nachzulesen: „Die Badeanlagen werden zum Schutze des Publikums empfohlen; ebenso wird um Ordnung ersucht." Der Pegelstand ist dank des Kraftwerkes übrigens immer gleichbleibend, nur die Strömung, die kann recht unterschiedlich sein.

Standort und Navigation: CH-Schaffhausen, Rheinuferstrasse 1

64 Von christlichen Kirchen, Kreuzen und Pilgerstätten 5

Dem Menschen zum Segen, dem Herrgott zur Ehr'!

Die Sankt Martinskapelle bei Nenzingen wurde 1275 erstmals urkundlich erwähnt. Sie soll einst einem Ort zugehörig gewesen sein, der durch „Wüstwerden" von der Landkarte verschwunden ist. Die heutige Gestalt mit ihrem Zwiebeltürmchen bekam die Kirche 1716. Besonders sehenswert: die Seitenaltäre des Bildhauers Josef Anton Feuchtmayer, einst ein bedeutender Künstler des Rokokos. Am Hochaltar ist zudem die Mantelteilung des heiligen Martins zu sehen, ein Gemälde von 1738. Die Glocke wurde 1216 auf der Reichenau gegossen und ist damit eine der ältesten Kirchenglocken in ganz Deutschland.

Das Kloster der Barmherzigen Schwestern vom Heiligen Kreuz in Hegne hat seit 1892 seinen Sitz in einem Schloss aus dem 16. Jahrhundert. Weitere Bauten kamen hinzu wie etwa das Provinzhaus oder die Klosterkirche Sankt Konrad. Es entstand aus einem Gasthaus ein Pensions- und Pfründnerhaus, in dem später das Schwesternkrankenhaus Sankt Elisabeth, heute ein Hotel, beheimatet war. 1913 kam ein weiteres Krankenhaus namens Maria Hilf dazu, mittlerweile Altenpflegeheim. Eine der Hegner Kreuzschwestern war auch Ulrika Nisch (geb. als Franziska; Jg. 1882), die 22-jährig in den Konvent eintrat. Sie starb 1913 an Tuberkulose und wurde 1987 in Rom seliggesprochen – ihren Gebeten wird die Genesung einer unheilbar erkrankten Frau zugeschrieben. Einen Schwerpunkt des Klosters bildet heute die Privatschule Marianum. Besonders schön ist der Nonnenfriedhof – ein besonderer Ort der Ruhe.

Die 1911 geweihte Herz-Jesu-Kirche in Singen ist nach Plänen einer ursprünglich im Freiburger Stadtteil Herdern angedachten neo-romanischen Kirche erbaut worden. Besonders sehenswert sind die Fenster des vielfach ausgezeichneten Bildhauers und Malers Emil Wachter (1921–2012), der zunächst Theologie und Philosophie studiert hatte und deutschlandweit, vom Bodensee bis Sylt, seine künstlerischen Spuren hinterlassen hat. Die Fenster tragen Namen wie etwa „Wasser, Feuer, Licht und das Blühen", „Bewahre, was du hast" oder „Glauben, Hoffen, Lieben". Im gleichen Jahr entstanden auch ein Teppich-Zyklus (1979) mit Bildern zur Heilsgeschichte sowie zwei weitere Teppiche mit Darstellungen des Paradieses und der Auferstehung – im Chor und hinter den Seitenaltären zu finden.

Zwischen Hilzingen und Weiterdingen verlief früher eine der bedeutendsten Römerstraßen. Ganz in der Nähe, am Fuße des Hohenstoffelns und auf dem sogenannten Kapellenhof mit seinen ursprünglich drei sprudelnden Quellen, an denen sich Durchreisende versorgen konnten, ist die Heiliggrabkapelle zu finden. Die barocke Wallfahrtskirche stammt aus dem Jahr 1694. Zwei Pforten führen in einen Innenhof mit Kreuzwegstationen. Im Innenraum der Kapelle ist die getreue Nachbildung des Heiligen Grabes Christi in Jerusalem zu sehen. Das Gehöft samt Kapelle ist Privateigentum der Familie Puchstein – diese freut sich über BesucherInnen und steht für Auskünfte bereit. Auch ein Keramik-Atelier ist hier zuhause.

Standorte und Navigationen:
Martinskapelle: Nenzingen, B 31 Richtung Stockach
Kloster Hegne: Konradistraße 12; Einfahrt Friedhof über das Kloster
Herz Jesu: Singen, Hadwigstraße
Heiliggrabkapelle: Hilzingen, Kapellenhof, Hilzinger Straße

65 Die Kleine Höhlenschmerle

Der erste Höhlenfisch in Europa

Im April 2017 ging eine Meldung durch die deutsche Presse, welche die Biologen nicht nur hierzulande mit Spannung aufhorchen ließ: In den tiefen und nur schwer zugänglichen Höhlen der Aachquelle nahe der kleinen Hegaustadt Aach bei Singen und größte Quelle Deutschlands fand ein Taucher eher zufällig den ersten Höhlenfisch Europas. Er machte einige Aufnahmen und legte diese später einer Konstanzer Fischökologin vor. Schnell war klar, der engagierte Taucher hatte nichts ahnend eine außergewöhnliche Entdeckung gemacht!

Die Forscherin bat ihn um lebende Tiere, was sich als nicht gerade einfach erwies. Er benötigt bis zur Fundstelle etwa eine Stunde und muss dabei ständig gegen die Strömung ankämpfen! Doch im November 2015 war es soweit und er präsentierte ihr ein lebendes Exemplar!

Eine Sensation, auch wenn der außergewöhnliche Fund auf den ersten Blick ein wenig blass und unscheinbar wirken mag! Die Kleine Höhlenschmerle, so wurde der kaum zehn Zentimeter lange, durchscheinende Fisch vorerst benannt, ist der erste bekannte Höhlenfisch in Europa, ja sogar der bisher am nördlichsten entdeckte Höhlenfisch überhaupt. Bislang waren diese nur bis zum 41. Breitengrad in den USA in Pennsylvania bekannt, in Europa hieße das bis etwa Höhe Neapel. Auch in kroatischen Karsthöhlen sind Fische zu finden, die Teile des Jahres in Dunkelheit verbringen – aber nicht das komplette Leben wie der echte Höhlenfisch in Mittel- und Südamerika, Vorderasien, Afrika oder Australien. Und eben nun auch die Kleine Schmerle im Hegau! Ein wissenschaftliches Team hat die spektakuläre Neuentdeckung mittlerweile genauer untersucht. Diese hat sehr kleine Augen, möglicherweise ist sie sogar blind, dafür weist sie vergrößerte Nasenlöcher auf und die Barteln, die Bartfäden am Maul, sind verlängert, damit sie besser riechen und schmecken kann. Die Blässe der Tiere entsteht durch die Reduzierung der Pigmentzellen, zum Teil sind die Blutgefäße zu erkennen.

Nach ersten Forschungserkenntnissen ist die Kleine Höhlenschmerle vermutlich vor etwa 20.000 Jahren aus der Donau in das Höhlensystem der Aachquelle eingewandert, was umso mehr erstaunt, da bislang die Meinung vertreten wurde, dass so weit nördlich gar kein Höhlenfischvorkommen sein kann, da dort während der letzten Eiszeit alles vereist war, auch die Aachhöhle auf etwa 47 Grad nördlicher Breite. Die Forscher vermuten, dass einst Donau-Bachschmerlen (Barbatula barbatula) mit Versickerungswasser eingeschwemmt wurden und sich in den Höhlen niedergelassen haben. Wie in der Donau gibt es auch in der Radolfzeller Aach Schmerlenarten. Die Kleinen Höhlenschmerlen indes sind eine eigene Population und liegen wohl genau dazwischen. Fünf davon wurden bislang gefangen: zwei erwachsene Exemplare, drei Jungtiere. Eines von ihnen lebt nun zu Forschungszwecken, um etwa die Verwandtschaftsverhältnisse zu den anderen Schmerlenarten zu erforschen, in einem abgedunkelten Aquarium.

Navigation und Standort Aachquelle: Aach, Hauptstraße

66 Der Skulpturenweg entlang der Aach

Platz drei der schönsten in Europa

Was 1998 die Ergebnisse eines Bildhauersymposiums zum Thema „Grenzen und Verbindungen“ anlässlich eines Städte-Partnerschaftsjubiläums waren, ist heute ein Skulpturenweg mitten in Rielasingen-Worblingen, der dem Internet zufolge Platz drei im Ranking um den schönsten aller Skulpturenwege in Europa belegt. Vom Bildhauer Marcus Schwarz organisiert, zeigten seinerzeit zehn Künstler aus Deutschland, Frankreich und Italien ihr Können. Zunächst sollten die Plastiken nur ein Jahr verbleiben, doch sie stehen heute noch – die Gemeinde erwarb den größten Teil der Skulpturen – und so sind diese, zusammen mit weiteren Ankäufen, fester Bestandteil des Kulturlebens in der Region geworden. Hier eine sehr kurze Beschreibung einiger Werke:

Den Auftakt bildet die Stahlplastik „Tor“ des Rielasinger Metallplastikers Andreas Roos, eine Aufforderung, Grenzen leicht zu überwinden – man kann durch einen gallischen Hahn und ein deutsches Eichenblatt hindurchschreiten. Die dabei herausgetrennten Figuren zeigen wiederum das andere Ende des Weges an.

Von Organisator Schwarz stammt eine Säule aus Ergussgestein, in die Spiegel und rote Metallstücke eingearbeitet sind. Der Stein soll „Glanz, Schein, Illusion auf der einen, Signal des Lebens und der Aktivität auf der anderen Seite“ zeigen.

Der Mainzer Erwin Mosen schuf „Freundschaft“, eine Skulptur aus rotem Sandstein, die wie ein versteinerter Baum wirkt. „Sonnenstrahlen treffen die goldene Mitte, berühren sie warm. Sie strahlt hell und leuchtend zurück“, so der Künstler.

Wie eine aus dem Boden emporwachsende Flagge wirkt „Europa“, eine aus Würzburger Muschelkalk geschaffene Skulptur des Bildhauers Helmut Grimm aus Kleinrinderfeld. Die steinerne Flagge steht als „Zeuge und Botschaft brüderlicher Verbundenheit“.

Der „Kopf“ des Harthauser Künstlers Siegfried Keller, der in einem Helm aus Glasfaser und Kunstharz steckt, symbolisiert unsere Grenzen im Kopf, die es stets aufs Neue zu sprengen gilt, so der Künstler.

Um den Gedanken von Befreiung geht es bei „Sortie de Prison“, einer Stahlplattenplastik des französischen Künstlers Louis Perrin in Zusammenarbeit mit inhaftierten Strafgefangenen der Strafanstalt in Mulhouse. Die Plastik besteht aus Teilen des ehemaligen Haupttores und einer kleineren Gittertüre dieser Strafanstalt.

Die Italienerin Roberta Mincone aus Chieti-Chalo schuf die Skulptur „Berührung“, eine männliche und weibliche Hand miteinander verbunden und im Rathauspark zu sehen. Die Künstlerin will damit die Diskrepanz von Mann und Frau aufzeigen, ebenso die gegenseitige Anziehung.

Mit einer kubisch geformten Wasserskulptur zeigt der Künstler Helmut Pink aus Eppelborn seinen Beitrag und sagt dazu: „Interessen, Freundschaften und daraus entstandene Beziehungen sind grenzenlos wie Flüsse. Allerdings können Verbindungen nur durch ständige Bewegung dauerhaft und lebendig bleiben.“

Standorte und Navigationen: Rielasingen-Worblingen, Ortsmitte
Weitere Infos:
rielasingen-worblingen.de/de/Tourismus+Freizeit/Wandern-und-Radfahren/Skulpturenweg

67 Die Mausohr-Kolonie in Gottmadingen

Einblicke in die verborgene Welt der Fledermäuse

Es gibt Glattnasenartige, Mausschwanzartige, Trichterohrartige und über zehn weitere Familien – und sie leben mit uns in weltumfassender Gemeinschaft (außer in der Antarktis), die wir als solche jedoch kaum wahrnehmen. Doch rund um den Globus ist die Stunde der derzeit etwa 1000 bekannten Fledermausarten gekommen, wenn die Dämmerung anbricht. Dann werden sie aktiv und treiben die menschliche Fantasie nicht erst seit 1897, als der irische Schriftsteller Bram Stoker seinen Roman „Dracula" veröffentlichte, zu den wildesten Auswüchsen. Natürlich wissen wir, dass sie weder mit dem Teufel verwandt sind, noch sich in Frauenhaar einwickeln oder gar schlafenden Menschen das Blut am Hals aussaugen. Oder etwa nicht? Bei solchen Unsicherheiten hilft nur Wissen! Und das können Sie an Orten erwerben, wo Fledermäuse leben, unter Dächern, in Scheunen, auf Kirchtürmen oder in Baumhöhlen suchen sie sich ihre luftigen Sommerquartiere. Einer dieser Orte ist der Dachboden der Hebelschule in Gottmadingen. Hier gibt Michael Klinger – Diplom-Biologe, Bürgermeister, Fledermausliebhaber, Fledermauskenner, Fledermausschützer und engagiert im Naturschutzzentrum Westlicher Hegau – Interessierten mittels einer Großleinwand Einblicke in das Leben einer rund zweihundertköpfigen Mausohr-Kolonie, eine Art der Glattnasigen. Zur Kolonie zählen die ausgewachsenen Weibchen, die hier ihre Wochenstube einrichten sowie alle ihre Jungtiere, die sie hier großziehen. Die Tiere sitzen dabei an, selten unter den Balken. Männliche Fledermäuse sind eher Einzelgänger, ihre Quartiere daher nur schwer zu finden. Ein Blick in die Schlafstube der Tiere ist dabei ebenso möglich wie das Beobachten des regen Kommens und Gehens am Abend. Seit 1996 dokumentieren Lichtschranken den Ein- und Ausflug, beispielsweise um die gesamte Größe der Kolonie zu erfassen.

Einzelne Fledermausarten zu unterscheiden ist nicht einfach. Aber keine Sorge, die des Menschen Fantasie anregende Desmodontina, die „Vampirfledermaus" gibt es hierzulande nicht – sie ist auf dem amerikanischen Kontinent beheimatet. Diese kleinen Vertreter – sie messen von Kopf bis Fuß keinen Zentimeter – ritzen sozusagen mit den Zähnen die Haut ihrer „Opfer" an und lecken die so entstehenden Bluttröpfchen ab. Sie ernähren sich ausschließlich von Blut. Die Hegau-Fledermäuse hingegen, sie stehen übrigens wie alle derzeit 26 in Deutschland bekannten Arten unter besonderem Schutz, leben von Insekten, die Mausohren lieben als besonderen Snack auch Käfer und Nachtfalter. Wenn es im Herbst kälter wird, suchen die Tiere allerorts ihre Winterquartiere auf, möglichst frostfreie Höhlen mit hoher Luftfeuchtigkeit, damit die zarten Flughäute nicht austrocknen, wie etwa Bergwerksstollen, Brauereikeller, Kraftwerkruinen oder Kalkberge. Hier bleiben sie, bis die Tage wieder wärmer werden und sie sich dann erneut wieder ins Freie wagen können, um ihre Sommerquartiere, wie etwa in der Hebelschule, zu beziehen.

Weitere Infos:
Naturschutzzentrum Westlicher Hegau, 0 77 31 - 97 71 05
all-about-batnet/mausohren/ilive.htm

68 Dünnele essen

Zuhause oder anderswo

Ein Dünnele ist sozusagen die „Pizza des Hegaus“ und der gesamten Bodenseeregion – ein flacher Hefeteigfladen, bestehend aus Wasser, Mehl, Hefe und Salz und bei großer Hitze kurz gebacken. Es war früher sozusagen das „Abfallprodukt“ eines Backtages auf den Bauernhöfen. Meist war an solchen Tagen an Mittagessenkochen kaum zu denken, es gab auch so genug zu tun. Also nahm die Bäuerin etwas vom Brotteig, formte Fladen, legte auf, was gerade da war und schob diese in den mit brennenden Holzscheiten erhitzten Ofen. Zugleich dienten Dünnele auch als Temperaturmesser: Wenn die Fladen bereits nach wenigen Minuten braun wurden, war die Ofentemperatur fürs Brotbacken eindeutig zu hoch, wenn er nach einer Viertelstunde immer nicht braun war, zu niedrig.

Ein Dünnele kann herzhaft oder süß belegt werden, aber eigentlich immer mit Schmand, und dann kann nach Herzenslust weiter experimentiert werden. Der Klassiker ist natürlich ein Belag aus Zwiebeln und Speck – oder Äpfeln und Zimt. Doch es gibt unzählige weitere Möglichkeiten, Dünnele zu belegen, etwa mit Spinat, Ricotta, Lachs, Salami, Schinken, Brokkoli, Lauch, Kartoffeln, Putenstreifen, Ananas, Kräuter, Käse, Feigen und Gewürzen, zum Beispiel Kümmel, Curry oder Pfeffer – der Vielfalt sind da keine Grenzen gesetzt und gerade in der eigenen Küche kann man herrliche Kreationen schaffen. Dazu trinkt man gern Suser, wie der Federweißer im Hegau allerorts benannt wird.

Wer lieber aushäusig genießen möchte und obendrein groovige Musik mag, ist bei „Jazz und Dünnele“ im Winkelstüble in Wahlwies genau richtig. Hier gibt es Dünnele satt und dazu jeden zweiten Mittwoch und zusätzlich an einigen letzten Freitagen im Monat ab 20:30 Uhr Live-Jazz. Die Abende haben längst Kultstatus und das Winkelstüble ist dann stets brechend voll …

Und dann gibt es natürlich die Dünnele in vielen weiteren Gaststuben und saisonalen Besenwirtschaften im Hegau, allen voran im „Dünnele-Kranz“ in Liggeringen. Der Gasthof auf dem Bodanrück kann – wie übrigens unzählige andere Häuser im Hegau auch – auf eine lange Gastronomiegeschichte zurückblicken. Bereits 1849 erwarb der Landwirt Anton Straub das Haus zum Zwecke, einen Ausschank darin einzurichten. Im Laufe der Zeit wurde es immer wieder erweitert und renoviert, 1987 kam der Dünnele-Backofen hinein – der Kranz wurde bald darauf zur rustikalen Schaubackstube – und ist bis zum heutigen Tage im Familienbesitz der Straubs. Hier gibt es spezielle Dünnele-Teller und Dünnele-Menüs. Auch auf der urigen Härdtle-Alm mit ihrer gemütlichen Hüttenatmosphäre oberhalb von Murbach gibt es Dünnele zum Sattessen – und bei gutem Wetter einen herrrlichen Ausblick ins Tal gratis dazu. Zudem bietet Wirt Andreas Gruber von Zeit zu Zeit auch „Alm-Events“ an, etwa einen Rock 'n' Roll-Abend oder mal Musik-Mundart-Karbarett. Auch die Klopfersche Dünnelestube in Eigeltingen bietet hausgemachte Dünnele aller Art an, ebenso der „Fuchshof“ bei Oberdorf. Die Aufzählung ließe sich an verschiedenen Orten beliebig fortsetzen …

Standorte und Navigationen:
Winkelstüble: Wahlwies, Im Winkel 15
Kranz: Liggeringen, Bergstraße 3
Härdtle-Alm: Gottmadingen, Zum Härdtle 3
Klopfer: Eigeltingen-Münchhöf, Hirschlanden 1
Fuchshof: Dingelsdorf, Im Langenberg 1

69 Mauenheim

Das erste Bioenergiedorf in Baden-Württemberg

Mauenheim, am Nordrand des Hegaus gelegen und schon dem Landkreis Tuttlingen zugehörig, hat bereits einige Jahrhunderte auf dem Buckel – der Ort mit seinen gut 400 Einwohnern findet erstmalig 973 Erwähnung. Er mag also alt sein, altertümlich jedoch ist er nicht, denn der Ort darf sich gleich zweier besonderer Titel rühmen: Zum einen ist Mauenheim das erste Bioenergiedorf in ganz Baden-Württemberg und zum zweiten nach Jühnde in Niedersachsen deutschlandweit das zweite überhaupt – beide wurden im Jahr 2006 realisiert. Doch was ist ein Bioenergiedorf?

Kurz gesagt basiert dabei die Wärme- und Stromversorgung weitestgehend auf der Verwertung regional verfügbarer Biomasse wie Mist, Gülle, Silage, Holz oder Ähnlichem. Biomasse gilt als umwelt- und klimafreundliche Alternative zu konventionellen Energieträgern wie Kohle, Erdöl oder Erdgas, bei deren Nutzung erhebliche CO2-Emissionen entstehen – diese gelten als Auslöser von Klimaveränderungen. Als Basis für die Energieversorgung dient meist eine Biogasanlage oder ein Biomasseheizkraftwerk, welche beide durch Kraft-Wärme-Kopplung Strom und Wärme erzeugen. Der Strom wird direkt in das Stromnetz eingespeist und die Wärme meist über ein Nahwärmenetz im Ort verteilt. Auch andere erneuerbare (regenerative) Energien wie etwa Solarthermie (Umwandlung von Sonnenenergie in Wärme), Fotovoltaik (Umwandlung von Lichtenergie in Strom), Geothermie (Nutzung von in der Erdkruste gespeicherter Wärme), Hydroenergie (Stromerzeugung in Wasserkraftwerken) oder Windenergie (Stromerzeugung durch Windkraftanlagen) kommen dabei zum Einsatz. Für die Auszeichnung „Bioenergiedorf" müssen vorweg einige Parameter erfüllt sein, etwa:

Der Strom- und Wärmebedarf muss unter Nutzung von überwiegend regional verfügbarer Biomasse selbst gedeckt werden und es muss mindestens so viel Strom erzeugt werden wie von den Einwohnern selbst benötigt wird: Mindestens die Hälfte der benötigten Wärme muss bereitgestellt werden, über die Hälfte der entsprechenden Anlagen müssen im Besitz von Wärmeabnehmern und Landwirten sein. Die Biomasse darf zudem nicht aus Monokulturen oder von gentechnisch veränderten Pflanzen stammen.

Um die Sache attraktiv zu machen und um das Regionalmarketing durch Bioenergie zu unterstützen, werden immer wieder Wettbewerbe ausgeschrieben, die sich besonders an kleinere Gemeinden im ländlichen Raum richten. Ob „Wettbewerb Bioenergie-Dörfer" oder „Klima kommunal", „EnergieOlympiade" oder die Kampagne „Unser Dorf hat Zukunft" – Bioenergiedörfer haben großes Zukunftspotential.

Bislang wurden deutschlandweit übrigens bereits an die 200 Bioenergiedörfer geschaffen. Auch die Hegauer Orte Büsingen, Emmingen-Liptingen, Hilzingen, Möggingen, Randegg, Schlatt am Randen und Weiterdingen zählen dazu. Weitere sind auf dem Weg. Der Hegau darf sich also durchaus als innovativer Vorreiter in Sachen Bioenergie bezeichnen.

Standort und Navigation: Mauenheim

70 Die „Zickzackgrenze“

Zwischen Deutschland und der Schweiz

Mancherorts im Hegau können Sie heute zwischen zwei Ländern unterwegs sein, ohne kontrolliert zu werden. Hier passieren Sie nämlich manchmal die Grenzlinie zwischen Deutschland und der Schweiz – oftmals ohne es überhaupt zu bemerken. Will man beispielsweise am Rhein entlang von Öhningen nach Schaffhausen gelangen, kann man dabei mühelos sechs Mal die Grenze queren. Sie kringelt sich durch Wälder und Wasserläufe, bergauf über Hügel und talabwärts über Felder oder auch mitten durch Orte. Mal zeigt lediglich ein kleines Fähnchen den Wechsel an, mal markiert ein in den Asphalt eingelassener Stein oder eine weiß gestrichelte Linie den ansonsten nicht sichtbaren Grenzverlauf. Und das, obwohl es sich hier – Schengen hin oder her – immerhin um eine Bundes- und Staatsgrenze, EU-Grenze und eine Grenze zwischen dem NATO-Militärbündnis und einem neutralen Staat handelt.

Die Grenze zwischen Deutschland und der Schweiz ist insgesamt 362 km (schweizerische Meinung) oder 316 km (deutsche Meinung) lang. Die Differenz ergibt sich aus noch immer ungeklärten Grenzverhältnissen auf dem Bodensee. Sie wurde auf dem Wiener Kongress bestimmt, 1839 gezogen und seinerzeit mit Hunderten Steinen gekennzeichnet. Diese tragen Inschriften wie etwa GB für das ehemalige Großherzogtum Baden, CS für den Kanton Schaffhausen (alte Schreibweise mit C) sowie von weiteren Gemarkungen. Viele von ihnen sind an ihren alten Standorten zu finden, viele verschwunden, andere wurden versetzt, manche können gar versenkt werden. 1893 wurde zur Pflege derselben die Regel eingeführt, dass die Grenze alle sechs Jahre durch Beamte beider Staaten gemeinsam begangen werden muss, um die Steine bei Bedarf wieder senkrecht aufzustellen, zu korrigieren (der Verlauf wurde in über 200 Rechtsakten schon mehrfach geändert) oder zu renovieren – die Regel übrigens gilt noch immer. Teils kann man heute kilometerweit von Grenzstein zu Grenzstein wandern. Doch das war nicht immer so. Früher war der Grenzgang nur eingeschränkt möglich. Vielerorts standen Schlagbäume, an denen Tafeln mit der Aufschrift „Verbotener Grenzübergang“ angebracht waren, und zweitweise war der Übergang sogar nur mit Passierschein oder Sonderbewilligung möglich. Doch die Insider kannten und kennen noch immer viele andere Schlupflöcher, um in Gebiete dies- oder jenseits der Grenze zu gelangen. Als gegen Ende des Zweiten Weltkrieges die Franzosen im Hegau einrückten, ließen sie entlang des Grenzverlaufs – die deutsche Exklave Büsingen etwa ist komplett von der Grenze umgeben – einige Gebiete evakuieren und die Bevölkerung hatte das Nachsehen. Verlassene Zöllhäuschen erinnern noch daran.

In Bargen steht übrigens der nördlichste Grenzstein der Schweiz mit der Nummer 593, der sogenannte Schwarze Stein. 2010 war das deutsch-schweizerische Gebiet im Hegau, bei der teils nicht einmal die Einheimischen beidseits der „Zickzackgrenze“ so ganz genau wissen, ob sie gerade auf heimischen oder fremdem Boden stehen, übrigens auch Thema im Sonntagabend-Tatort.

Grenzorte (Auswahl):

Altdorf, Bargen, Barzheim, Beuren, Bibern, Bietingen, Blumberg, Blumenfeld, Büßlingen, Büsingen, Buch, Dörflingen, Epfenhofen, Fützen, Gailingen, Gottmadingen, Hemmishofen, Hilzingen, Hofen, Lohn, Merishausen, Nordhalden, Öhningen, Opfertshofen, Ramsen, Randegg, Randen, Riedheim, Rielasingen, Schienen, Schlatt am Randen, Stein am Rhein, Tengen, Thayngen, Wiechs am Randen

71 Die Villa Prym in Konstanz

Einstige Sommerfrische der Druckknopfdynastie

Die Firma William Prym GmbH & Co. KG kann auf eine lange Geschichte zurückblicken, die 1530 mit dem Gründer und Goldschmied Wilhelm Prym (1490–1561) in Aachen begann. Dieser stellte mit seiner Firma Messing und Kupfer her. 1642 mussten seine protestantischen Nachfahren das katholische Aachen verlassen und siedelten sich im rheinländischen Stolberg an, wo bis heute der Betrieb, der sich im Laufe der Jahrhunderte mit der Entwicklung und maschinellen Fertigung von Produkten aus Messing, Eisen und Stahl zu einem riesigen Konzern ausweitete, seinen Hauptsitz hat. Bald wurde die Produktpalette um Kurzwaren erweitert – allen voran dem Druckknopf – 1885 von dem Stuttgarter Heribert Bauer erfunden. Der Knopf indes war noch nicht ganz ausgereift, als sich 1903 Hans Friedrich Prym, ein Nachfahre des Firmengründers, seiner annahm und mit einer so genialen wie einfachen Idee die Nutzung desselben entschieden verbesserte: Er baute im Kopf des Knopfes eine leichte Doppel-S-Metallfeder ein, die das sichere Schließen gewährleistete. Er kreierte somit den sogenannten Kronenfeder-Druckknopf, der bald als Wunderknopf galt und mit dem Namen „Prym's Zukunft" den Markt eroberte. Gustav Prym, weiterer Nachfahre, änderte die Knopfstruktur noch ein wenig und ließ diesen mit rostfreien Bronzefedern fertigen. Diese Variante wurde zum Kassenschlager und gilt als ältester Marken- und Massenartikel Deutschlands. Heute ist der Name Prym das Synonym schlechthin für Kurzwaren. 1950 war der Druckknopf in jedem Nähkästchen zuhause und der Werbeslogan jener Jahre wurde zum Klassiker: Jeder braucht jeden Tag etwas von Prym!

Natürlich wurde die Familie, die den Betrieb bis 2005 durchgehend geführt hat, mit der Herstellung von Druckknöpfen reich. Spuren dieses Reichtums sind auch im Hegau zu finden – wie die 1876 im Stil der Neorenaissance erbaute „Villa Hammer" in Konstanz, die nach dem Ankauf 1893 durch Gustav nach dem neuen Besitzer benannt wurde. In dieser prachtvollen Villa mit herrlichem Seeblick und Jugendstilfresken an den Fassaden – die zur Seeseite zeigt seine Tochter Luise samt Ehemann hoch zu Pferd – verbrachte der Unternehmer seine letzten Lebensjahre, bevor er an einer Lungenentzündung verstarb.

Die Villa wurde an die Stadt Konstanz veräußert. 1965 war sie Sitz der Bodensee-Kunstschule, von 1984 bis 2013 der Konstanzer Hochschule für Technik, Wirtschaft und Gestaltung (HTWG). Heute ist das herrschaftliche Anwesen, welches 2013 aufwändig saniert wurde, unter anderem Sitz einer Rechtsanwaltskanzlei und der Stiftung Wasserrettung Bodensee. Im Erdgeschoss ist das Vereinsheim des Yachtclubs mit kleiner Restauration.

Nach Gustav Prym, dem die Stadt Konstanz viel zu verdanken hat wie etwa eine Geldspende zur Finanzierung des Bismarckturms (1912), ist auch eine kleine, 916 erbaute Motorbarkasse benannt, welche zunächst als Fährschiff eingesetzt war, später als Zollgrenzschiff und Feuerlöschboot. Seit 1999 ist die „Prym" als Salon-Passagierschiff im Charter- und Ausflugsverkehr auf dem Bodensee unterwegs.

Standort und Navigation: Konstanz, Seestraße 33

72 Der Fachhandel Lenz in Singen

Im El Dorado der Philatelisten und Numismatiker

Früher einer der Klassiker, um in Liebesdingen weiterzukommen, war stets die Frage: Willst du vielleicht noch mit hochkommen und dir meine Briefmarkensammlung ansehen? Klingt heute retro, zugegeben! Doch tatsächlich gibt es auch immer noch die emsigen Philatelisten und Numismatiker, die Briefmarken- und Münzsammler, die mit ihren Schätzen vielleicht weniger den potentiellen Verführer, als vielmehr den Kenner von wertvollen Stücken geben. Für sie ist der Auktions-Fachhandel Axel Lenz in Singen eine wichtige Anlaufstelle. Die Nachfrage in dem Familienbetrieb, der 1958 eröffnet wurde, ist seitdem ungebrochen. Auch im Internet ist Lenz mit seinem Angebot vertreten – seine Homepage ist längst eine internationale Plattform für interessierte Kundschaft, in aller Regel versierte Sammler, die sich auf dem Markt sehr gut auskennen. Der Lenzsche Katalog ist komplett einsehbar, seit Jahrzehnten finden seine internationalen Auktionen statt. Ganz nebenbei findet man im Laden Zubehör aller Art, beispielsweise Pinzetten, Lupen, Alben oder Tablare zur Aufbewahrung von Münzen, kurz alles, was ein Sammler für sein Hobby braucht. Was ist es, das vor allem Männer daran so fasziniert?

Zum einen sind da die genetischen Aspekte – sie sind in ihren tiefsten Herzen, 21. Jahrhundert hin oder her, eben doch irgendwie über all' die vielen Jahre von der Steinzeit bis heute Jäger und Sammler geblieben. Zum zweiten: Das Fernweh jener Generation, die sich mit Münzen und Marken einen Blick in die Fremde erlaubte, der den meisten Menschen seinerzeit schlichtweg verschlossen blieb. Zum dritten: Werte anhäufen. Mit besonders wertvollen Exemplaren lassen sich auch heute noch gute Geschäfte machen. Dabei spielen mehrere Faktoren wie etwa Herkunft, Zeit und Erhaltung eine wichtige Rolle. Je exotischer und seltener, desto exklusiver. Deutsche Nachkriegsmarken etwa, der „Posthornsatz“ oder die „Ausgabe Berliner Währungsgeschädigten Block und Marken“, das sind echte Schätzchen, die bei Lenz schon mal über die Ladentheke wandern, aber auch Briefmarken aus der Schweiz, aus Österreich und Liechtenstein oder Münzen in Gold und Silber sind gefragte Objekte. Aber dann kommen noch die „Specials“ dazu: Bei Briefmarken, die in der Wertigkeit in Kategorien eingeteilt sind namens Luxus, Kabinett, Pracht und Fein, haben Parameter wie Zähnung, Abstempelung, Papiersorte oder Gummierung großes Gewicht. Bei Münzen sind analog etwa Prägearten, Materialien und Erhaltung entscheidend – Dreck, Kratzer und Abnutzung führen zu Abzügen in der Wertung.

Axel Lenz, der den Fachhandel mittlerweile in zweiter Generation führt, ist in dem Betrieb groß geworden. Trotzdem wurde er erst mal Möbelschreiner – sein Traumberuf. Schließlich lockten Marken und Münzen aber doch, er absolvierte beim Vater im Geschäft eine zweite Ausbildung und stieg 1984 schließlich mit ein.

Und sammelt der Firmenchef selbst? Klar, aber begrenzt. Heimatliches vor allem.

Standort und Navigation: Singen, Thurgauer Straße 1
Weitere Infos: briefmarken.com

73 Von Burgen, Schlössern und Ruinen 5

Kleine Infos über herrschaftliche Sitze

Der Burghof ist eine kleine Oase mitten im Landschaftsschutzgebiet auf dem Bodanrück. Er liegt hoch über dem Bodensee. Einst herrschten hier die Herren von Tettingen in einer Burg, von der heute nur noch wenig zu finden ist – sie wurde im Dreißigjährigen Krieg zerstört. Der „Neubau“ von 1661 lädt heute zum Verweilen ein. Hier kann man sich in der Burgschänke oder im Biergarten mit Vesper oder Kuchen stärken oder für wenig Geld Grillzeug erwerben und sich selbst an den Rost stellen. Der Rittersaal mit Blick über den Bodensee lädt zum Feiern ein, vier einfache Doppelzimmer (Waschbecken im Zimmer, Dusche und Toilette auf der Etage) mit ruhigem Wald- oder spektakulärem Seeblick zum Übernachten.

S' Bürgle in Niederzell, auch Schloss Windegg oder Windeck genannt, verdankt seinen Namen seiner Lage am nordwestlichsten Zipfel der Insel Reichenau. Der als Kulturdenkmal ausgewiesene Bau wurde 1667 im Stil der Spätrenaissance errichtet. In einem Vorgängerbau soll während des Konstanzer Konzils 1417 der römische Papst Martin V gewohnt haben, mit dessen Erhebung das seit 1378 andauernde Abendländische Schisma, die Spaltung innerhalb der lateinischen Kirche, endete. Historisch bislang unbelegt ist, ob auch einige der etwa siebenhundert „Hübschlerinnen“ zur Zeit des Konstanzer Konzils ebenfalls hier Quartier nahmen – der Bau diente wohl alle Zeit als Gästehaus. Er war im Laufe der Jahrhunderte im Besitz der Konstanzer Bischöfe und der Benediktinerabtei Beuron sowie von mehreren Privatleuten, bis es 1954 zur Energie-Versorgung Schwaben kam. Heutiger Eigentümer ist die EnBW Energie Baden-Württemberg, die das Schloss als Freizeitheim und Tagungshotel betreibt. In der einstigen Schlosskapelle mit ihrem schönen Kreuzgratgewölbe ist heute ein Speisesaal zu finden, eine ehemalige Bibliothek mit grüngekacheltem Steckborner Kachelofen, dessen Löwenpranken sich auf das Konstanzer Bischofswappen stützen, dient als Aufenthaltsraum.

Nicht zu verwechseln ist S' Bürgle mit dem einstigen Bürglischloss aus dem 13. Jahrhundert, auch Burg Gailingen oder Bürgli Schloss genannt, Reste einer ehemaligen Spornburg nördlich von Gailingen. Davon sind Wälle, Gräben und Podeste erhalten sowie obertägig geringe Mauerreste. Auf dem Areal ist zudem ein Aussichtsturm zu finden, der BesucherInnen bei guter Fernsicht einen spektakulären Blick vom Vorarlberg bis zu den Berner Alpen beschert.

Das sogenannte Bodmansche Schloss in Espasingen wurde Ende des 16. Jahrhunderts erbaut und möglicherweise im Dreißigjährigen Krieg zerstört. Der Bau aus dem 17. Jahrhundert, welcher nahezu zwei Jahrhunderte lang Herrschaftssitz war, diente der Adelsfamilie Bodman bis 1816 als Wohnsitz, nachdem ihre Burg Altbodman ebenfalls zerstört und geschleift worden war. 1839 fand das Schloss als Bodmansche Brauerei eine neue Bestimmung. Nachdem das Gebäude 1892 niederbrannte, ließ es die Familie vereinfacht wiederaufbauen, im Jahr darauf wurde darin wieder Bier gebraut – und das bis 1968 – woran im Ostflügel noch heute das „Bräustüble“ erinnert.

Standorte und Navigationen:

Burghof Wallhausen: Heinrich von Tettingen Straße, von Dettingen kommend am Waldparkplatz links kurz vor Wallhausen den Schildern zu Fuß oder per Rad folgen

S'Bürgle: Reichenau, Niederzellerstraße

Bürglischloss: Gailingen, Bürglestraße, von da zu Fuß weiter

Schloss Espasingen: Stockach, Meßkircher Straße 129

74 Der Steißlinger Herdäpfel-Dämpfer Anno 1936

Alte Technik neu inszeniert

Otto Sättele ist gleicher Jahrgang wie das 1936 erbaute Vehikel, mit welchem er die kulinarische Vielfalt auf südbadischen Festen gerne mal aufmischt – mit einem alten Herdäpfel-Dämpfer. Genau genommen gehörte dieser seinem „Götti", dem Patenonkel, der damit in den kargen Vorkriegsjahren einen Teil seines Geldes verdiente. Dieser zog damit im Herbst solange, bis der Frost kam, von Hof zu Hof. Dort heizte er mit Holz den Kessel ein, das dauerte etwa eine Stunde. Dann schloss er Wasser an und dämpfte in vierzig Minuten in zwei Kesseln jeweils neun Zentner (450 kg) Kartoffeln, die nicht für den Verkauf geeignet waren, also die eher kleineren und „krumpligen", die somit immerhin noch als Schweinefutter Verwendung fanden. Danach wurden die Knollen, im Hegau Herdäpfel genannt, mithilfe vieler Hände noch heiß in Silos eingestampft und auf diese Weise lange haltbar gemacht. Und was früher für die Tiere gut war, schadete auch den Menschen nicht – fürs Mittagessen wurde manchmal auch gleich eine Portion mitgedämpft, dazu gab es frische Butter – ein himmlisches Essvergnügen!

„Wenn d' Schul aus war, sin mir immer hin", erinnert sich Sättele mit seinem alemannischen Dialekt, „mit eme bissle Salz im Hosesack. De Mutter habe mer, damit sie sich kei Sorge macht, am Morge scho gsagt, s' wird später heut, weil de Götti ins Dorf kummet."

Doch 1960 hatte alles ein Ende. Mais löste Kartoffeln als Futter ab, der Maisanbau war wesentlich weniger pflegeintensiv – und obendrein sehr viel billiger. Der Dämpfer wanderte in den „Schopf", den Schuppen, dort verblieb er gute zehn Jahre lang, bis er als Partyüberraschung fürs Dorffest von Sättele und seinem Bruder reaktiviert wurde. Doch nun in etwas anderer Funktion. Sie bauten Zwischenböden ein, so dass jeder Kessel nur noch 50 Kilo Fassungsvermögen hatte. Seitdem zieht der „Hobbydämpfer" etwa zwanzig Mal im Jahr los. Man findet ihn mit seinem Herdäpfel-Dämpfer, übrigens wohl der einzige voll funktionsfähige in ganz Südbaden auf Festen, gebucht zum Beispiel von Musikvereinen, Gemeinden oder Kirchengemeinden. Besonders beliebt ist er in Altersheimen – die „Dampfkolonne" ist für manche BewohnerInnen noch ein vertrautes Bild. Dabei sorgt Sättele nur für den reibungslosen Ablauf, für ihn, so betont der betagte Herr, eine leichte Arbeit, hat er doch im Grunde nur das Feuer zu überwachen und den Wasserzufluss zu regulieren. Holz und Wasser indes müssen dafür ebenso gestellt werden wie Personal, welches die Kartoffeln ausgibt: schmackhafte Knollen etwa mit Quark, Speckstippe, Heringen oder „Ochsefetz", Steakstreifchen. „Buchen- und Tannenholz ist dafür ideal", so Sättele, der früher als Mechaniker tätig war. Gott sei Dank, denn Ersatzteile gibt es schon lange nicht mehr. Somit kann er für die Fertigung von Teilen und alle anfallende Instandhaltungsarbeiten am Dämpfer selbst Hand anlegen. Seine Nachfolge indes ist bislang ungewiss. Schade eigentlich, wo doch der Herdäpfel-Dämpfer aus Steißlingen der große Renner auf so manchen Festen ist!

Termine: Otto Sättele, Haydnstraße 4, 78256 Steißlingen, Telefon 07738-5444

75 Der alte Postweg

Auf den Spuren Hegauer Postillione

Was früher der Kurier des Königs war, ist heute der Briefträger – ein weiter Weg seit Gründung des Postwesens in Deutschland, welches König Maximilian I 1490 im Heiligen Römischen Reich errichten ließ. Dafür ließ er an vielen Orten für seine Post – und nur für diese – außerhalb der Stadtmauern Stationen einrichten. Tag und Nacht wurden von hier „Nachrichtenstafetten", Säcke, die in sogenannten Felleisen verwahrt wurden, ausgetauscht, und „ab ging die Post". Der Rest der Menschheit musste sich indes noch bis 1530 gedulden, bis das von der lombardischen Fürstenfamilie von Taxis gegründete Postwesen hierzulande schließlich für alle frei zugänglich wurde. Die Taxis hatten damit bereits gute Erfahrungen in Oberitalien gesammelt. Das beeindruckte auch weitere Fürsten – schließlich sprossen, vor allem längs der frequentierten Handelsstraßen, weitere Stadt- und Landstationen hervor. Und an die Orte, an denen sich früher die Postreiter und Arbeiter einer privaten Botenanstalt trafen, um Briefe, Ware und schließlich auch Menschen in den berühmten Postkutschen zu befördern, erinnern heute oftmals nur noch alte Namen wie „Zum Posthof" oder „An der Alten Post".

Im Hegau, einem Gebiet, in dem sich früher unzählige kleine und noch kleinere Herrschaftsgebiete befanden und durch das bereits seit der Römerzeit wichtige Handelswege hindurchzogen, war früh ein lebendiges Postwesen im Gange – hier war der Schnittpunkt zweier „Postcourse", die sich seinerzeit genau im Städtchen Engen kreuzten. Der eine verlief von West nach Ost Richtung Stockach, übrigens eine der ältesten Poststationen in Deutschland, der andere zog sich von Nord nach Süd bis nach Schaffhausen. Der Hegau wurde somit zu einem der wichtigsten Postverkehrsknotenpunkte im Südbadischen. Nicht nur die Postillione des taxisschen Postmeisters waren hier unterwegs, sondern auch die österreichisch-kaiserlichen Kuriere – Teile des Landes zählten zeitweise zu Vorderösterreich – und in manchen Orten gab es gleich zwei verschiedene Poststationen.

Manche Verbindung wie den „Alten Postweg" findet man heute noch im Hegau. Er verlief von Innsbruck ausgehend gen Westen über das Allgäu, durch Stockach und Engen, von dort bis Hondingen, durchs Höllental und über Neustadt, Freiburg und Breisach und endete schließlich in Ensisheim, heute dem Elsass zugehörig und etwa zwanzig Kilometer westlich des Rheins gelegen. Der Weg mit herrlichem Panoramablick über den Hegau beginnt nördlich bei Tengen an der K 6137, geht bald über in den Querweg „Freiburg-Bodensee" und ist zugleich Teil der alten Römerstraße. Besonders malerisch zeigt sich die anschließende Teilstrecke oberhalb der Straße von Watterdingen nach Leipferdingen (K 6131) bis zum Napoleonseck, einem ehemaligen Gefechtstand französischer Truppen während der Schlacht gegen die Österreicher um Engen im Mai 1800 – woran übrigens die Inschrift „Engen" am Arc de Triomphe in Paris ebenfalls noch erinnert. Von hier geht's weiter Richtung Engen – oder einfach wieder von Ost nach West zurück ...

stweg

Standort und Navigation: Tengen, Alter Postweg

76 Von christlichen Kirchen, Kreuzen und Pilgerstätten 6

Dem Menschen zum Segen, dem Herrgott zur Ehr'!

In der Kirche Sankt Elisabeth in Singen (1963) finden Sie einige Werke des Künstlers und ehemaligen Bendiktinermönchs Egino G. Weinert (eigentlich Franz Stanislaus Günter Przybilski), der bei den Benediktinern in der Abtei Münsterschwarzach bei Würzburg zunächst als Klosterschüler eintrat und dort später eine Ausbildung als Restaurator und Kirchenmaler absolvierte. Mitten im Zweiten Weltkrieg und bei der Kriegsmarine verpflichtet, legte dieser nach der Gesellenprüfung 1941 während eines Fronturlaubs 1943 auch die Meisterprüfung als Gold- und Silberschmied ab – was ihn fast das Leben gekostet hätte. Er wurde wegen Wehrkraftzersetzung angeklagt und zum Tode verurteilt. Doch er konnte sich mithilfe der Fürstenfamilie von Thurn und Taxis bis Kriegsende verstecken. 1945 verlor Weinert durch eine als Elektrosicherung getarnte Sprengfalle im Elternhaus seine rechte Hand. Er trat ins Kloster ein, erhielt den Namen Egino – und begann an der Kunstakademie in Düsseldorf zu studieren. Doch der Konvent verwehrte ihm die dauerhafte Zugehörigkeit – er hatte weibliche Aktzeichnungen mit ins Kloster gebracht. Sie kamen in der Abtei ebenso schlecht an wie seine abstrakten Heiligendarstellungen. Womöglich war auch seine Körperbehinderung für die Ablehnung ausschlaggebend. Später sollte er heiraten, eine Familie, verschiedene Werkstätten und Ateliers gründen. Egino G. Weinert, der auch für den Heiligen Stuhl tätig war – einige seiner Arbeiten sind heute in der Sammlung Moderner Religiöser Kunst der Vatikanischen Museen zu sehen – starb 2012 als hoch geehrter sakraler Maler, Bildhauer und Goldschmied.

Mitten in Hilzingen steht ein barockes Juwel aus dem Jahr 1747, die Kirche Sankt Peter und Paul und dem Baumeister Peter Thumb (1681–1766) zugeschrieben. Thumb, der als „grundsolide, pünktlich und preiswert" galt, arbeitete für seine Zeit wohl eher ungewöhnlich – er ließ seinen Handwerkern wie den Malern, Stuckateuren und Bildhauern viel Handlungsspielraum in Sachen Ausgestaltung. Sein Credo lautete „dem Bau ein Rokokokleid zu verpassen". Unter Thumbs Ägide arbeitete auch der Lindauer Barockmaler Benedikt Gamb. Von ihm stammen mehrere Bilder, etwa das große Altarbild und sämtliche Deckengemälde. Bekannt ist Sankt Peter und Paul auch für den Erntedankschmuck, mit welchem alljährlich an den Beginn des Bauernkrieges im Hegau erinnert wird, als sich an Kirchweih 1524 in Hilzingen auch 800 bewaffnete Bauern verbündeten. Hierzu sollen auch zwei der heute noch erhaltenen historischen Glocken geläutet haben. Das Museum im Schlosspark in Hilzingen stellt in seinen Räumen dazu den regionalen Ablauf dar. Es zeigt unter anderem eine Arrestzelle, Bauernstube und Küferwerkstatt.

Eine Kirche der etwas anderen Art ist die evangelische Jakobuskirche in Sipplingen, sie ist eine der wenigen sogenannten Hörspielkirchen in ganz Deutschland. In Zusammenarbeit mit dem SWR werden hier in den warmen Sommermonaten Erzählungen aller Art, Krimis oder Mundart präsentiert – eine tolle Idee, den Fokus wieder vermehrt auf ein Gotteshaus zu richten.

Standorte und Navigationen:
Sankt Elisabeth: Singen, Überlinger Strasse 1
Sankt Peter und Paul: Hilzingen, Peter-Thumb-Straße 1
Museum im Schlosspark: Hilzingen, Hauptstrasse
Hörspielkirche: Sipplingen, In der Breite

77 Die Venus von Engen und die Zizenhausener Terrakottafiguren

Klein, aber oho!

Sie ist nur wenige Zentimeter groß, aus Gagat (Pechkohle) und sehr, sehr alt. Die berühmte „Venus von Engen“, eine steinzeitliche Darstellung des weiblichen Körpers, zählt zu den bedeutsamsten Venusfigurinen, welche Anfang des Zwanzigsten Jahrhunderts in der Petersfelshöhle bei Bittelbrunn ausgegraben wurde. Sie ist etwa 15000 – 11500 Jahre alt und stammt aus dem Magdalénien, einer archäologischen Kulturstufe im Jungpaläolithikum am Ende der letzten Eiszeit.

Eduard Peters war eigentlich auf der Suche nach Versickerungsstellen der Donau, als er im August 1927 eine steinzeitliche „Stelle“ entdeckte, diese durch mehrere Grabungen erforschte und schließlich nicht nur besagte Venus, sondern zahlreiche weitere Funde entdeckte. Zu sehen ist die Venus im Städtischen Museum, ein ehemaliges Dominikanerinnenkloster. Die Petersfelshöhle im sogenannten Brudertal zählt heute zu den wichtigsten steinzeitlichen Fundstellen in Südbaden. Das Tal wird von Kalkfelsen begrenzt, einst zogen hier im Herbst die großen Rentierherden auf dem Weg in die nördlich gelegenen Winterquartiere durch. An den Engstellen lagerten bereits die eiszeitlichen Jäger, um sich das Überleben zumindest nahrungstechnisch mit Fleisch und wärmetechnisch mit Fellen zu sichern. Ein 2003 angelegter „Eiszeitpark“ bietet „späteiszeitliche Landschaft zum Erleben“ – ein Lagerplatz, umgeben von eiszeitlicher Vegetation, wie er wohl seinerzeit mal ausgesehen haben mag.

Die Zizenhausener Terrakotten sind kleine Figuren aus gebranntem Ton, die der gelernte Kirchenmaler Anton Sohn (1769 – 1840) geschaffen hat. Der Schreinersohn ließ sich 1799 bei Stockach nieder und verdiente sein Geld zunächst als Ortsverwalter (früher auch Vogt oder Schultheiß genannt) und Kirchenmaler – er war ausgebildeter Flach- und Fassmaler, malte also Kirchenbilder und fasste Skulpturen farblich.

Ein Kunsthändler aus Basel wurde um 1820 auf seine Krippen- und Heiligenfiguren aufmerksam und beauftragte ihn mit spezifisch schweizerischen und später auch französischen Themen. Die farblich aufwändig gestalteten Halbplastiken, die zwischen 1820 und 1840 entstanden, fanden bald in halb Europa Absatz, zeigten sie doch den Geschmack und Zeitgeist aus jener Biedermeierzeit und dem Vormärz. Sie bilden häufig Brauchtum, bekannte Persönlichkeiten oder religiöses Leben ab. Dabei ist von der idyllischen bis zur satirischen oder karikaturistischen/karikierenden Darstellung alles zu finden. Eines der bekanntesten Exponate ist der 42 Figuren umfassende „Basler Totentanz“, weitere sind das „Große Orchester“, „Die sieben Schwaben im Kampf mit einem Hasen“, Wilhelm Tell oder Napoleon.

Eine große Sammlung mit 540 Musterfiguren und über dreitausend Originalmodeln (Prägeformen aus Gips) – diese dienten den Nachfahren bis ins frühe 20. Jahrhundert für das kontinuierliche Fortsetzen der künstlerischen Arbeit – ist im Stadtmuseum in Stockach zu finden. Sehenswert ist zudem auch die Douglassche Sammlung im Fastnachtsmuseum auf Schloss Langenstein.

Standorte und Navigationen:
Städtisches Museum Engen: Klostergasse 19
Eiszeitpark und Petersfelsen: zwischen Engen und Bittelbrunn
Stadtmuseum Stockach: Salmannsweilerstraße 1
Schloss Langenstein: Orsingen-Nenzingen, Langenstein-Schloß 1

78 Per Pedal zur Poesie

Literarische Radwege

Literatur mit dem Rad erkunden – die Idee führt Interessierte in elf Touren zu Schauplätzen der südwestdeutschen Literaturgeschichte, etwa Wohnorte von Künstlern, Museen, Gedenkstätten oder Handlungsorte. Zwei Routen führen auch durch den Hegau oder garantieren jedenfalls einen Blick auf denselben. „Route 3“ beginnt in Konstanz und geht am schweizerischen Ufer des Untersees entlang. Sie führt bis ins Schweizer Örtchen Stein am Rhein. Hier tummelten sich einst unzählige Flüchtlinge, politisch Verfolgte, Revoluzzer von 1848, Schriftsteller und Publizisten – Vertreter der Bohème vom Vormärz bis in die Nachkriegszeit des 20. Jahrhunderts Ende der 1940er Jahre.

Die „Route 4“ geht durch den Hegau und kann nahtlos an die vorherige Tour angehängt werden. An der Grenze in Stein am Rhein beginnend, führt diese auf die Halbinsel Höri, Wohnstätte vieler Literaten sowie Zufluchtsort mancher KünstlerInnen, die hier während der NS-Zeit mehr oder weniger freiwillig strandeten. Wo seinerzeit wohl fast „nur Natur und sonst nichts“, so der Romanautor Norbert Jacques und Erfinder der Romanfigur Dr. Mabuse, vorhanden war, fanden sie eine neue Bleibe in Grenznähe, manche blieben, andere kehrten später wieder in ihre Heimat zurück.

Im Höri-Örtchen Kattenhorn lebte unter anderem der Lyriker Werner Dürrson (1932 – 2008), der 1984 die Gedichtsammlung „Das Kattenhorner Schweigen“ veröffentlichte, in der er schrieb: „Hier dämmert Deutschland am schönsten“.

In Wangen war zeitweise Hans Leip (1893 – 1983) zuhause, der vor den Nazis wie vor dem Hamburger Bombenhagel gleichermaßen floh. Er ist der Urheber des Liedtextes „Lili Marleen“. Der See inspirierte ihn zu dem Roman „Der große Fluß im Meer“, den er 1954 veröffentlichte. In Wangen wurde auch der jüdische Erzähler Jacob Picard (1883 – 1967) geboren, der im amerikanischen Exil nach eigenem Bekunden beim Anblick des Hudson-Rivers stets an den Untersee denken musste. In Gaienhofen hat Hermann Hesse gelebt und an seinem Roman „Unterm Rad“ geschrieben. Die jüdische Schriftstellerin und spätere Präsidentin des DDR-Schriftstellerverbandes Anna Seghers (1900 – 1983) verbrachte nach ihrem Exil den Sommer 1947 auf der Höri. Erich Scheurmann (1878 – 1957) schrieb nach einer Südseereise 1914 hier seine „Reden des Südseehäuptlings Tuiavii aus Tiavea“, die 1920 unter dem Titel „Der Papalagi“ veröffentlicht wurden und ein halbes Jahrhundert später zum Bestseller avancierten.

Weiter geht's nach Radolfzell und auf die Halbinsel Mettnau, Wahlheimat von Joseph Victor von Scheffel (siehe auch Kapitel 31). Hier musste 1873 zudem auch der aus dem Schwarzwald stammende Literat und „Rebell im Pfaffenrock“, Heinrich Hansjakob (1837 – 1916), eine Haftstrafe absitzen. Die weitere literarische Spurensuche führt sodann nach Allensbach und über die Reichenau (siehe auch Kapitel 5) bis zur Konstanzer Altstadt.

Das Projekt „Per Pedal zur Poesie“ wurde bereits mehrfach mit Preisen und Ehrungen ausgezeichnet.

Weitere Infos: literaturland-bw.de/radwege/

79 Die schwäbisch-alemannische Fastnacht im Hegau

Von Narren, Hexen und wilden Tieren

„Hoorig, hoorig, hoorig isch de säll, und wenn de säll it hoorig wär,
no dät mer it wisse, wer hoorig wär, hoorig, hoorig, hoorig isch de säll."

Jedes Singener Kind kennt heute diesen Fastnachtsschlager aus dem Jahr 1952 – und macht mit bei der schwäbisch-alemannischen Fastnacht! Diese wurde im Dezember 2014 in das Verzeichnis des immateriellen Kulturerbes der UNESCO aufgenommen. Und somit ist diese nicht nur das Vergnügen einiger Narren, sondern ein Erbe, das es in seiner Tradition zu pflegen und zu bewahren gilt. Und das tut im Badischen und in der Schweiz fast jede/r. Die Anfang des 20. Jahrhunderts gegründeten Narrenzünfte (bis dahin war die Fasnet stets ortsbezogen) zählen Tausende von Mitgliedern in mehreren Vereinigungen zusammengefasst.
„Die Fasnet ist für mich so wichtig wie Ostern und Weihnachten", so Stephan Glunk, derzeit Zunftmeister der Poppele-Zunft in der Hegaumetropole Singen und schon seit Kinderzeiten dabei – sein Vater hatte über 20 Jahre lang das Amt des Zunftmeisters inne. „Diese einzigartigen Tage gehören für mich zum Jahreslauf dazu. Sie haben ihren Sinn ebenso in der christlichen Tradition."
Tatsächlich war es früher vor Beginn der Fastenzeit den Menschen seitens der Kirche erlaubt, sich richtig auszutoben, bevor die ernste und eher karge Zeit bis Ostern begann, in der die „Abkehr vom Fleische" in doppeltem Sinne verordnet wurde – kulinarisch wie zwischenmenschlich war der Fleischeslust in jener Zeit streng Einhalt geboten. Doch vorweg gab es Spaß, Tanzfeste und bunte Umzüge. Der neue protestantische Glaube verbot das verabscheuungswürdige „Teufelszeug" – weswegen die Fastnachtstage seit der Reformation in vielen Gegenden Deutschlands völlig abgeschafft sind. Charakteristisch ist dabei die Vermummung mit sogenannten Larven oder Schemen, Masken aller Art. Dazu gehört zudem ein Häs, das Narrenkostüm. In vielen Familien ist es üblich, diese Kostüme zu vererben. Diese reichen vom Hansele (aus bunten Stoffstücken, den sogenannten Blätzle, die je nach Zunftzugehörigkeit in bestimmten Farben und Folgen angeordnet sind) bis zu Geist, Teufel, Hexe oder dem Hoorigen Bären, einer typischen Narrenfigur der Singener Poppelezunft aus Erbsenstroh, auf welche sich das eingangs erwähnte Lied bezieht. Die Kostüme und Masken sorgten früher (und vielleicht auch heute noch) für unerkannten und unbeschwerten Genuss. Dieser beginnt indes bereits am Martinstag (11.11.) mit einem „kleinen Narrenspiegel", einem kritischen Blick auf das Treiben im Rathaus seit dem vergangenen Aschermittwoch. Ab Januar trifft man sich dann vermehrt zu den Veranstaltungen, doch richtig los geht's erst am Schmutzige Dunschtig (Donnerstag vor Aschermittwoch). Dann werden Schulen, Ämter und Büros geschlossen, es starten die Umzüge, welche in manchen Jahren schon mal an die 15000 Zuschauer anlocken. Typische Gerichte wie in Schmalz gebackene „Fasnetsküchle", die dazu bereits im 13. Jahrhundert verspeist wurden, kommen auf den Tisch. Und die Krönung von allem? Die herrlich ausgelassenen Fastnachtsbälle natürlich!

Weitere Infos:
svsan.de
narrenvereinigung-hegau-bodensee.de

80 Die große Seegfrörne

Ein beinah göttliches Naturereignis

Es ist schon lange her, seit der Bodensee komplett überfroren war und sich eine sogenannte große Seegfrörne bildete – zuletzt im Winter 1963. Die erste Seegfrörne ist aus dem Jahr 875 bekannt und jede der bislang 37 (laut Umweltministerium) wurde seitdem von Chronisten festgehalten – gilt diese doch noch immer als beinah „göttliches“ Ereignis, das, so weiß man heute, nur unter gewissen Voraussetzungen stattfinden kann. Es müssen etwa ein niedriger Wasserstand, anhaltende kalte Ostwinde, mäßige Luftbewegungen und ein früher, eisiger Winter vorangehen, bis sich die Gfrörne tatsächlich zu bilden beginnt. Dazu kommen weitere spezielle „See-Faktoren“ wie etwa die Temperatur des Wassers.

Forscher fanden heraus, dass die Seegfrörne stets ihren Anfang im Hegau, im 22 Meter tiefen Gnadensee nimmt, zum Zeller See übergeht und dann den vom Rhein durchströmten Untersee erfasst, der immerhin etwa alle zehn Jahre zufriert. Danach beginnt auf dem Überlinger See und schließlich dem Obersee die Eisbildung. Zur Tragfähigkeit wurde 1830 festgehalten: „Das Eis trägt bei vier Zentimeter Dicke das Gewicht eines Mannes, für Kavallerie muss es mindestens elf Zentimeter dick sein und ab vierzig Zentimeter widersteht es dem Druck selbst schwerster Lasten.“

Ein großes Ereignis stellte bislang immer die Überquerung dar. Im Jahr 1963 begann diese Mitte Januar bei kompletter Gfrörne und führte nach Steckborn am gegenüberliegenden Schweizer Ufer. Am legendären ersten Märzwochenende 1963 tummelten sich Zehntausende auf dem See und selbst Sportflugzeuge konnten darauf starten und landen. Doch unproblematisch – die Wasservögel etwa mussten mit Futter aus der Luft versorgt, angefrorene Tiere gerettet werden – oder ungefährlich war diese wie auch die zurückliegenden Seegfrörnen nie. Es gab Todesfälle zu beklagen, etwa als Eisschollen brachen und dabei Jugendliche unter sich begruben. Vielen Älteren ist noch die feierliche Eisprozession 1963 von Münsterlingen am Schweizer Ufer nach Hagnau und zurück in Erinnerung, bei der unter Begleitung von über 3000 Menschen, wie bei fast jeder großen Seegfrörne seit 1573 wechselseitig üblich, eine spätgotische Johannesbüste über den Obersee getragen wurde. Seit 1830 war sie in Hagnau gewesen, jetzt ging sie wieder nach Münsterlingen und wartet dort seitdem auf die nächste Seegfrörne.

Die Bodenseegfrörnen wurde mehrfach von Künstlern thematisiert, auf Gemälden verewigt, literarisch im Band „Bodenseereiter“ festgehalten, später auf Fotos. 1963 gab es zudem eine Extra-Eispost mit entsprechendem Poststempel und sogar ein Eis-Baby, das auf Wunsch der werdenden Mutter und mithilfe eines medizinisch ausgebildeten Teams auf Schlittschuhen tatsächlich mitten auf dem zugefrorenen See geboren, in erhitztem Bodenseewasser gebadet und später auf den Namen „Pankratius vom Eis“ getauft worden sein soll.

Und auch wenn Wasserburg nicht mehr im Hegau liegt – hier in der Seekirche Sankt Georg sind einige Gfrörne auf Stelen dokumentiert.

eegfrörne

Standort und Navigation: Kirche Sankt Georg: Wasserburg, Halbinselstraße

81 Kunst in Singen

Das Kunstmuseum und der Kunstpfad SkulpTour

Die Gegend um den Bodensee wird auch gern als Vierländerregion bezeichnet und meint damit die angrenzenden Länder Deutschland, Liechtenstein, Österreich und die Schweiz. Das Kunstmuseum Singen hat es sich zur Aufgabe gemacht, genau aus diesen regional nahen Gebieten moderne und zeitgenössische Kunst zu präsentieren. Auf etwa 1000 Quadratmetern findet sich ein 2014 komplett renoviertes Museum, welches seitdem als eines der großen kommunalen Kunstmuseen auf der deutschen Seite des Bodensees gilt. Besonderes Augenmerk gilt dabei den Künstlern der Höri – jenen Vertretern der klassischen Moderne, die, bedingt durch die nationalsozialistische Kulturpolitik ab 1933, als „politisch unzuverlässig“ oder „entartet“ gebrandmarkt wurden. Sie lebten und arbeiteten auf der Bodenseehalbinsel teils bis lange in die Nachkriegszeit hinein in „innerer Emigration“. Manche wichen „nur“ den Bombardements vor allem in den großen Städten aus, manche blieben für immer, der Zufluchtsort im Hegau wurde zu ihrer neuen Heimat. Sie brachten die „verfolgte Moderne“ an den Bodensee. Zu den bekannteren Künstlern zählen beispielsweise Max Ackermann, Otto Dix, Hugo Erfurth, Erich Heckel, Gertraud Herzger von Harlessem, Helmuth Macke, Hans Kindermann, Ferdinand Macketanz oder Jean Paul Schmitz. Das Museum besitzt den größten, geschlossenen Bestand dieser Maler, Graphiker, Bildhauer und Photographen. Zu ihren Werken, Gemälde, Zeichnungen, Photographien und Skulpturen gesellen sich viele weitere Kunstwerke in der Raumschaft ansässiger Künstler sowie aus weiteren Werkstätten im Südwesten ab etwa 1900. Hervorzuheben sind dabei auch die Landschaftsbilder des Bodensees und Hegaus. Ein weiterer Schwerpunkt bildet die aktuelle zeitgenössische Kunst. Zu deren Vertretern zählen unter anderem die Künstler Johannes Dörflinger, Friedemann Hahn, Jürgen Palmtag, Miriam Prantl, Markus Weggenmann oder auch Andrea Zaumseil, die auch das Mahnmal für das Flugzeugunglück bei Überlingen geschaffen hat (siehe auch Kapitel 53). Das Museum zeigt damit Kunst aus einem Zeitraum von gut einhundert Jahren.

Die Stadt Singen ist auch für zeitgenössische Werke im öffentlichen Raum bekannt. Der Kunstpfad SkulpTour ist der „rote Faden“ zu über 35 Kunstobjekten und führt zu Schulen, Hotels, Büros, Kirchen, Kliniken, Heimen, Banken, Friedhöfen, Straßen und Grünanlagen. Sie finden hier etwa „Hier Da Und Dort“ zur Landesgartenschau Singen 2000, Großplastiken der 1970er- und 1990er Jahre, Kunst am Bau oder zeitgenössische Lichtart. SkulpTour führt zu mehreren Kunstobjekten des bekannten Singener Vertreters der Nachkriegsmoderne, Malers und Graphikers Curth Georg Becker (1904 – 1972). Auch seine Werke im künstlerischen Spannungsfeld zwischen figurativer Gegenständlichkeit und flächengeometrischer Abstraktion galten ab 1933 als entartet. Er hat das kulturelle Profil seiner Heimatstadt vor allem nach dem Zweiten Weltkrieg entscheidend mitgestaltet, geprägt und bereichert. Auch nicht zu vergessen: Das Dix-Gemälde im Rathaus (siehe auch Kapitel 61).

Standorte und Navigationen:
Kunstmuseum: Singen, Ekkehardstraße 10
SkulpTour: singen-kulturpur.de/Kunstpfad_SkulpTour.632.html

82 Von Milchzapfstellen und Eierautomaten

Frisch und „24/7"

Auch im Hegau sehen sich viele Bauern nach neuen Ideen um, oft ist das Bisherige nicht mehr rentabel genug. Somit müssen innovative Konzepte her, die das Überleben der Familien sichern, Arbeitsplätze erhalten und die Hofstellen auch für weitere Generationen attraktiv machen. Doch das Betreiben einer Landwirtschaft, so romantisch verklärt das auch erscheinen mag, ist harte Knochenarbeit und Milchviehbetriebe sind besonders arbeitsintensiv – der Einsatz oftmals rund um die Uhr, an sieben Tagen in der Woche und zwölf Monaten im Jahr ist Pflicht. Dazu gehören heutzutage viel Idealismus, ein Händchen im Umgang mit Tieren, Freude an der landwirtschaftlichen Tätigkeit, technisches Verständnis, bürokratisches Knowhow, ein guter Zusammenhalt sowie ein heiteres und gelassenes Gemüt, vor allem, wenn die Milchpreisbörse mal wieder verrückt spielt. Doch viele Milchbauern glauben wieder an die reelle Zukunft der Milchviehzucht, denn die Konsumenten wünschen sich etwas zurück, was eigentlich kaum noch irgendwo zu bekommen ist, nämlich echte, unverfälschte und unbehandelte Rohmilch. Und diese bekommen Sie an sogenannten Milchautomaten, Zapfstellen, die rund um die Uhr und an jedem Tag in der Woche, heute sagt man dazu 24/7, verfügbar und auch im Hegau zu finden sind. Hauptakteure auf den Höfen mit einer „stählernen Kuh" sind natürlich die echten Tiere. Hier finden Sie frische Milch zum Selbstzapfen (Auswahl):

- Auf dem Krammerhof in Volkertshausen stehen ungefähr 150 Tiere, Schwarzbunte und Fleckvieh, und sorgen für stetigen Milchnachschub.
- Auf dem Hof Bischoff in Mahlspüren sind etwa 190 Fleckviecher zuhause. Die Zapfstelle haben die Betreiber auch zu Lernzwecken aufgestellt „um die Nähe zur Landwirtschaft erlebbar werden zu lassen".
- Im Stall der Familie Traber in Hecheln stehen Rotbunte und Fleckvieh. Lernstationen geben interessante Einblicke in die Landwirtschaft.
- Auf dem Gebhardshof in Wallhausen ist ebenfalls „Bauernhof live" erfahrbar. Hier können Interessierte in der Bauernhofschule einiges zum Thema „Die Wege vom Erzeuger bis zur Ladentheke" erfahren.
- Der Erlenhof bei Wahlwies ist Teil des Pestalozzi-Kinderdorfes für Kinder und Jugendliche in sozialen Notlagen. Hier ist Demeter-Milch abzufüllen.
- 75 Schwarzbunte stehen auf dem Hof Zimmermann in Stahringen, wo auch schon mal Tiersegnungsgottesdienste der katholischen Gemeinde Sankt Meinrad stattfinden.

Das Ganze geht übrigens allerorts auch noch ziemlich fix und super einfach: Mit Geld füttern, Klappe öffnen, Flasche oder Milchkanne einstellen, Knopf drücken und schon fließt das kalte, frische Weiß in Strömen. Flasche vergessen? Kein Problem, man kann sich Glasflaschen vor Ort kaufen. Das Rückgeld gibt's per Knopfdruck. Und wer ganz dringend mal Eier zu unchristlichen Zeiten benötigt – etwa um Mitternacht für Spiegeleiergelüste oder morgens um fünf für einem Waffelbackanfall – der kann rund um die Uhr zum Eierautomaten Maier Eier in Steißlingen fahren. Dort gibt es Eier aus Bodenhaltung.

Standorte und Navigationen:
Krammerhof: Volkertshausen, Krammerhof 1
Hof Bischoff: Mahlspüren, Alpenstraße 30
Bauernhof Traber: Mühlingen, Hecheln 3
Gebhardshof: Wallhausen, Zum Hofgut 4
Zimmermann: Stahringen, Bodmaner Straße 21
Erlenhof: Wahlwies, Erlenhof 1
Maier Eier: Steißlingen, Böllerstraße 1

83 Die Hegauberge VI

Der Hohenkrähen und seine Geschichte

Der Hohenkrähen ist zwar nicht der einzige Hegauberg mit einem eigenen Geist – doch der als Poppele bekannt gewordene Johann Christof Popolius Maier, einstiger Burgherr oder jedenfalls Burgvogt einer verwitweten Burgherrin, ist wohl der berühmteste unter ihnen. Er soll vor allem – und obwohl angeblich „klepperdürr wie ein Rebstecken" – ein wilder Ritter gewesen sein, der so bekannt wie gefürchtet war. Der Legende nach soll der Poppele zu Beginn des 15. Jahrhunderts auf dem Krähen gewohnt haben und wird zum einen als Kobold und freundlicher Helfer, aber auch als Unheilverkünder beschrieben. Zudem galt er als recht angriffslustig, um nicht zu sagen extrem gewalttätig, weswegen er letztlich von einem Abt zum ewigen auf-dem-Bergherumirren verflucht wurde. Eine andere alte Erzählung besagt, der Grund dafür sei, dass er aus Habgier seinen Bruder hinterrücks mit einem Pfeil erschossen habe und er deswegen ewig auf dem Berg darben müsse. Es könnte aber auch der Racheakt eines Bischofs gewesen sein, den er wochenlang in einem Verlies festgehalten haben soll. Wie auch immer, dem Poppele, seinem berüchtigten Ritternest und dem Spuk, der zunächst nur „siebenmal vierzig Jahre" dauern sollte, wurde der Garaus gemacht. Die Sache hatte allerdings wohl nur mäßig gut geklappt, denn es geht die Mär, er würde tatsächlich noch immer auf dem Berg sein Unwesen treiben – auch wenn es Fakt ist, dass er wohl nicht als historisch verbriefte Figur zu sehen ist. An einer Stelle am Fuße des Berges, wo früher stets die Pferde scheuten und es den Menschen dadurch mulmig wurde, scheint indes Ruhe zu sein, seit dort 1892 auf Geheiß eines Pfarrers ein „Angstkreuz" aufgestellt wurde.

Auf dem 643 Meter hohen, sehr steilen und seit 1983 unter Naturschutz gestellten Phonolithkegel des Hohenkrähens wurden Besiedlungen aus der Steinzeit nachgewiesen. 754 wurde der Berg als Besitz des Klosters Sankt Gallen erwähnt. Danach folgten bis zur Zerstörung derselben 1634 – wieder war es Konrad Widerholt, der die Anlage zum Schutz des nahe gelegenen Hohentwiels abbrennen ließ – Besitzer auf Besitzer mit regional wie überregional berühmten Namen wie, um nur einige zu nennen, von Friedingen, Fugger, von Bodman oder von Helfenstein. 1747 kauften die Freiherren von Reischach Berg und Burgreste, beides ist seitdem im Familienbesitz derer von Douglas-Reischach.

Im Zweiten Weltkrieg diente der Berg als Flugabwehrstellung. Seit 1956 ist hier die Pfadfinderschaft „Grauer Reiter" beheimatet – der Name geht auf einen berittenen Pfadfinderstamm zurück, der sich trotz Verbotes 1933 nicht auflöste. Heute ist hier das Bundeszentrum der Organisation, dem derzeit etwa 300 Mitglieder angehören – unter anderem der Stamm Thule in Singen.

Der Poppele vom Hohenkrähen ist heute die zentrale Figur der Fasnet in Singen und „Schutzherr" der 1862 gegründeten Narrenzunft gleichen Namens (siehe auch Kapitel 77). Auch einige Sagen erinnern noch an den umtriebigen Berggeist vom Hohenkrähen, etwa die vom Eierwieb oder dem versiegten Wein ...

berge VI

Standort und Navigation: zwischen den Dörfern Duchtlingen, Schlatt unter Krähen und Mühlhausen
Angstkreuz: Weg am Fuße des Berges Richtung Norden entlang der L 191, an der ersten Kreuzung nach links, direkt am Weg gelegen

84 Die Orte Moskau und Petersburg

Das ehemalige Schweiz-Russland?

Schaut man sich ältere Karten des Hegaus etwas genauer an, sind darauf zwei Namen, die man hier nicht unbedingt vermuten würde, zu entdecken: Moskau, welches in Teilen zeitweise auch mal Warschau hieß, sowie Petersburg – ohne Sankt. Ein weiteres Petersburg ist bei Randegg verortet. Alle Namen lehnen an Städte des einstigen russischen Kaiserreichs (1721–1917) an, seinerzeit drittgrößtes Reich der Weltgeschichte. Sankt Petersburg war von 1712 bis 1918 die russische Hauptstadt, Moskau war die Krönungsstadt der russischen Zaren und Warschau wurde nach dem Wiener Kongress 1815 die Hauptstadt von Russisch-Polen, auch Weichselland oder Kongresspolen genannt, welches als westlichste Provinz des Königreiches Polens vom russischen Zaren in Personalunion mitregiert wurde. Nun kann man sich schon mal fragen: Wie kommt es, dass diese winzigkleinen Ansiedlungen mit derlei Namen hier zu finden sind? Viele Geschichten wurden im Laufe der Zeit gesponnen. Es wurde beispielsweise darüber spekuliert, ob die Orte einst von ausgewanderten Russen gegründet wurden. Oder ob ein russischer Großfürst hier ein heimliches Sommerquartier hatte. Oder ob russische Soldaten aus dem großen Krieg 1799 gegen Napoleon hier Heimat fanden. Oder ob einige russische Arbeiter, die Ende des 19. Jahrhunderts im Hegau längere Zeit am Bau von Bahntrassen und Brücken beteiligt waren, diese Orte einst begründet haben. So geheimnisvoll die Sache auch gewesen sein könnte – so banal und unspektakulär indes ist leider die tatsächliche Entstehung derselben und sie hat nichts mit Russen zu tun.

Moskau ist heute ein Teil der schweizerischen Gemeinde Ramsen. Direkt daneben liegt auch Petersburg, ebenfalls heute Ramsen zugehörig und sogar noch etwas älter als Moskau. Dort baute sich der Stabhalter (Vizegemeindepräsident) Peter Neidhart 1822 an einer einsam gelegenen Landstraße ein Haus, welches bald einen Namen bekam – in Anlehnung an den Besitzer wurde es scherzhaft als Petersburg betitelt. 1852 wurden in der Nähe drei weitere Häuser gebaut. Sie bekamen, von Petersburg ausgehend, den Namen Moskau. Es entstanden bald noch mehr Bauten, diese wurden Warschau getauft. Zunächst standen diese Häuser alle ziemlich allein, doch nach und nach entwickelte sich aufgrund der neu gebauten Eisenbahnlinie ganz in der Nähe ein regelrechter Bauboom, es entstanden kleinere Siedlungen und die Ortsbezeichnungen Moskau und Petersburg sind in Ramsen bis heute erhalten. Es sind mittlerweile Gewerbegebiete, die Bahnlinie ist längst stillgelegt und der Bahnhof verschwunden, doch manche Hinweise verweisen noch auf die alten Ortsnamen.

Das Randegger Peterburg lässt sich auch auf einen ersten Hausbau an der Stelle „Im krummen Risi“ aus dem Jahr 1840 zurückführen. Das Haus wurde, warum auch immer, ebenso nach seinem ersten Besitzer Peter benannt. Bis heute hat der kleine Weiler ein eigenes Ortsschild.

Mögen diese Orte heute auch sehr klein und nahezu unbedeutend sein, die Umgebung ist überall einfach zauberhaft und einen Besuch wert…

Standorte und Navigationen:
Gottmadingen-Randegg: Petersburg
Ramsen, Peterburg
Ramsen, Moskau

85 Von christlichen Kirchen, Kreuzen und Pilgerstätten 7

Dem Menschen zum Segen, dem Herrgott zur Ehr'!

Der 918 Meter hohe Fürstenberg ist ein Ausliegerberg auf der Baar und zugleich der vorderste Berg der Länge, einem Höhenzug mit Gipfelplateau im nordwestlichen Hegau. Er ist nicht nach den Fürsten von Fürstenberg benannt, sondern es ist genau umgekehrt: Diese nannten sich und ihre Stadt oben auf dem Plateau, die 1841 durch Feuer zerstört wurde, nach dem Berg, der seiner Lage wegen als „fürderster Berg" bezeichnet wurde. Am Fuße entstand nach dem Brand eine neue Stadt, heute ein Ortsteil von Hüfingen. Seit Sommer 2012 führt ein historischer Lehrpfad rund um die Bergkuppe. Einen Besuch wert ist die Augustinus-Kapelle mit ihren Stufengiebeln. Sie wurde 1964 zu Ehren des Kurienkardinals Augustin Bea, gebürtig aus Riedböhringen, errichtet.

Vom Franziskaner-Terziarinnenkloster nahe der ehemaligen Burg Grünenberg und einst auf der Höri zwischen Gaienhofen und Bankholzen gelegen, ist heute nichts mehr zu finden. Es wurde 1808 aufgehoben. Nur noch ein Wegekreuz und veräußerte Güter wie etwa die Sakristeitür der nah gelegenen Horner Kirche erinnern noch an das Kloster, welches 1282 als Einsiedlerklause und als Beginenhaus in der Literatur auftaucht.

Auch vom Kloster Adelheiden bei Hegne ist außer einer kleinen Hofstelle nichts mehr zu sehen. Der Legende nach wurde hier im 14. Jahrhundert ein junges Mädchen von der Insel Reichenau ermordet. Zu seinem Gedenken bauten Augustinermönche eine Kapelle, die bald zum Ziel von Pilgern wurde. 1809 wurde das Kloster aufgehoben und die Gebäude abgerissen, doch einige später veräußerte Güter schmücken heute die Hegner Dorfkapelle und die Pfarrkirche Sankt Verena in Dettingen.

Die Klosterinsel Werd im Besitz des Klosters Einsiedeln ist ein Kleinod bei Stein am Rhein, welches nur über einen hölzernen Steg erreicht werden kann. Die Insel liegt mitten im Ausfluss des Rheins. Hier lebte im 8. Jahrhundert Otmar, der erste Abt des Klosters Sankt Gallen in Verbannung. Sein Leichnam fand zunächst auf der Insel, zehn Jahre später auf dem Klosterfriedhof in Sankt Gallen seine letzte Ruhe. Anstelle der Grabstätte entstand im 10. Jahrhundert eine Kapelle, die bald zur vielfach besuchten Wallfahrtsstätte wurde. Seit 1957 bewohnen einige Franziskanermönche wieder das an die Kapelle angebaute Priesterhaus und beten täglich öffentlich die sogenannten Horen, das kirchliche Stundengebet. Ein Labyrinth im Garten, möglichst barfuß beschritten, soll zudem Sammlung und Wege zu sich selbst schenken, der dazugehörige Pfad den Weg zurück in den Alltag weisen.

Die Singener Pfarrkirche Sankt Peter und Paul wurde von 1778 bis 1781 unter Einbeziehung älterer Bauteile erbaut. Erwähnenswert ist im Turm das sechsfache Geläut mit der sogenannten Fuggerglocke, die 1565 in Lindau gegossen und vom damaligen Singener Ortsherrn, dem Augsburger Patrizier Hans Jakob Fugger, in die Pfarrkirche von Singen gestiftet wurde. Seitdem schlägt sie in Singen und hat auf wundersame Weise selbst alle Kriegszeiten zwar stumm, aber unbeschadet überstanden.

Standorte und Navigationen:
Augustinus-Kapelle: Fürstenberg
Sakristeitür: Pfarrkirche Gaienhofen-Horn, Kirchgasse 4
Hof des ehemaligen Klosters Adelheiden: Allensbach, Adelheider Weg
Insel Werd: CH-Stein am Rhein, Werd
Peter und Paul: Singen, Hauptstraße

86 Die Weidlinge

Vom Kelten-Kahn zum Sportgefährt

Was den Bodenseeanwohnern ihre Segelschiffe, sind den am Rhein Beheimateten die Weidlinge. Das sind längsgedielte Flachboden-Plankenboote mit stumpfem Ende vorn und hinten, in der Gegend Schoo oder Schoon genannt. Doch ein Weidling ist nicht irgendein Boot, sondern eines, welches bereits vor 5000 Jahren als Erfindung der Kelten Verwendung fand und somit als eines der ältesten Schiffsbautypen der Welt gilt. Früher allerorts auf den Flüssen und Seen im gesamten alemannischen Südwesten zuhause, ist der Weidling heute noch in der Schweiz verbreitet und wird als Ausflugsboot, Fähre oder Wasserfahrzeug der schweizerischen Armee verwendet – traditionell im tiefen Wasser mit ein oder zwei über zweieinhalb Meter langen Rudern stehend gerudert. Im flachen Uferbereich wird das Boot mit einem oder zwei sogenannten Stacheln flussaufwärts gegen die Strömung geschoben oder gezogen, man „treidelt" es. Im richtigen Sprachgebrauch heißt das gestachelt oder gestakt. Der dazu verwendete Stachel, auch Stecken genannt, ist ein längliches Holz und trug früher auch den Namen Stupfruder – vom ortsüblichen Verb „stupfen" abgeleitet, schieben oder stoßen. Früher dienten die Boote, die wohl nach ihrer ursprünglichen Nutzung als Fortbewegungsmittel für „Weidmänner", welche Jagd auf Wasservögel machten, benannt sind, auch dem Fischfang, als Reiseschiffe und Lastkahn für Güter aller Art. Aufgrund ihrer Bauweise garantieren sie in flachen Gewässern leichtes Manövrieren. Doch immer wieder geschahen Unglücke, bei denen teils ganze Reisegesellschaften umkamen oder die transportierten Güter in den Fluten verschwanden, weswegen es früher strenge Lade- und Fahrvorschriften gab.

Ein Weidling ist etwa zehn Meter lang und 320 Kilogramm schwer, die Langschiffe haben ein Längenmaß von fünfzehn Metern und ein Gewicht von etwa 1700 Kilogramm. Heute werden die Gefährte neben der traditionellen Holzbauweise – meist mit Tannenholz – auch aus Kunststoff gebaut, mancherorts sind zudem noch die seltenen Versionen aus Metall zu finden – oder solche, die mit bequemen Sitzbänken oder verkleidetem Vor- und Hinterdeck ausgestattet sind. Manche haben auch einen Außenbordmotor, um den Gefahren im Rhein, den Verkehrszeichen und sogenannten „Wiifen" besser ausweichen zu können.

Der Weidling dient heute vor allem verschiedenen Sportdisziplinen als Gefährt, etwa beim Wasserfahren, das auf die frühere Rheinflößerei zurückgeht, die 1456 mit der sogenannten Hirsebreifahrt Geschichte machte, einer Wettfahrt, die bewies, dass die Züricher innerhalb von 24 Stunden im Kriegsfall den Elsässern zur Seite stehen konnten. Auch der Pontoniersport zählt hierzu, eine schweizerische Traditionssportart, bei der vor allem Präzision gefragt ist – früher wurde der Sport als Training für Brückenbauer absolviert.

Alljährlich am 1. Mai findet übrigens noch immer eine Rhein-Prozession mit Weidlingen statt.

Weitere Infos: rheinfall.com/Weidling/

87 Der Teufelstisch und die Schluchten auf dem Bodanrück

Gefährliche Schönheiten

Gerüchte um geheime Unterwasserhöhlen und darin lebende Seeungeheuer halten sich ebenso wie der furchterregende Name, welcher ja beileibe nicht gerade besonders Vertrauen erweckend klingt – der Teufelstisch im Bodensee ist daher für schaurig-schöne Geschichten zu haben. Ganz von der Hand zu weisen ist jedoch nicht, dass die Tiefe und Dunkelheit umgebene Felsformation im Bodensee lockt, begeistert und inspiriert. Seit 1994 indes ist das Tauchen nur noch ausgewiesenen Experten erlaubt. Harte Fakten haben dazu geführt. Immer wieder gab es Tote zu beklagen, darunter auch Profis wie Rettungstaucher. Ob die unter Taucherfahrenen magische Grenze der Formation namens „Nase“ in vierzig Metern Tiefe überschritten wird, ohne Sichtverlust zur steil abfallenden Felswand oder ohne ausreichende Ausrüstung wie Kompass und Kälteschutz getaucht wurde – so oder so ist die Sache eine extrem große und gefährliche Herausforderung.

Der Teufelstisch, seeseitig mit dem Seezeichen 22 gekennzeichnet, ist eine etwa neunzig Meter in die Tiefe ragende Felsnadel, die im Uferbereich des Bodanrücks als flache, ellipsenförmige Felsplatte von cirka 160 Quadratmetern dicht unter der Wasseroberfläche erkennbar ist. Ab einem Wasserstand unter zwei Meter dreißig liegt sie frei – was bislang eher selten der Fall war und nur aus den Jahren 1823, 1854, 1858, 1909, 1949, 1963 und 1972 dokumentiert ist. Zu sehen ist die Unterwassersäule manchmal vom Bodensee-Rundweg aus in Richtung Wallhausen.

Der Zugang zur wildromantischen Mariaschlucht (im Volksmund auch Marienschlucht) ist derzeit wegen mehrerer Erdrutsche nicht erlaubt (Stand Winter 2016). Normalerweise geht es über zweihundert Stufen hinab in die 1897 erschlossene Schlucht, benannt nach Maria Gräfin von Walderdorff, Braut Othmars aus dem Adelshause Bodman, in dessen Familiengrundbesitz die Schlucht und ihre Umgebung bis heute sind. Doch seit ihrer Erschließung ist diese immer beliebtes Wanderziel und touristischer Anziehungspunkt gewesen – sogar Dampfschiffe legten früher direkt davor an. Ob eine Begehung in absehbarer Zeit wieder möglich sein wird, ist bislang noch offen. Das Marienrelief des Künstlers Markus Damm, welches Wilderich Graf von und zu Bodman 1986 am Schluchteingang seeseitig anbringen ließ, ist derzeit also nur von einem Boot aus zu sehen.

Nahe der Marienschlucht auf dem Bodanrück, einem Molasserücken, der als Halbinsel in den Bodensee hineinragt, an vielen Stellen sehr steil abfällt und den Nordwestteil des Bodensees in den Überlinger See und Untersee teilt, reihen sich einige weitere, oftmals kaum begehbare Schluchten und wilde Täler aneinander, wie etwa das Idrichstal, Ettletal, Lispertal, Echotal, Stöckenloch oder Teufelstal. Oberhalb der Katharinenschlucht ist zudem ein Bestattungsforst namens Waldruh St. Katharinen zu finden. Hier stand bis Ende des 18. Jahrhunderts ein kleines Kloster der Abtei Reichenau, welches einst der Heiligen geweiht war. Ein schönes Plätzchen für die letzte Ruhe.

Standorte und Navigationen:

Teufelstisch: Überlinger See, nordwestlich von Wallhausen
Marienschlucht: Bodanrück, etwa mittig zwischen Bodman und Dingelsdorf
Forst: Landstraße zwischen Langenrain und Dettingen, Beschilderung folgen
Idrichstal, Ettletal, Lispertal, Echotal oder Teufelstal: den Bodanrück entlang der Seeseite zum Überlinger See zwischen Bodman und Langenrain

88 Die Wasserflöhe von Konstanz

Das biologische Warnsystem in der Trinkwasserversorgung

Wasser hat im Hegau – naturgemäß – eine große Bedeutung. Der Bodensee, voll mit wunderbar sauberem Wasser aus den Gebirgsflüssen der Alpen, ist das größte Trinkwasserreservoir in Deutschland und versorgt über 320 Städte in halb Baden-Württemberg. Dazu wird das Wasser seit 1958 bei Sipplingen in 60 Meter Tiefe durch Rohre entnommen – jährlich zwischen 125 und 130 Millionen Kubikmeter – in ein Seepumpwerk der Bodensee-Wasserversorgung (Besichtungen sind möglich) gepumpt und dort mittels Mikrosiebungen (zur Entfernung beispielsweise von Algen und anderen Pflanzenteilen), Ozonentkeimung und feinsten Sandfilteranlagen aufbereitet. Von da gelangt das Wasser zu den entsprechenden Orten. Die Stadt Konstanz mit ihren Vororten sowie die Inseln Reichenau und Mainau werden vom stadteigenen Werk versorgt. Und damit das Trinkwasser für die in dieser Region lebenden Menschen seine Qualität behält, hat sich das Konstanzer Wasserwerk, welches auf der „Hegauseite" seinen Sitz hat, 2005 etwas sehr Innovatives überlegt: die Überwachung desselben mittels Wasserflöhen, die genau genommen Kleinkrebse sind und wissenschaftlich als Daphnien bezeichnet werden. Auslöser dafür war ein Giftanschlag vor Jahren. Ein Unbekannter hatte Pflanzenschutzmittel im Bodensee deponiert – nicht weit von der Entnahmestelle bei Sipplingen. Und auch die Erinnerung an die Androhung terroristischer Anschläge auf die Trinkwasserversorgung noch einige Jahre eher, war den Konstanzern Grund genug, selbst aktiv zu werden, um ihr Wasser zu schützen.

Das „Tierische Toximeter" läuft parallel zur Aufbereitungsanlage, durch die das Bodenseewasser fließt. Hierin schwimmen in einem „Aquarium" sechs bis acht Tiere, deren Wege per Infrarotkamera aufgezeichnet werden. Anschließend sorgt ein Computer für die Auswertung ihrer Bewegungsmuster. Analysiert werden Schwimmgeschwindigkeit, Schwimmverhalten und die Anzahl der schwimmfähigen Daphnien. Ändert sich daran etwas oder sterben Tiere sogar, wird Alarm ausgelöst und die Trinkwasseraufbereitung wird erstmal abgestellt. Mehrere externe Vorratsspeicher indes stellen für zwölf weitere Stunden die Versorgung sicher – Zeit für entsprechende Schnellanalysen. Außerdem besteht zwischen der Schweizer Nachbargemeinde Kreuzlingen und Konstanz eine leistungsfähige Notwasserversorgungsleitung.

Wasserflöhe sind nur wenige Millimeter groß und „arbeiten" im Konstanzer Wasserwerk eine Woche lang, danach dürfen sie in den See entfleuchen – für weitere drei Wochen, höher ist ihre Lebenserwartung nicht. Eine Aufzucht im Keller der Werke sorgt für permanenten Nachwuchs – die allermeisten von ihnen sind übrigens weiblichen Geschlechts und vermehren sich meist ungeschlechtlich, indem sie sozusagen ihren eigenen Klon gebären. Klingt ein wenig nach Harry Potter, doch die Sensibilität der Daphnien in Sachen Schad- und Giftstoffe macht sie nicht nur zu Spezialisten für Gewässergüte, sondern auch generell für die Umweltüberwachung und Chemikalienbewertung!

flöhe von K

Standorte und Navigationen:
Wasserwerk Sipplinger Berg: K 7773 zwischen Sipplingen und B 31n, Abzweig Höhengasthof Haldenhof, danach rechts halten
Infos Stadtwerke Konstanz: stadtwerke-konstanz.de (Führungen auf Anfrage)

89 Von Burgen, Schlössern und Ruinen 6

Kleine Infos über herrschaftliche Sitze

Das verwunschene Wasserburger Tal zwischen den Orten Engen, Emmingen, Heudorf und Aach ist für seine bizarren Felsformationen bekannt. Die Burgruine Wasserburg mittendrin ist wohl der Rest einer mittelalterlichen Burg, welche die Herren von Wasserburg, einst Ministerialen des Klosters Reichenau, im 12. Jahrhundert errichten ließen. Nach mehreren Besitzerwechseln wurde die Burg 1441 von den Truppen des Schwäbischen Bundes belagert, dann erobert – angeblich gegen den eisernen wie erfolglosen Widerstand der einstigen Burgherrin Claranna von Reischach samt acht ihr treu zur Seite stehenden Männern. Die Burg soll nach Abzug der Burgherrin und ihrem Gefolge zerstört worden sein.

Von der ehemaligen Schrotzburg, einer Spornburg auf dem Schienerberg gelegen, sind ebenfalls nur noch Reste zu finden. Bereits um 800 soll sich hier ein Graf namens Scrot sein herrschaftliches Domizil erbaut haben, von ihm leitet sich auch der Burgname ab. Von der nah gelegenen Kapelle Maria Schrotzburg bietet sich ein herrlicher Blick in den Hegau.

Das Schloss in Steißlingen zählte bis 1566 zum Besitz der Herren von Homburg, wurde 1499 zerstört und wieder aufgebaut. 1656 wechselte es an die Herren von Bodman, 1672 an die Herren Ebinger von der Burg. Von 1724 bis 1726 als ein dreigeschossiger Barockbau neu aufgebaut, ist das Schloss seit 1790 Heimat und in Besitz der Familie von Stotzingen, einem südwestdeutschen Adelsgeschlecht, das zum schwäbischen Uradel zählt.

Das „Österreichische Schlösschen" in Radolfzell erinnert an die fast fünfhundert Jahre währende Zugehörigkeit der Stadt zum Hause Habsburg und sollte einst Erzherzog Leopold V als Stadtschloss dienen. Doch die Bauzeit währte – möglicherweise wegen des Dreißigjährigen Krieges und seinen Folgen für die Gegend – bis ins 18. Jahrhundert hinein. Somit wurde der Bau zwischenzeitlich als Speicher, Fruchtschütte und Weinlager genutzt. Nach Fertigstellung war darin zunächst das Rathaus, später das Schulhaus und heute ist darin die Stadtbibliothek zu finden.

Das Schloss Königsegg liegt nahe der Schiffslandestelle auf der Insel Reichenau. Es war im Spätmittelalter Sitz eines Ministerialen der Abtei Reichenau und wurde im 16. Jahrhundert neu erbaut. Im 17. Jahrhundert kam es zum Kloster Beuron, verblieb dort bis zur Säkularisierung zu Beginn des 19. Jahrhunderts und ist seit 1983 mitsamt dem Park der Gemeinde Reichenau zugehörig. Heute dient das Schloss als Sitz einer Schule für Logopädie und Physiotherapie. Im Juni finden im dazugehörigen Park regelmäßig Freilichtspiele statt.

Die ehemalige Wasserburg Schopflen am Damm der Reichenau wurde im Jahr 1365 im „Konstanzer Fischerkrieg" zerstört. Auslöser hierfür war eine Fehde über das Fischereirecht zwischen der Reichenau und Konstanz und die „frevelhafte" Blendung eines Fischers durch den Reichenauer Klosterherrn, woraufhin die Konstanzer einen Rachezug unternahmen. Die Schutzmauern haben heute längst eine andere Funktion – sie dienen als ornithologische Beobachtungsplattform. Von hier geht der Blick über das Naturschutzgebiet „Wollmatinger" Ried bis nach Konstanz.

Standorte und Navigationen:

Wasserburg: K 6177 südlich von Honstetten, Nähe Wasserburgerhof
Schrotzburg: L 193, nahe des Landgasthofes Schienerberg
Kapelle Maria Schrotzburg: Vom Hof Oberschrotzburg, Weg gen Süden leicht bergansteigend
Schloss Steißlingen: Schloßstraße 4
Österreichisches Schlösschen: Radolfzell, Marktplatz 8
Schloss Königsegg: Reichenau, Schloßstraße 1
Schopfeln: Reichenau, Reichenauer Damm

90 Pétanque Boule

Vom südfranzösischen La Ciotat in den Hegau

Kugelspiele sind bereits seit der Antike als Zeitvertreib allseits beliebt. Seitdem frönen die Menschen diesem Spiel mit großer Intensität und Leidenschaft, weswegen es in der Vergangenheit immer wieder verboten wurde, 1319 etwa durch den französischen König, dann von den Erzbischöfen, 1629 vom französische Parlament (um das Federballspiel zu fördern) und im 17. Jahrhundert erfolgte ein Verbot mit der Begründung, es „verführe zu lasterhaften Ausschweifungen und ist Ursache sonstiger Unverschämtheiten". 1824 erließ der Magistrat der Stadt Lyon eine Verordnung, die das Kugelspielen auf den Hauptstraßen des Ortes verbot.

Wie wir alle wissen, haben alle Verbote wenig genützt. Das Spiel – egal ob Bowle, Boccia oder Boule (Sammelname für alle Kugelsportarten; offizieller Name Boule Lyonnaise) verbreitete sich ungehemmt und erfreut sich bis heute großer Beliebtheit. Im Hegau ist heute das Pétanque-Spiel zuhause: Zwei Mannschaften spielen gegeneinander und versuchen dabei, mit einigen größeren Kugeln an eine kleinere, vorweg gesetzte „Zielkugel" möglichst nah heran zu werfen.

Pétanque wurde Anfang des 20. Jahrhunderts in Südfrankreich erfunden. Das Spiel geht auf Ernest Pitiot aus La Ciotat zurück – Partnerstadt von Singen und was vielleicht erklärt, weshalb diese Variante um die Stadt herum so viele Anhänger hat. Pitiot ersann eine neue Spielvariante für seinen rheumakranken Freund, welcher nicht mehr in der Lage war, das dort übliche Jeu Provençal zu spielen – die besagten Anlaufschritte wurden ihm zu mühsam. Pétanque wird mit geschlossenen Füßen, „avec des pieds tanqués" oder auf provenzalisch „ped tanco", gespielt und schon war ein neues Spiel für ein bis drei Spieler pro Mannschaft geboren, das überall, denn es braucht keine besondere Bahn, gespielt werden kann! 1945 gründete Pitiot die Federation Francaise de Pétanque et Jeu Provençal, 1952 wurde die Spielart im französischen Sportbund aufgenommen, 1958 gründete sich die Fédération Internationale de Pétanque et Jeu Provençal, 1959 fand die erste Weltmeisterschaft statt. Über französische Soldaten, die wohl schon immer dem Kugelspiel zugetan waren – relevante spielfachliche Begriffe aus der Soldatensprache erinnern noch immer daran – gelangte das Spiel nach Deutschland. 1963 und 1966 wurden die ersten beiden Clubs gegründet. Heute wird es rund um den Globus auf allen Kontinenten gespielt, was Namen von Meisterschaften wie Indian Ocean Island Games, Asian Indoor Games oder Pazifikspiele hinreichend belegen.

Im Hegau gibt es sehr viele Spielbegeisterte, die sich bei „inoffiziellen" Treffen wie etwa in Pétanque-Vereinen regelmäßig treffen. Einer der Vereine verfügt über einen besonderen Spielort – den Innenhof des MAC-Museums (siehe auch Kapitel 29). Aber der atemberaubende Blick auf den Hohentwiel oder Bodensee ist hier eh auf fast allen Bouleplätzen inklusive. Es wird übrigens nicht nur in Singen gespielt, sondern auch in Gottmadingen, Mühlhausen-Ehingen, Radolfzell oder Rielasingen-Worblingen.

Weitere Infos:
Pétanque Club Singen 13 e.V.
Singener BouleFreunde e.V.
BBBC Singen e.V.
BC Konstanz e.V.

91 Die Hegauer Mundartbühnen

Vorhang uff zum Alemannisch schwätze

Die Alemannen, auch Alamannen genannt, zählen zu den Westgermanen, ihre frühmittelalterlichen Kernsiedlungs- und Herrschaftsgebiete lagen vor allem im heutigen Baden-Württemberg und dem Vorarlberg, im Elsass, in Teilen der Schweiz und in Liechtenstein. Alemannisch bedeutet so viel wie „Gesamtheit der Menschen". In der dazugehörigen Mundart sind germanische, keltische, italienische, französische und hebräische Einflüsse zu finden. Es unterteilt sich in Niederalemannisch (auch Oberrheinalemannisch), Hoch- oder Südalemannisch sowie das Mittelalemannisch, welches weithin als Bodenseealemannisch bekannt ist und, wie es der Name schon sagt, nördlich des Bodensees bis zur Donau und weiter in den Schwarzwald hinein bis zur schwäbischen Sprachgrenze gesprochen wird. Ungefähr an der Wutachschlucht, nördlich von Bonndorf im Schwarzwald gelegen, grenzen die drei Unterarten geografisch gesehen an einer einzigen Stelle aneinander.
Das Alemannische zeichnet sich durch mancherlei Besonderheiten aus, etwa dem badischen Akkussativ – hier ruft man dir und nicht etwa dich an. Auch der Gebrauch der Artikel variiert. So streicht man sich nicht die, sondern den Butter aufs Brötle – die Endung -le ist auch eine typische Verkleinerungsform. Zwei Drittel der BewohnerInnen Badens sprechen – und das mit viel Überzeugung – Dialekt, es gibt eine eigene alemannische Wikipediaseite und die „Muettersprochgsellschaft", die zweimal jährlich ein Heft herausgibt und selbst auf Facebook vertreten ist. Autoren haben sich des Dialektes in vielfacher Weise angenommen – von Liedern und Kochbüchern bis zur alemannischen Ausgabe der Evangelien ist fast alles zu finden.
Das echte Bodenseealemannisch – ohne Einflüsse aus den Übergangsregionen – wird heutzutage fast nur noch auf der Hegau-Halbinsel Höri und in einigen Ufergemeinden auf der schweizerischen Seite am Untersee gesprochen. Es unterscheidet sich von den anderen alemannischen Mundarten vor allem durch die Verb-Endungen und Lautverschiebungen. Wer sich damit mal näher beschäftigen möchte, dem sei ein Besuch bei den Hegauer Mundartbühnen beispielsweise in Singen oder Worblingen empfohlen. In Singen wird seit 1991 gespielt. Die Hegauer Mundartbühne kann sich stets eines ausverkauften Hauses rühmen und zählt längst zum festen Eventpunkt. Die Stücke nehmen gern mal Bezug auf regionale Gegebenheiten wie etwa „Blaues Blut und Maggi-Suppe". Bereits seit 1981 – und ursprünglich als einmalige Idee für ein Pfarrfest geboren – führen auch die Mitglieder der Mundartbühne-Worblingen immer wieder mit großem Erfolg ihre Stücke auf – seit 2000 jedes Jahr ein neues.
Die beiden Hegauer Mundart-Theatergruppen sind wie um die 600 weiteren Mitgliedsvereine im Landesverband Amateurtheater Baden-Württemberg e.V. organisiert und zeigen jährlich vor über einer Millionen ZuschauerInnen „bürgernahes, aus der Gesellschaft geschaffenes Theater".

Weitere Infos:
facebook.com/Alemannisch
hegauer-mundartbuehne.de
mundartbuehne-worblingen.de
amateurtheater-bw.de

92 Der Verrucano-Findlung bei Öhningen und der Thayinger Findlingsweg

Durch Raum und Zeit

Verrucano ist ein Sedimentgestein, das sich im Perm vor mehr als 250 Millionen Jahren am Nordrand der sogenannten Gondwana, einst ausgedehnter Großkontinent der südlichen Hemisphäre, gebildet hat. Eine unglaublich riesige Landmasse, die sich von Südamerika über Afrika, Antarktika, Australien, Arabien, Neuguinea bis Indien erstreckte.

Doch wie kommt das Verrucano-Gestein von Afrika in den Hegau? Vor etwa 135 bis 30 Millionen Jahren wurden durch die Kontinentalverschiebung die Alpen gebildet, man sagt auch, sie wurden „aufgefaltet". Dabei wurde das besagte Verrucano-Gestein in das Alpen-Dreieck ungefähr zwischen Davos, Bergün und Arosa verschoben. Vor 25.000 Jahren, während der letzten Eiszeit, wurde es erneut verschoben – durch den Rheingletscher bis nach Öhningen.

Verrucano ist ein bunt gemischtes Quarz-Konglomerat mit verschiedenartiger Färbung in rot, grün, violett, grau und braun. Es enthält Schieferfragmente, Feldspattrümmer und feinschuppige Tonerdeglimmer als Bindemittel sowie Sand-, Schluff- und Tonsteine und vulkanische Ablagerungen wie etwa Lava. Eine Infotafel vor Ort besagt, der Findling von Öhningen habe „seit etwa 16.000 Jahren keine Bodenberührung mehr und wurde auch nie mehr durch jüngere Gesteinsschichten eingedeckt". Im Jahr 2002 wurde er entdeckt, ausgegraben, versetzt und steht heute etwas weiter nordöstlich der Stelle, an der er aufgefunden wurde. Der Verrucano von Öhningen ist ein beeindruckender Vertreter der Erdgeschichte! Doch er steht nicht allein dafür. Auch um Thayngen herum, wo einst eine rund 200 Meter dicke Eisschicht lag und Gletscher wie riesige Hobel den kalkigen Untergrund formten, sind einige Verrucano-Findlinge zu sehen.

„Ein Verrucano war bis zu 1500 Jahre lang unterwegs, bis er hier ankam", so der pensionierte Lehrer Aldo Künzli, der zusammen mit seiner Frau vor einigen Jahren damit begann, gezielt Findlinge freizulegen – heute sind diese Teil eines von ihnen initiierten Weges, der zum Waldlehrpfad im „Fiischterwald" bei Schaffhausen gehört. Die Thayinger Verrucano-Findlinge, das Paar hat 37 Steine bestimmt und mit Informationstafeln versehen, zum Beispiel über die jeweilige Herkunftsregion, kommen überwiegend aus dem Sankt Galler Oberland. Andere, wie zum Beispiel Kreidekalk, stammen aus dem Säntisgebiet. Der größte unter ihnen ist ein als Aaregranit benannter Stein aus dem vorderen Rheintal, den sogenannten Albula-Alpen, Teil der Rätischen Alpen in der Ostschweiz. Neben zahlreichen Phonoliten vom Hohentwiel sind auf dem Lehrpfad zudem auch Granit-, Basalt-, Kalk- und Sandsteine zu entdecken – teils ganz ausgewaschen, von Bäumen überwuchert oder von dicken Wurzeln umschlungen.

„Erstaunlich, dass man solche Steine nach 20.000 Jahren noch findet", so Künzli, der seine Gäste auch gern mal selbst zu den Findlingen und somit in eine Zeit führt, in der es den Rheinfall noch lange nicht gab.

Standorte und Navigationen:

Verrucano-Findling bei Öhningen: im Gewann Sittern beim Linsenbühlhof bei Öhningen

Thayinger Lehrpfad: ab Bahnhof Thayngen

93 Der Elefant in Bodman

Neue Bleibe für einen Opernstar

Er ist knapp siebeneinhalb Meter hoch, wiegt drei Tonnen und misst in der Länge zehn Meter. Die HegauerInnen kennen ihn mittlerweile gut. Doch wie kommt ein Elefant nach Bodman am Bodensee? Ganz einfach: übers Wasser. Und zwar von Bregenz.

Der goldfarbene Elefant diente zwei Spielzeiten lang (2009/2010) auf der Seebühne der Bregenzer Festspiele als Kulisse für Guiseppe Verdis Oper Aida. Deren Schauplatz ist Ägypten zur Zeit der Pharaonen, Heldin die schöne äthiopische Königstochter Aida, die als Sklavin am ägyptischen Hofe lebt – und Radames liebt, den ägyptischen Feldherrn, der gegen die Äthiopier ziehen muss. Dieser liebt sie natürlich auch, wären da nur nicht seine bevorstehende Hochzeit mit der pharaonischen Tochter Amneris, die den schmucken Radames natürlich auch sehr liebt – sowie der Pharao selbst. Liebe, Intrigen, Politik! Und der große Moment ist der berühmte Triumphmarsch im zweiten Akt. Und hier hatte der Elefant stets seinen Auftritt – er wurde dafür auf einem Kiesschiff vor die Bühne gefahren.

Verdi schrieb die Oper als Auftragsarbeit. Er sollte eine Hymne zur Eröffnung des Suezkanals 1869 sowie des neuen Opernhauses in Kairo komponieren. Doch stattdessen kam Rigoletto zur Aufführung. Sein Auftraggeber Ismail Pascha, seinerzeit Vizekönig der osmanischen Provinz Ägypten, indes ließ nicht locker. Er wünschte sich eine Oper „in ausschließlich ägyptischem Stil". Es brauchte noch ein wenig, bis Verdi endlich zustimmte, wie den Hinweis, dass man bei seinem Konkurrenten Richard Wagner anfragen könne. Kurzum, er stimmte schließlich zu, ließ sich dafür fürstlich bezahlen, schrieb und stellte das opulente, nur so von Trompetenklängen und Fanfarenstößen strotzende Bühnenstück mit einem riesigen Aufgebot an weiteren Instrumenten wie Flöten, Oboen, Klarinetten, Fagotten, Hörnern, Posaunen, Pauken, Trommeln, Becken, Triangeln und Harfen im November 1870 fertig. Doch erst an Heiligabend 1871 – die Kostüme und Requisiten waren infolge des Deutsch-Französischen Krieges (1870–1871) im von Preußen belagerten Paris eingeschlossen – erlebte die neue Oper namens Aida eine triumphale Premiere, übrigens ohne Anwesenheit des Maestros.

Aida gehört seitdem zu den erfolgreichsten Opern des 19. Jahrhunderts. Die Bregenzer Festspiele auf der weltgrößten Seebühne sind seit Jahrzehnten Kult und in den Sommermonaten Juli und August Anziehungspunkt für BesucherInnen aus der halben Welt. Der AIDA-Elefant, aus Stahl, Styropor und einer Goldfolie gebaut, hat mittlerweile eine neue Heimat gefunden. Zunächst sollte er ja noch weiter reisen – auf andere große Bühnen wie etwa Paris oder Prag, doch er kam nur bis Bodman auf das Betriebsgelände einer Stahlbaufirma, wo er zunächst nur eine vorübergehende Bleibe bekommen sollte.

Und nun bleibt der Dickhäuter hier in Bodman und gehört längst zu den großen Attraktionen des Ortes, ist der erklärte Liebling der Touristen wie der Konstanzer Narrengesellschaft „Elefanten 1880 AG", die ihn gar kaufen wollte.

Standort und Navigation: Bodman, Im Weiler 19

94 Die Hegauberge VII

Der Staufen und der Wartenberg und ihre Geschichten

Der Staufen wird auf den ersten Blick kaum als Vulkankegel wahrgenommen. Doch auch dieser Kegel mit einer Höhe von knapp 600 Metern hat einen höchsten Punkt. Darauf sind – wie könnte es auch anders sein – die Ruinen einer Burg zu finden. Während des 12. Jahrhunderts erbaut, regierten vom 13. bis ins 15. Jahrhundert hinein die Herren von Homburg, später auch die Lehen der Grafen von Hohenberg, bis diese 1381 von den Herzögen von Österreich übernommen wurde und das Haus Habsburg somit alleiniger Lehensherr über die Feste wurde. 1499 im Schweizerkrieg wurden Berg und Burg zum Zankapfel in der kriegerischen Auseinandersetzung um die Vorherrschaft im habsburgisch-eidgenössischen Grenzgebiet, ein neun Monate währender Konflikt, welcher, hinlänglich bekannt, die Abspaltung der heutigen Schweiz vom Reich deutscher Nationen und eine Teilzerstörung zur Folge hatte. Im Bauernkrieg 1525 (auch als Revolution des gemeinen Mannes betitelt), als lokale Bauernaufstände von Thüringen bis Österreich in den sogenannten „Zwölf Artikeln von Memmingen" fest umrissene Forderungen formulierten, welche als erste feste Niederschrift der Menschenrechte gesehen werden, verbrannte die Burg. Danach neu aufgebaut, fiel auch diese im Dreißigjährigen Krieg dem Befehl Konrad Widerholts, dem Kommandanten der Festung Hohentwiel, zum Opfer und wurde von seinen Truppen zerstört. Der Berg diente später zur Gewinnung von Baumaterial, doch so manche alte Spuren der Burg wie etwa eine alte Brunnenstube sowie Gewölbe- und Mauerreste sind noch immer zu entdecken.

Der Wartenberg, 810 Meter über dem Meeresspiegel, gilt als nördlichst gelegener Hegauvulkan und zählt bereits zum Landkreis Tuttlingen. Die Höhenburg gleichen Namens war der Stammsitz der Herren von Geisingen, einst eines der bedeutendsten Adelsgeschlechter der Region, später von Wartenberg benannt und 1095 erstmals urkundlich erwähnt. Noch heute findet sich das Wappentier der Familie, ein stehender Löwe, in einigen Ortswappen der Gegend wie auch in dem von Geisingen, welches zusätzlich auch der fürstenbergische Adler ziert. Die Familie kam durch Heirat in den wartenbergischen Besitz als 1307 Verena Gräfin von Freiburg, Tochter eines Grafen von Freiburg-Badenweiler, einen der ihren heiratete. Das Geschlecht der Wartenberger erlosch um 1302 in der Stammlinie.

Unklar ist, weswegen die um 1140 erbaute Anlage, zu der einst ein 13 x 22 Meter messendes Gebäude aus Basaltquadern gehörte, dessen Mauern über drei Meter stark waren, letztlich verfiel. Denn bereits im 13. Jahrhundert wurde eine neue Wartburg nur rund hundert Meter östlich davon erbaut. Die neue Burg wurde 1780 abgetragen und auf den Grundmauern ein fürstlich fürstenbergisches Lustschloss errichtet, der Garten drum herum als Landschaftspark im Stil eines englischen Gartens angelegt, heute in Privatbesitz. Doch ein Trampelpfad, der zu den ganz alten Ruinen führt, lädt auf eine Entdeckungstour ein.

Standorte und Navigationen:
Staufen: zwischen Hilzingen und Hohentwiel
Wartenberg: westlich von Geisingen, Landkreis Tuttlingen

95 Die Schillerglocke

Friede sei ihr erst' Geläute

Fest gemauert in der Erden / Steht die Form, aus Lehm gebrannt.
Heute muß die Glocke werden / Frisch, Gesellen, seid zur Hand!
Von der Stirne heiß / Rinnen muß der Schweiß
Soll das Werk den Meister loben / doch der Segen kommt von oben.

Generationen von Menschen mögen beim Lesen dieser ersten Verse leise aufseufzen, war „Das Lied von der Glocke" aus der Feder des Dichters Johann Christoph Friedrich von Schiller (1759–1805) – er wurde 1802 geadelt – doch einst dem Kanon jedes Deutsch-Schulbuches zugehörig. Nicht wenige SchülerInnen mussten noch bis weit in die 1950er Jahre hinein das ganze, nicht nur gefühlt meterlange Gedicht (426 Verse) auswendig lernen. Und noch heute gehört die Ballade – auch wenn sie längst nicht mehr Gegenstand des Deutschunterrichts sein mag – zur Allgemeinbildung und zählt zu den bekanntesten und am häufigsten zitierten Gedichte der deutschen Sprache. Fast alle kennen Sätze daraus wie etwa „Wo rohe Kräfte sinnlos walten", „Die Wahn ist kurz, die Reu ist lang", „Er zählt die Häupter seiner Lieben", „Wehe, wenn sie losgelassen" oder „Gefährlich ist's, den Leu zu wecken". Schiller skizziert in dem Gedicht die Arbeit des Glockengießerhandwerks. Zudem beschreibt er seinerzeit übliches Alltagsleben sowie die Alltagskultur der damaligen Zeit und stellt darin in seinen Betrachtungen die Tätigkeit des Glockengießens als Allegorie für das menschliche Leben ganz allgemein dar. Zumindest der Untertitel vivos. voco. mortuos. plango. fulgura. frango. (Die Lebenden rufe ich, die Toten beklage ich, die Blitze breche ich) mag darauf hinweisen, was Lesende zu erwarten haben. Übrigens ein Leitsatz, der häufig auf Glocken zu finden ist, wie auch auf der einen Meter achtzig großen und viereinhalb Tonnen schweren Glocke aus dem Münster zu Schaffhausen, gegossen im Jahr 1486 von Ludwig Peiger in Basel. Teile der dieser oberen Glockenumschrift in gotischen Minuskeln soll Schiller laut eigenem Bekunden als Motto für sein Werk inspiriert haben. Den Text begann der Dichter 1797 zu verfassen, er sollte über zwei Jahre daran arbeiten bis er auch die letzte Strophe zu Papier gebracht hatte:

Jetzo mit der Kraft des Stranges / Wiegt die Glock mir aus der Gruft,
Daß sie in das Reich des Klanges / Steige, in die Himmelsluft.
Ziehet, ziehet, hebt! / Sie bewegt sich, schwebt,
Freude dieser Stadt bedeute / Friede sei ihr erst Geläute.

Heute als sogenannte „Schillerglocke" bezeichnet, ist diese im Museum zu Allerheiligen in Schaffhausen zu finden.

Standort und Navigation: CH-Schaffhausen, Baumgartenstrasse 6

96 Die Kulturnacht in Radolfzell

Performance und Artwork an außergewöhnlichen Orten

Radolfzell hat samt Ortsteilen fast 31.000 Einwohner. Der Ort genießt eine besondere Lage direkt am Bodensee und hat eine lange Geschichte, die im Jahr 826 begann als es von einem Mann namens Radolt, einst Bischof von Verona, als „Zelle" der Klosterinsel Reichenau gegründet wurde. Der neue Ort „Cella Ratoldi" wurde 930 von einem bis heute unbekannten Verfasser so beschrieben: „Dieser Ort… war überaus lieblich gelegen, jedoch nur von Fischern bewohnt und zu keinem andern Anbau geeignet. Ihn also begann Radolt herzurichten und Wohnungen nebst einer Kirche zur Ehre Gottes daselbst zu erbauen und die so gegründete Zelle nach sich Radoltszelle zu benennen, wie es noch heute ist. Nachdem er sie mannigfach geschmückt und ganz nach seinem Sinne ausgestattet hatte, kehrte er wieder an seinen Bischofssitz zurück."

Heute hat es einen Status als Kurort (Ortsteil Mettnau), ist Sitz des Max-Planck-Instituts für Ornithologie (siehe auch Kapitel 23) – und punktet mit einem recht ungewöhnlichen Kulturevent. Ob repräsentative Bauten wie etwa die alte Apotheker-Villa Bosch, heute städtische Galerie und Veranstaltungshaus, oder ein Amtsgebäude – für die Kulturnacht öffnen sich einmal im Jahr abends viele ungewöhnliche Pforten. Und das nicht nur im Kern der kleinen Innenstadt, sondern mittlerweile auch in einigen zugehörigen Stadtteilen.

Die Kulturnacht fand 2016 bereits zum zwölften Mal statt und zeigt unter der Ägide des Radolfzeller Kulturbüros bislang an fast fünfzig Stationen Beiträge von etwa siebzig Künstlern – eine spannende Vielfalt, welche dem Hegau zu großer Ehre gereicht. Dabei ist nicht nur die Organisation erwähnenswert – im Stundentakt beispielsweise fahren Busse teils zu den weiter entfernten Orten – diese outen sich auch selbst als origielle Präsentationsräume für Kunst aller Art, für Skulpturen etwa oder Mini-Konzerte. Vor Ort führen KünstlerInnen zu versteckten Ecken, in geheime Winkel oder an Plätze, die auf den allerersten Blick nicht für Kunst tauglich zu sein scheinen wie etwa zu einer alten Fruchtpresse (auch Torkel, Trotte oder Kelter genannt), zu einem Tagungszentrum (Milchwerk) oder auf ein altes Kasernengelände. Und der geführte Stadtrundgang kann dabei durchaus gleich mal inklusive dabei sein.

Kunst gepaart mit Stadt entdecken – kurz Performance und Artwork an außergewöhnlichem Orten – das ist ein Konzept, welches aufgeht und viele Menschen anzieht, zumal der Begriff Kunst mannigfach ausgelegt wird und alles beinhaltet – nur keine Langeweile. Da wären etwa zu nennen: Konzerte, Kleinkunst, Lesungen, Tanzaufführungen, Bilderaustellungen, Lichtinstallationen oder auch Open-Air-Darbietungen. Dahinter stecken regionale wie zugleich teils recht bekannte Namen, die den möglichen Mief der Provinz, der dem/der einen oder anderen vielleicht gerade eben die Nase hochsteigen möchte, ganz schnell wieder vetreiben dürfte – die Kulturnacht erfährt längst länderübergreifend Beachtung und strahlt viel weiter als nur bis zum nächsten Ortsschild. Der Besuch lohnt sich!

Weitere Infos: radolfzell.de/kulturnacht

97 Das Luciafest auf der Mainau

Schwedischer Brauch im Hegau

In Schweden ist ein besonders schöner Lichterbrauch zuhause: Das Luciafest am 13. Dezember – Gedenktag der heiligen Lucia, der „Leuchtenden". Bis heute werden an dem Tag weiß gekleidete Mädchen oder Frauen, traditionell die älteste Tochter des Hauses, mit einem mit Kerzen bestückten Lichterkranz geschmückt, den diese auf dem Haupt tragen und damit Licht in dunkle Wintertage bringen sollen. Diesen Lichtbringerinnen folgen meist einige weitere Mädchen oder Frauen, oftmals auch Sternenknaben, Pfefferkuchenmännchen oder Wichte. Der Ablauf ist dabei überall gleich: Lucia, schwedisch „Lussibrud" weckt die Familie und serviert Kaffee (abends Glögg) und Safrangebäck namens „lussekatter". Dann geht sie zu den Schulen, Arbeitsstätten, Heimen und Krankenhäusern. Halb Schweden schimmert an dem Tag in zauberhaftem Kerzenlicht, wenn allerorts das Lucialied angestimmt wird: Natten går tunga fjätrund gård och stuva (Schwer liegt die Finsternis auf unseren Gassen), kring jord, som sol förlät, skuggorna ruva (lang hat das Sonnenlicht uns schon verlassen). Då i vårt mörka hus (Kerzenglanz strömt durchs Haus), stiger med tända ljus (sie treibt das Dunkel aus): Sankta Lucia, Sankta Lucia.

Auch auf der Insel Mainau wird diese Tradition gepflegt. Die drittgrößte Insel im Bodensee, vielfach beschrieben als „Blumeninsel", ist seit 1974 in Besitz der Mainau GmbH. Die Insel wird von der gräflichen Familie Bernadotte geführt. Der Name ist bürgerlicher wie französischer Herkunft: Jean-Baptiste Bernadotte, General unter Napoleon, wurde aufgrund seiner Verdienste in den Adelsstand erhoben. Der schwedische Reichstag wählte ihn 1810 zum Kronprinzen und er folgte dem König aus dem Hause Holstein-Gottdorf auf den Thron. Bernadotte ist der Name der seit 1818 regierenden Dynastie des Königreichs Schweden bis heute.

Lennart Bernadotte war der 1909 geborene Sohn von Prinz Wilhelm von Schweden und der russischen Großfürstin Maria Pawlowna – und ein Urenkel des vorletzten Zaren Alexander II. Er verzichtete auf die mögliche Thronfolge und seinen Titel „Prinz von Schweden". Die Insel Mainau, Besitz seiner Großmutter Viktoria von Baden, wurde ihm 1932 zur Verwaltung übertragen. Als Bernadotte auf die Insel kam, war diese von heimischer Vegetation überwuchert. Er verwandelte sie binnen kurzer Zeit (wieder) in ein Blumenparadies. Bis zu seinem Tod 2004 war der Oskarpeisträger (Dokumentarfilm Pazifiküberquerung Heyerdahl mit dem Floss Kon-Tiki) Lennart Graf Bernadotte af Wisborg unermüdlich in Sachen Gartenbau engagiert.

Die schwedischen Wurzeln der Familie werden von den Nachkommen bis heute mit dem Luciafest zelebriert – im Beisein von VertreterInnen der gräflichen Familie und Inselgästen im Schlosshof mit dem traditionellen Luciasingen. Meist ist Bettina Gräfin Bernadotte die Lichtheilige. Danach findet in der Schlosskirche ein Konzert statt. Die nächsten Tage geht's weiter – mit einem „Julbord", einem festlich-schwedischen Weihnachtsbuffet.

Weitere Infos: mainau.de/veranstaltungskalender.html
Liedtext Übersetzung: manual-forum.de/holger/deu/lucia.php

98 Von christlichen Kirchen, Kreuzen und Pilgerstätten 8

Dem Menschen zum Segen, dem Herrgott zur Ehr'!

Herdwangen mag genau genommen schon jenseits der „magischen" Grenze liegen, aber der Eulogiusritt, der dort alljährlich am zweiten Sonntag im Juli zu Ehren des Kirchenpatrons im Ortsteil Aftholderberg stattfindet, ist etwas ganz Besonderes. Die Pfarrkirche wurde exakt auf der Europäischen Hauptwasserscheide errichtet: Das Regenwasser auf der einen Dachseite plätschert gen Rhein, das andere zur Donau. Das Kirchenfest (Patrozinium) wird als Reiterprozession gefeiert und führt die Menschen – zu Hunderten hoch zu Ross – von Sohl nach Aftholderberg, wo anschließend ein Gottesdienst mit Pferdesegnung zelebriert wird. Diese Prozession ist bereits im Jahr 1857 belegt, doch Pferdesegnungen wurden im Zuge der Aufklärung zeitweise verboten. Eulogius gilt als Schutzpatron unter anderem der Bauern, Hufschmiede, Wagner, Kutscher, Sattler, Tierärzte und Pferdehändler – und bereits seit dem Mittelalter auch der Pferde selbst. Der Legende nach war der heilige Eulogius von Noyon (um 589–659 oder 660) selbst als Huf- und Goldschmied tätig gewesen, bevor er zum Münzmeister ernannt und später zum Bischof geweiht wurde. Die Bauernregel zum Gedenktag am 1. Dezember lautet übrigens: Fällt auf Eligius ein starker Wintertag, die Kälte noch vier Monate bleiben mag.

Der Überlieferung nach haben zwei venezianische Kaufleute 828 in Alexandria die Gebeine des Heiligen Markus an sich genommen, um damit gute Geschäfte zu machen. Mit Erfolg – wenige Jahre später kaufte der Begründer der Stadt Radolfzell die Reliquien und musste dabei Stein und Bein schwören, dass er niemals preisgeben würde, von wem sie waren. Sie kamen „inkognito" auf die Insel Reichenau. Erst später wurde der Name bekannt, woraufhin rasch die öffentliche Verehrung einsetzte und die bestehende Klosterkirche erweitert werden musste. Noch heute feiern die Reichenauer ihren Patron mit einer Prozession, bei welcher der Markusschrein getragen wird. Der heilige Markus ist auch Schutzpatron von Venedig. Eine Bauernregel lautet: Gibt's an Markus Sonnenschein, so bekommt man guten Wein.

Die Kapelle Sankt Jakobus und Johannes am Witthoh mit ihrer besonderen Architektur wurde 2003 errichtet und im selben Jahr geweiht. Bauherr ist der Ingenieur, Mediziner und vielfach ausgezeichnete Autor Michael Ungethüm, bis 2009 Vorstandsvorsitzender der Aesculap AG Tuttlingen. Durch die Fenster des Altarraumes kann man einen wunderbaren Blick in den Hegau genießen und zu Recht wurde das kleine Gotteshaus 2005 mit der „Auszeichnung guter Bauten des Bundes Deutscher Architekten" geehrt.

Die Blasiuskapelle in Kattenhorn aus dem 16. Jahrhundert hat ihre Existenz wohl dem Bildersturm in der Reformationszeit zu verdanken. Der Legende nach kam die Figur des heiligen Blasius vom gegenüberliegenden Rheinufer senkrecht schwimmend an. Die BewohnerInnen errichteten dafür flugs eine Kapelle und erkoren den Heiligen zu ihrem neuen Schutzpatron!

Infos, Standorte und Navigationen:
Sankt Eulogius-Ritt: herdwangen-schoenach.de
Markus-Prozession: kath-reichenau.de
Kapelle Sankt Jakobus und Johannes: Witthoh, Oberhalb von Hattingen gelegen, Zufahrt über Kirchstraße und Möhringer Weg
Blasius-Kapelle: Kattenhorn, Schlossstraße

99 Die Scheffelbrücke in Singen

Die teuerste Brücke der Welt

Es war die Zeit, in der ein Laib Brot Milliarden kostete und der Wert des Geldes schneller verfiel, als Scheine nachgedruckt werden konnten. Arbeiter wurden morgens in bar ausgezahlt – das Geld trugen ihre Frauen sofort in die Geschäfte. Ärzte ließen sich ihre Tätigkeit in Naturalien wie Wurst oder Briketts bezahlen, Preisschilder gab es längst nicht mehr. Selbst Feuerbestattungen wurden fast unerschwinglich, beliebt wurde daher das nur fünfzig Zentimeter hohe Armen-Sargmodell aus den 1750ern namens „Nasenquetscher".

Die Finanzierung des Ersten Weltkrieges begründete die deutsche Inflation in der frühen Weimarer Republik und damit einen immensen Verlust der Kaufkraft. Dazu kam, dass das Parlament nach Kriegsbeginn die Währungsgesetze änderte – die Golddeckung der Mark wurde aufgehoben. Das hieß, es wurde Banknote um Banknote gedruckt und eine massive Ausweitung der Geldmenge begann: von 13 Milliarden Mark 1913 auf 60 Milliarden Mark am Kriegsende. Noten pressen allein jedoch reichte nicht. Im August 1915 argumentierte der Finanzpolitiker Karl Helfferich in einer Sitzung des Reichstages daher: „... bleibt also vorläufig nur der Weg, die endgültige Regelung der Kriegskosten durch das Mittel des Kredits auf die Zukunft zu verschieben, auf den Friedensschluss und auf die Friedenszeit." Die Idee ging nicht auf. Im Gegenteil: Das Reich musste sich mit Kriegsanleihen bei den eigenen Bürgern verschulden. Der einzige Lichtblick jener Jahre war nur die Wachstumsrate in der deutschen Industrie, was die Arbeitslosenrate auf weniger als ein Prozent reduzierte. Und während hierzulande zwar der Nachkriegsboom in vollem Gange war, versanken andere Länder in eine tiefe Rezession – und versuchten, sich mit Reparationsforderungen an Deutschland, strengen Zahlungsauflagen und noch strengeren Strafen bei Nichteinhaltung derselben aus ihrer Misere zu befreien. Deutschland drohte dadurch „bei vollen Scheunen zu verhungern", denn Ware war da, allein das Geld fehlte, was den Bauern zu ungeahnten Reichtümern verhalf. Und wer Münzen, Schmuck, Antiquitäten oder Kunstwerke besaß oder gar über Devisen verfügte, war ebenfalls fein raus. Doch die meisten Menschen sahen damals ohne Hoffnung in die Zukunft und vergnügten sich, als gäbe es kein Morgen. Nur das „Wunder der Rentenmark", ein radikaler Währungsschnitt, konnte noch helfen – welcher indes die große Mittelschicht praktisch mittellos machte und unzählige Kreditnehmer erleichtert aufatmen ließ.

Die Baukosten für die zwanzig Meter lange Scheffelbrücke in Singen über die Aach betrugen im Hyperinflationsjahr 1923 unfassbare 1.520.940.901.926.024 Billiarden Mark. Mit dieser Rekordsumme gilt sie als teuerste Brücke der Welt. Nur mal so zum besseren Verständnis: Eine Billiarde (10^{15}) sind tausend Billionen. Eine Billion sind 1000 Milliarden, eine Milliarde tausend Millionen. Eine Million ist der Betrag, den man vielleicht gerne einmal im Lotto gewinnen möchte und schon hätte man seine finanziellen Sorgen wahrscheinlich ein für alle Mal los ...

Standort und Navigation: Singen, Schaffhauser Straße

100 Historische Gasthöfe

Von Löwen, Ochsen und Kronen

Der südlichste Zipfel Deutschlands ist nicht nur seiner Schönheit wegen bekannt, sondern auch durch seine herausragende Küche so beliebt wie begehrt. Hier finden sich Einflüsse der Nachbarländer wie Schweiz und Österreich, hier ist der Boden besonders fruchtbar und der Wein besonders süffig. Das Land ist reich gesegnet und, wie der Hegauer Heimatdichter Ludwig Finckh einst bemerkte, ein „eigenes kleines, von Gott geschaffenes Königreich". Und so ist es auch nicht verwunderlich, dass hier teils seit Jahrhunderten Gasthäuser bestehen, die bis zum heutigen Tage ihre feinen Leckereien darbieten. Im 12. Jahrhundert wurden an Hausfassaden Namen angebracht, später vielerorts Wirtshausschilder vorgeschrieben, deren Namen deutlich hervorzuheben waren. Vor allem Tiere waren einfach darzustellen und Bär, Hirsch oder Adler waren ebenso wie Sonne oder Trauben Symbole, die sich auch jenen Menschen erklärten, welche nicht lesen konnten.

Hier eine kleine Auswahl der teils sehr alten Gasthäuser im Hegau, die noch (oder wieder) gastronomisch genutzt werden: Die Geschichte des Löwen in Rielasingen geht zurück bis ins 15. Jahrhundert, eine erste Erwähnung ist 1480 nachgewiesen. Die einst hochherrschaftliche Taverne ist heute Hotel-Restaurant mit traditonell-badischem Speisenangebot.

Auch die Krone, mit ihren Fassadenmalereien in Rielasingen steht in alter Gasthaus-Tradition – der einstige Hof wurde im 14. Jahrhundert als Konventgut erstmals erwähnt. Zu Beginn des 19. Jahrhunderts gehörte dieses zu den Markgrafen von Baden. Seit etwa 1850 Gasthaus Krone und ab 1899 auch als Hotel geführt, bietet das Restaurant heute gutbürgerliches Essen mit saisonal-regionalem Touch.

Die Krone am Obertor in Radolfzell blickt ebenfalls auf eine lange Geschichte zurück, die als „wurtzhus zu der cron" in der Barockzeit ihren Anfang nahm. Teile des Gebäudes stammen aus der Zeit um 1600. Heute ist das Hotel-Restaurant Adresse für gehobene wie traditionelle süddeutsche Küche.

Der Rothe Ochsen in Stein am Rhein mit seiner besonders schönen Fassadenmalerei geht auf das Jahr 1446 zurück, in dem die Schenke als erstes Bürger- und Weinhaus des Ortes urkundlich erwähnt wurde. Heute ist die „altschweizerische Weinstube" mit regionalem Wein- und Speisenangebot beliebter Treffpunkt inmitten der historischen Stadtkulisse.

Wo heute das Ringhotel Schiff am See im Konstanzer Stadtteil Staad zu finden ist, stand bereits um 1270 eine einfache Herberge der Deutschordenskommende Mainau. Ein Neubau entstand 1662, 1970 kam ein eingeschossiger Vorbau zur Seeseite hinzu. Hier können Sie Fisch und typisch regionale Küche genießen.

Auch die Traube in Konstanz hat ihren Urspung in der Barockzeit im Jahr 1685. Seinerzeit war sie Treffpunkt der Staader (von Gestaade = Ufer) Fischer, Kaufleute und Landwirte sowie beliebte Einkehr bei Reisenden. Hier ist heute eine solide, gutbürgerlich-süddeutsche Küche zu finden.

Standorte und Navigationen:

Löwe Rielasingen: Hauptstraße 8
Krone Rielasingen: Hauptstraße 3
Krone Radolfzell: Obertorstraße 2
Ochsen CH-Stein: Rathausplatz 9
Schiff am See Konstanz: William-Graf-Platz 2
Traube Konstanz: Fischerstraße 4

Nachwort

An dieser Stelle bedanke ich mich sehr herzlich bei allen, die mir bei meinen Recherchen geholfen haben, besonders bei den MitarbeiterInnen in den Archiven, Museen, Bibliotheken, Kirchengemeinden, Firmen, Vereinen, den verschiedenen Organisationen und Institutionen sowie der örtlichen Presse – und natürlich auch denen des Schadinsky-Verlages, die mich unterstützt haben. Ich danke allen, die mir mit Tipps und Ratschlägen halfen, die mit mir ihr Wissen geteilt, mir Artikel, Bücher, Zeitungsausschnitte, E-Mails und viele sonstige Unterlagen zur Verfügung gestellt haben und sich bereit erklärt haben, Texte gegenzulesen. Ein ganz besonderer und persönlicher Dank gilt auch ihnen, den Menschen direkt vor Ort, den versierten Fachleuten wie engagierten Hobby-Forschern, meiner Familie, meinen treuen FreundInnen und einigen Klassen- und SchulkameradenInnen, die mich intensiv über 700 Kilometer hinweg während des gesamten Schreibprozesses begleitet und betreut haben. Ein ganz großer Dank geht an:

- Wolfgang Quirini für alle Begleitung, Unterstützung und Begeisterung.

- Benjamin Wieser von der Hegau-Bibliothek in Singen. Ohne sein immenses Wissen, seine guten Ideen und seine kompetente und stets freundliche Betreuung sowie die großen Bücherberge, die stetig per Post hin und her gingen, hätte dieses Buch in der Form nie entstehen können.

- Wolfgang Kramer vom Kreisarchiv in Konstanz. Er hat mir viele wichtige Hinweise gegeben und so manchen Fehler korrigiert.

- Dr. Matthias Franz, der mir Hilfe bei den geologischen Texten gewährte.

- Dr. Michael Losse für Nachhilfe in „Burgenkunde“.

- Dr. Fredy Meyer, der mir in Sachen Regionalgeschichte unter die Arme griff.

- Johannes Freiherr von und zu Bodman und Stephan Glunk für die begleitenden Texte von Gruß- und Vorwort, welche beide die Verbundenheit des jeweiligen Verfassers mit dem Hegau auf einmalige und ganz wunderbare Weise wiedergeben.

- Marita Bürger, Franziska Demattio und Sandra Quirini für unermüdliches Korrekturlesen der Texte.

- Ingrid Schwörer besonders für den Entwurf der Cover-Zeichnung.

- Roberta Fele, die einfach fantastische Fotos gemacht hat!

- Adalbert Allgeier, Norbert Bruhn, Familie Bürger, Familie Demattio, Bettina Sieger Fele, Familie Glunk, Karl Götz, Familie Lamprecht, Otto Puchstein, Kirsten Rösch und Familie Schwörer. Sie und viele weitere haben mir ihre besonderen Orte gezeigt und Ideen für den Band geliefert, aufwändige Recherchearbeiten übernommen, unzählige Fragen beantwortet, die Texte mit wichtigen Fakten und Daten ergänzt und gegengelesen oder einfach Hilfestellung aller Art gewährt.

Für meine Beschreibungen habe ich unendlich viel recherchiert, gesucht und gewühlt, Geschriebenes, Gedrucktes und Internetseiten eingehend studiert sowie themen- und sachrelevante Informationen zu erwähnten Personen, Gegenden, Einrichtungen, Institutionen und Gegenständen einbezogen und mit eigenen Worten wiedergegeben. Ich habe mich nach bestem Wissen und Gewissen um eine richtige Darstellung bemüht und mir alles gründlich angesehen. Sollten mir dennoch Fehler untergekommen sein, bitte ich um Post mit sachlichen Korrekturhinweisen per Mail:

cosima@cos21.de.

Kennen Sie auch besondere Orte im Hegau? Ich freue mich über weitere Anregungen, Ratschläge, Vorschläge und Tipps! Schreiben Sie mir einfach!

Der Hegau mit seinen unzähligen Orten unterliegt ständig Veränderungen. Ich übernehme für „meine Orte“ daher keine Gewähr. Ich hoffe, dass Sie alles, was Sie sich anschauen möchten, wie beschrieben vorfinden mögen. Dennoch habe ich auf meiner Homepage eine Seite eingerichtet, auf der Sie über mir bekannte Veränderungen nachlesen können:
cos21.de/cos21-regionalia/aktuelles-zu-den-orten/

Cosima Bellersen Quirini

Quellenverzeichnis

- Bächtold, Karl: Die Schillerglocke in Schaffhausen, in: Bodensee-Hefte, Monatsschrift der Landschaft um den Bodensee, 10. Jahrgang 1959, Hefte 1–12, Konstanz 1959
- Battel, Franco: Wo es hell ist, dort ist die Schweiz, Flüchtlinge und Fluchthelfer an der Schaffhauser Grenze zur Zeit des Nationalsozialismus, Schaffhauser Beiträge zur Geschichte Band 77/2000, Zürich 2000
- Blaschka, Martina: Kleindenkmale im Kreis Konstanz, Hegau-Bibliothek Band 141, Hilzingen 2009
- Braun, Andreas, Renz, Gabriele: Baden-Württemberg in 101 Orten, Calbe 2013
- Brodmann, Korbinian: Vergleichende Lokalisationslehre der Grosshirnrinde, In ihren Principien dargestellt auf Grund des Zellenbaues, Leipzig 1909
- Brohan, Nicole: Otto Dix, Berlin 2007
- Buck, Dieter: Ausflugsziel Bodensee, mit Hegau und Linzgau, Tübingen 2012
- Bumiller, Casimir: Hohentwiel, Die Geschichte einer Burg zwischen Festungsalltag und großer Politik, Konstanz 1997
- Burger, Oswald: Der Stollen, Überlingen 2012
- Castor, Dietlind: 111 Orte am Bodensee, die man gesehen haben muss, Goch 2014
- Czajor, Marion: Hegau-Poesie, Eine Sammlung von Gedichten und Liedern, Singen 1987
- Delphin-Kreis (Hrsg.): Das Delphin-Buch 8, Konstanzer Beiträge zu Geschichte und Gegenwart, Konstanz 2006
- Dobras, Werner: Wenn der ganze Bodensee zugefroren ist… Die Seegfrörnen von 875–1963, Konstanz 1983
- Dreßler, Gunter, Müller-Schmoß, Lothar: Lauschaer Glas: Glasgeschichte und Glasgeschichten, Untermaßfeld 2014
- Ebner, Frank Joachim: 25 historische Gasthäuser in Baden, Ein Handbuch für Zeitreisende, Messkirch 2013
- Eggenberger, Walter: Schweizer Weinatlas, Basel 1975
- Faude, Ekkehard: Fritz Mühlweg – vom Bodensee in die Mongolei, Regensburg 2005
- Fidler, Helmut: Jüdisches Leben am Bodensee, Frauenfeld 2011
- Fix, Markus: Leben und Werk des Gehirnanatomen Korbinian Brodmann (1868 – 1918), Dissertation, Tübingen 1994
- Frauenfelder, Rainhard: Die Kunstdenkmäler des Kantons Schaffhausen, Band I, Die Stadt Schaffhausen, Basel 1951
- Frauenfelder, Rainhard: Die Kunstdenkmäler des Kantons Schaffhausen, Band II, Der Bezirk Stein am Rhein, Basel 1958
- Geyer, Matthias, Nitsch, Edgar, Simon Theo (Hg.): Geologie von Baden-Württemberg, Stuttgart 2011

- Glönkler, Heinrich: Vom Weinbau zum Gemüsebau auf der Reichenau, Die Insel der Gärtner, Winzer und Fischer, ihre Genossenschaften, Konstanz 1991
- Götz, Franz (Hrsg.), Herbert Berner: „Das Hegöw, ein kleines, aber über die Maßen wol erbauen fruchtbar Ländlein" (Sebastian Münster), Ausgewählte Aufsätze, Festgabe zu seinem 70. Geburtstag, Sigmaringen 1991
- Greis, Peter (Hrsg.): Der Hegau, Landschaft zwischen Rhein, Donau und Bodensee, Wanderführer des Schwarzwaldvereins, Freiburg 1990
- Götz, Christoph: Die Jenischen – eine diskriminierte Minderheit in der Vergangenheit und Gegenwart; ausgehend von der Situation im Raum Singen, Diplomarbeit, Fachbereich Erziehungswissenschaften, Studiengang: Außerschulisches Erziehungs- und Sozialwesen, Waldshut 1997
- Greuter, Michael: Die lebendige Stadt im Herzen des Hegaus, Hilzingen 2015
- Gruschke, Andreas: Der Hegau, Freiburg 1991
- Hald, Jürgen, Kramer, Wolfgang: Archäologische Schätze im Kreis Konstanz, Hegau-Bibliothek Band 147, Hilzingen 2011
- Hegau-Geschichtsverein (Hrsg.): Hegau, Zeitschrift für Geschichte, Volkskunde und Naturgeschichte des Gebietes zwischen Rhein, Donau und Bodensee, Themenband Auf alten Wegen – Mobilität im Hegau, Jahrbuch 68/2011, Singen 2011
- Hegau-Geschichtsverein (Hrsg.): Hegau, Zeitschrift für Geschichte, Volkskunde und Naturgeschichte des Gebietes zwischen Rhein, Donau und Bodensee, Themenband Kirche, Glaube, Religion im Hegau, Jahrbuch 72/2015, Radolfzell 2015
- Hegau-Museum Singen (Hrsg.): Museum, Hegau-Museum Singen, Braunschweig o. D.
- Helpap, Burkhard: Highlights und Tatorte in Singen am Hohentwiel: 110 Jahre Stadt- und Krankenhausgeschichte, Norderstedt 2010
- Hierholzer, Christel: Die schönsten Hegau-Gedichte, Eggingen 2007
- Hofmann, Andrea: Künstler auf der Höri, Zuflucht am Bodensee in der ersten Hälfte des Zwanzigsten Jahrhunderts, Konstanz 1989
- Hofmann, Franz: Grabmale, Epitaphien und alte Friedhöfe im Kreis Konstanz, Band IV der Reihe „Kunstschätze" des Hegau-Geschichtsvereins, Hegau-Bibliothek Band 167, Hilzingen 2015
- Hundsnurscher, Franz, Taddey, Gerhard: Die jüdischen Gemeinden in Baden, Denkmale, Geschichte, Schicksale, Stuttgart 1968
- Kappes, Reinhild: Joseph Victor von Scheffel, Einblicke in ein vielschichtiges Leben, Hegau-Bibliothek Band 150, Singen 2011
- Karpa, Martin Friedrich: Die Geschichte der Armprothese unter besonderer Berücksichtigung der Leistung von Ferdinand Sauerbruch (1875 – 1951), Inaugural-Dissertation zur Erlangung des Doktorgrades der Medizin einer Hohen Medizinischen Fakultät der Ruhr-Universität Bochum, Essen 2004
- Kawollek, Wolfgang, Falk Henning: Bibelpflanzen kennen und kultivieren, Stuttgart 2005

- Kehle, Matthias, Keßler, Patricia: Das gibt es nur in Baden, Tübingen 2015
- Kehle, Matthias: Badische Bergbibel, 199 Höhepunkte im Schwarzwald, Hegau und Kaiserstuhl, im Kraichgau und Odenwald, Tübingen 2014
- Kessinger, Roland, Peter, Klaus Michael (Hrsg.): Hohentwiel Buch, Singen 2002
- Kiewat, Rainer: Ritter, Bauern und Burgen im Hegau, Konstanz 1986
- Kniele, Rupert: Das erste Jahrzehnt der Weltsprache Volapük, Überlingen 1889
- Kontny, Karin: 50 Dinge, die ein richtiger Baden-Württemberger getan haben muss, Tübingen 2015
- Kramer, Wolfgang, Greuter, Michael: Kunstschätze im Kreis Konstanz entdecken und erleben, Hegau-Bibliothek Band 128, Hilzingen 2007
- Kramer, Wolfgang, Losse, Michael: Historismus und Jugendstil im Kreis Konstanz, Hegau-Bibliothek Band 166, Konstanz 2105
- Kuhn, Daniel, Quarthal, Franz, Weber, Rheinhold: Die Geschichte des Weines in Baden und Würtemberg, Stuttgart 2015
- Lenk, Peter: Skulpturen: Bilder, Briefe, Kommentare, Konstanz 2015
- Löffeler, Fritz: Otto Dix, Leben und Werk, Dresden 1989
- Losse, Michael, Noll, Hans: Burgen, Schlösser, Festungen im Hegau, Singen 2001
- Losse, Michael: Die Festung Hohentwiel und die Burgen und Schlösser in und um Singen (Hohentwiel) im Hegau, Rheinbach 2016
- Mach's gut, altes Haus!, Publikation der Studiengänge Kommunikationsdesign und der Hochschule Konstanz, Konstanz 2012
- Maurer, Rolf: Spitzkraut, Landschwein, Höri-Bülle: Gaumenfreuden aus Baden-Württemberg wiederentdeckt, Tübingen 2011
- Meschenmoser, Rainer: Hopfen und Malz, Recherchen über ehemalige und bestehende Bierbrauereien im Landkreis Konstanz, Konstanz 2006
- Meyer, Fredy: Der Erfinder Karl Friedrich Gegauf, Konstanz o. D.
- Meyer, Fredy: Du stellst meine Füße auf weiten Raum, Jakobswege zwischen Neckar und Bodensee, Hegau-Bibliothek Band 134, Konstanz o.D.
- Meyer, Fredy: Kleine Geschichte von Wahlwies, Stockach 1983
- Mezger, Werner: Das große Buch der schwäbisch-alemannischen Fasnet, Stuttgart 1999
- Mohr, Andreas: Die Brücke über den Bodensee, Seegfrörne 1963, Selbstverlag des Autors 1963
- Nagler, Hildegard, Verein Internationales Bodensee-Schifffahrtsmuseum: Die Hohentwiel, Die ersten 100 Jahre eines einzigartigen Dampfers, Friedrichshafen 2013
- Peters, Olaf: Otto Dix, Stuttgart 2013
- Perret, Ariane: Kollision aus heiterem Himmel, Die Flugkatastrophe von Überlingen, Zürich 2007
- Philippi, Nikolaus: Grenzland Hegau, Grenzsteine erinnern an ehemalige Herrschaften und Territorien, Nürnberg 2013

- Pohle, Alexander: 99 x Bodensee wie Sie ihn noch nicht kennen, o.O. 2015
- Puchstein, Otto: Das Heilige Grab bei Weiterdingen St. Gangolf, Weiterdingen 2012
- Rapp, Marion: 111 Schätze der Natur rund um den Bodensee, die man gesehen haben muss, Calbe 2015
- Rieple, Max: Burggeist Poppele vom Hohenkrähen, Stockach 2007
- Roloff, Eckart, Henke-Wendt, Karin: Besuchen Sie Ihren Arzt oder Apotheker, Ein Tour durch Deutschlands Museen für Medizin und Pharmazie, Band 2 Süddeutschland, Stuttgart 2015
- Roth, Hansjörg: Jenisches Wörtebuch, Frauenfeld 2001
- Schlupp-Melchinger, Astrid: Autos, Dübel, Teddybären, DAS Wirtschaftssammelsurium Baden Württemberg, Konstanz 2015
- Schreiner, Albert: Hegau und westlicher Bodensee, Sammlung Geologischer Führer 62, Stuttgart 2008
- Schwarz, Gunter: Reben am See, Geschichte und Geschichten vom Weinbau und den Weingütern rund um den Bodensee, Konstanz 1995
- Schwarzwaldverein e.V., Freiburg i. Br. (Hrsg.): Naturerlebnis Hegau Bodensee, Freiburg i. Br./Singen (Hohentwiel) 2009
- Schriften des Vereins für Geschichte des Bodensees und seiner Umgebung, 122. Heft 2004, Ostfildern 2004
- solar complex (Hrsg.): Erneuerbare Energien in der Region Hegau/Bodensee, Übersicht der technisch verfügbaren Potentiale, Hilzingen 2002
- Staatliche Archivverwaltung Baden-Württemberg in Verbindung mit dem Landkreis Konstanz (Hrsg.): Die Stadt- und Landkreise in Baden-Württemberg, Der Landkreis Konstanz, Amtliche Kreisbeschreibung, Band I, Allgemeiner Teil, Abschnitte I – IV, Einleitung, Natur, Geschichte, Kunstgeschichte, Sigmaringen 1968
- Stadt Singen (Hrsg.): Singen Jahrbuch 2004, Singen 2004
- Stadt Singen (Hrsg.): Singen Jahrbuch 2009, Singen 2009
- Stadt Singen (Hrsg.): Singen Jahrbuch 2014, Singen 2014
- Streit, Gertrud: Geschichte des Dorfes Rielasingen, Rielasingen-Worblingen 1993
- Strobel, Walter (Hrsg.): Kleine Einführung für Besucher eines israelitischen Friedhofs im Landkreis Konstanz, Worblingen 2003
- Wagner, Benno: Bodenseefischerei. Geschichte, Biologie und Ökologie, Bewirtschaftung, Göttingen 1996
- Weidhase, Helmut: Imperia, Konstanz 1994
- Wipf, Martin: Bedrohte Grenzregion, Die schweizerische Evakuationspolitik 1938–1945 am Beispiel von Schaffhausen, Schaffhauser Beiträge zur Geschichte Band 79/2005, Zürich 2005
- Zahn, Leoopld: Künstler auf der Höri am Bodensee, Konstanz 1956

In der Reihe sind bereits erschienen:

- 100 besondere Orte in Celle
- 100 weitere besondere Orte in Celle
- 100 besondere Orte im Cellerland
- 100 besondere Orte auf Langeoog

Fotohinweise

Grußwort: Joel Micah Miller, Stuttgart
Vorwort: Harald Wochner, Singen

- Kapitel 4, 9, 13, 19, 21, 33, 40, 59, 99: Cosima Bellersen Quirini, Celle
- Kapitel 32: Matthias Rhomberg
- Kapitel 47: Tom Janas, Freiburg
- Kapitel 49: Achim Mende
- Kapitel 62: Stadtarchiv Singen (© Roberta Fele)
- Kapitel 67: Hermann@fotolia.com
- Kapitel 91: Sandra Bossenmaier
- Kapitel 96: Kuhnle & Ködler, Radolfzell
- Kapitel 97: Peter Allgaier, Insel Mainau
- Übersichtskarte Hegau: Gmeiner-Verlag GmbH, Meßkirch

Alle weiteren Fotos: Roberta Fele, Büsingen

Eine Gegend und ihre Orte unterliegen ständig Veränderungen. Ich übernehme für meine ausgewählten „Orte" daher keine Gewähr. Ich hoffe, dass Sie alles, was Sie sich anschauen möchten, wie beschrieben vorfinden mögen. Auf meiner Homepage habe ich eine Seite eingerichtet, auf der Sie mir bekannte Veränderungen nachlesen können:
www.cos21.de/cos21-regionalia/aktuelles-zu-den-orten/

Für aktuelle Informationen zu den Orten scannen Sie bitte den QR-Code.

Zur Autorin

Cosima Bellersen Quirini (geb. Schwörer) ist in einer Lehrerfamilie in der Singener Nordstadt und somit nicht nur in der Hegaumetropole, sondern sozusagen direkt zu Füßen des Hohentwiels aufgewachsen. Ihr Vater war unter anderem Konrektor an der Johann-Peter-Hebel-Schule in der Singener Südstadt. Sie besuchte nach der Grundschule (Waldeck, Beethoven) das Hegau-Gymnasium, bis sie nach Freiburg und später nach Celle verzog, wo sie seit 1987 mit ihrer großen Familie lebt. Die Südbadenerin ist mit einem Mediziner verheiratet und Mutter von längst erwachsenen Kindern. Seit einigen Jahren arbeitet die ausgebildete Buchhändlerin, Mediatorin und Gästeführerin hauptsächlich als freiberufliche Autorin und Dozentin für verschiedene Workshops – und studiert derzeit Kulturanthroplogie, europäische Ethnologie und Geschichte in Göttingen.

Weitere Infos: www.cos21.de

Zur Fotografin

Roberta Fele wurde am 23. Mai 1992 in Monterotondo (Rom) geboren. Ihr Vater stammt aus Neapel, ihre Mutter ist gebürtige Singenerin. Ihre Kindheit und Jugendzeit verbrachte sie in Italien und im Hegau.
Die Ausbildung zur Werbefotografin absolvierte sie bei den KME-Studios in Rosenheim. Heute arbeitet sie als freie und angestellte Fotografin und lebt in Büsingen am Hochrhein.

Weitere Infos: www.roberta-fele.com

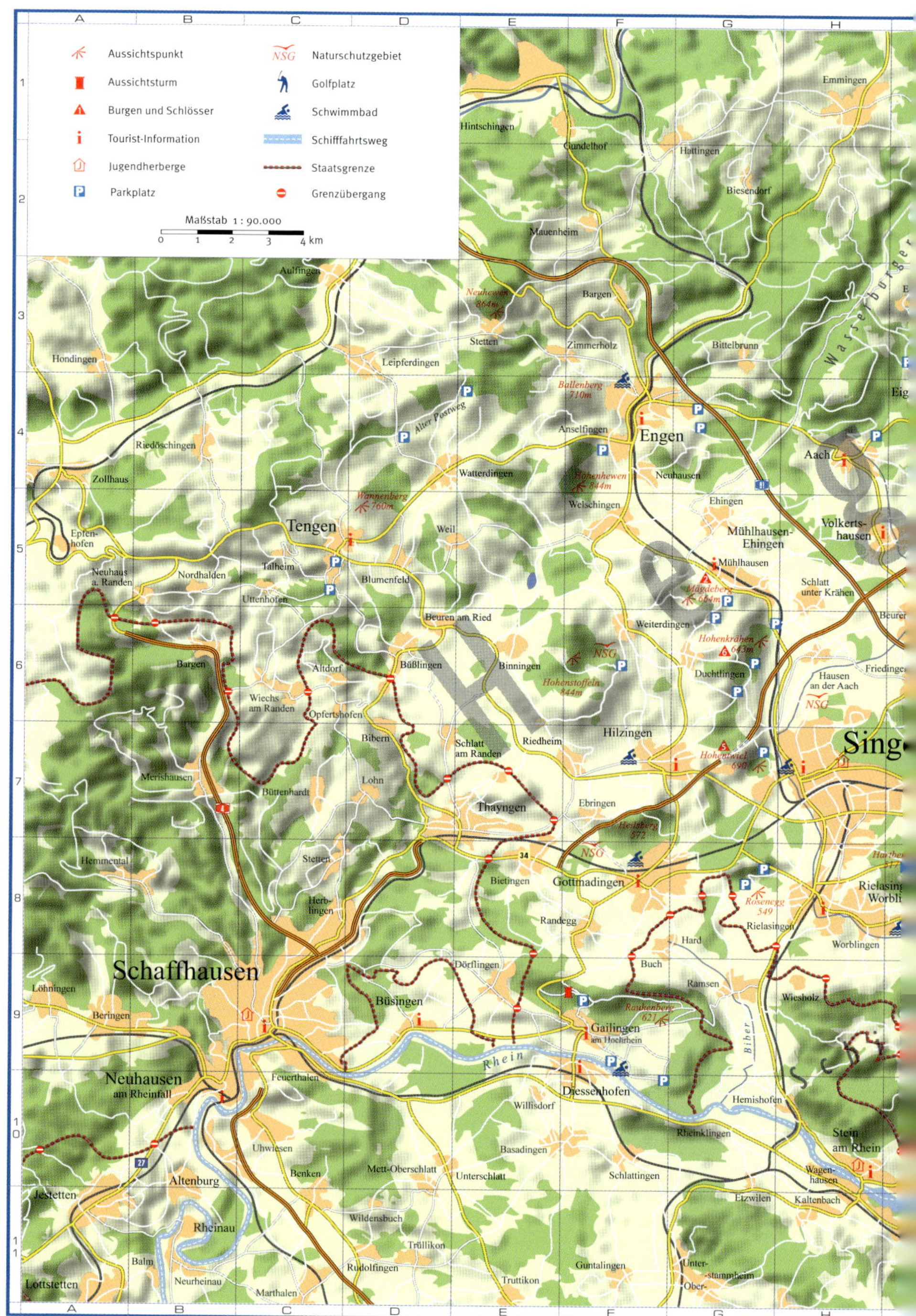

Aussichtspunkt
Aussichtsturm
Burgen und Schlösser
Tourist-Information
Jugendherberge
Parkplatz
Naturschutzgebiet
Golfplatz
Schwimmbad
Schifffahrtsweg
Staatsgrenze
Grenzübergang
Maßstab 1 : 90.000
0 1 2 3 4 km
Engen
Tengen
Hilzingen
Thayngen
Gottmadingen
Schaffhausen
Neuhausen am Rheinfall
Büsingen
Gailingen am Hochrhein
Diessenhofen
Stein am Rhein
Rhein

J
K
L
M
N
O
P
Q
1
2
3
4
5
6
7
8
9
10
11
Holzach
Sauldorf
Volkertsweiler
Liptingen
Rast
Wald
Hippetsweiler
Gallmannsweil
Mainwangen
Mühlingen
Senten-hart
Glas-hütte
Heudorf im Hegau
Aach-Linz
Rorgenwies
Ruhestetten
Hoppeten-zell
Zoznegg
Mindersdorf
Liggersdorf
Reute im Hegau
Raithaslach
Zizenhausen
Hohenfels
Homberg
Deutwang
Münchhöf
Mahlspüren
Hardwangen
Schönach
Mahl-spüren
Nellenburger Berg 624 m
Winterspüren
Seelfingen
Taisers-dorf
Stockach
Waldsteig
Orsingen-Nenzingen
Nenzingen
Bonndorf
Billafingen
Hederts-weiler
Orsingen
Hohenbodman
Wahlwies
Espasingen
Ludwigshafen
Wiechs
Stockacher Aach
Nesselwangen
Kirnberg 632 m
Bodman-Ludwigshafen
Owingen
Ernatsreute
Bodman
Sipplingen
Steißlingen
Stahringen
Neu-weiher
Bambergen
Hödingen
Überlinger See
Liggeringen
Andelshofen
Güttingen
Überlingen
Rengolds-hausen
Langenrain
Bodanrück
Möggingen
Böhringen
Reutehöfe
Mindelsee
Freudental
Wallhausen
Nußdorf
Dingelsdorf
Radolfzell
Markelfingen
Kaltbrunn
Dettingen
Moos
Zeller See
Allensbach
Litzelstetten
Bankholzen
Gnadensee
Weiler
Mainau
Gundholzen
Horn
Reichenau
Wollmatingen
Berg
Untersee
Gaienhofen
Hemmenhofen
Höri
Steckborn
Salenstein
Ermatingen
Konstanz
Wangen
Tägerwilen
Mammern
Kreuzlingen
Homburg
Raperswilen
Wäldi
Gündelhart
Hörhausen
NSG

Ebenfalls erhältlich:

100
besondere Orte
in Celle

Preis 12,90 €

ISBN 978-3-9812133-3-1

Wissen Sie, wo einst in Celle die Chirurgenschule stand?
Kennen Sie den jüdischen Friedhof?
Waren Sie jemals im Celler Märchenwald?
Wissen Sie, dass in Celle ganz viel „Bauhaus“ zu sehen ist?
Haben Sie je vom Celler Weinberg gehört?
Waren Sie schon mal in Celles Kultkneipe?

Ebenfalls erhältlich:

100
besondere Orte
auf Langeoog

Preis 16,90 €

ISBN 978-3-9812133-6-2

Was haben die Mainzelmännchen vom ZDF mit Langeoog zu tun?
Kennen Sie die Süße Lale und den Eisberg?
Wie kam der Wald auf die Insel?
Haben Sie schon mal von der Insel-Kultband gehört?
Was verbindet die deutschen Fußballer mit Langeoog?
Wissen Sie, was ein Maljan ist?